本とことばと音楽の交差点

フライング・ブックス

山路和広

Flying Books

晶文社

ブックデザイン　木下弥

フライング・ブックス——本とことばと音楽の交差点　目次

I

カフェ巡りと詩集『ふりつづく砂の夜に』

二〇〇四年一月二十九日　ホワイトマン

青山こどもの城の円形劇場で白塗りクリエイター集団・ホワイトマンの「プレゼン・ラジオ」を見に行く。六日間で八講演、そのすべてが違う内容という暴挙！　に出たリーダーのイシコさん。今日の目玉は四月にフライング・ブックスで続編をやることになっている、NY在住の作家・新元良一さんとイラストレーター・山崎杉夫さんによる実験的紙芝居「ここだけ雨が降っている」。昔ながらの紙芝居台付自転車を引いて登場した新元さんはかわいいセーター&帽子で装い、見事に「紙芝居のおじさん」に変身していた。盲目のお爺さんと高校生の男女が主人公のちょっと大人向けのストーリーと、素朴でラインの強いイラストのバランスが絶妙だ。盟友のラッパー・ATOMとレイによるチャップリンの無声映画をバックにした「ラップ弁士」も、はきはきしたATOMのラップと伸びのあるレイの歌声のハーモニーが心地いい。

盛りだくさんの二時間四十分、同行した仲間たちもそれぞれ創作的刺激をもらい、そのまま打ち上げに合流。〇時にお開きなった時、思わず口走ってしまった。「じゃあ、

ホワイトマン
俳優、画家、カメラマンから弁護士、宝石商まで四十名以上のスペシャリストが集まり、幼稚園から環境庁まで幅広く活躍中。
http://www.white-man.com/

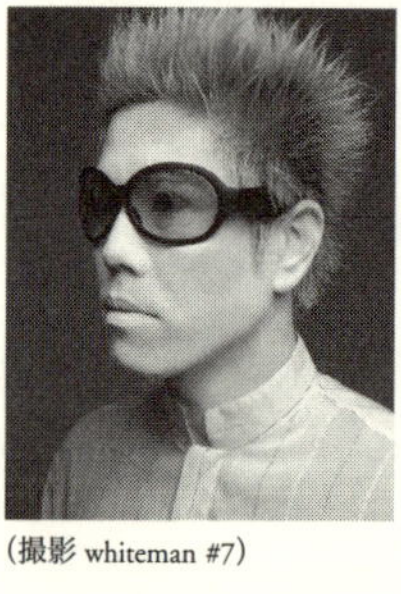

(撮影 whiteman #7)

二次会はフライング・ブックスで飲みますかっ！」。後の祭り。フライング・ブックスの常連、NYのカメラマン・たかはしじゅんさんを筆頭に、劇団員、作家、編集者、ミュージシャンｅｔｃ総勢十八人の御一行さまがご来店。さっそくブロードウェイのSTOMPで活躍するやこちゃんにカウンターをパーカッションにされ、破壊されそうになる。カップややかんをスプーンで叩いてプリミティブな演奏に熱中する人、床に車座になって語る人、グラス片手に立ち読みする人、本棚の本をテーマに即興劇を演じる劇団員、それぞれの時間を楽しむ。劇団ペテカンの本田さんが三〇歳の誕生日ということで、小さなケーキとシャンパンで乾杯！　バカ騒ぎに拍車がかかり、宴は三時までつづいた。

一月三十一日　名古屋カフェ巡り

元部下のアニメーター、中武と東京駅で待ち合わせ新幹線で名古屋へ。CCC時代に立ち上げ、譲渡の為解散したTSUTAYA上社駅前店のスタッフたちとの四年ぶりの同窓会と、CCC時代の同期、横井の結婚式に参加するため。そしてもうひとつのお目当てはカフェ巡り。お気に入りの中でもトップクラスのカフェが数件ある。

まずは名古屋で初めに住んだ街、今池にある「マッシモ・マリアーニ」へ。元上司の堂前さんらが加わり計五人で、住宅街にいきなり現れる大きな洋館のような店に入る。以前は天窓から陽が差し込む明るいテラスでよく読書をしたが、今日は大人数なので広間の席へ。名古屋のカフェのいいところの一つは客席同士のスペースにゆとりがあり、ゆったりくつろげること。メニューをびっしり埋める種類の多いコーヒーにはいつも悩まされるが、一番ベーシックなブレンドを選び、ケーキを数種みんなで味見する。ここのコーヒーはソーサーが大小二重になって出てくるほどのこだわりようで、ホテルなど

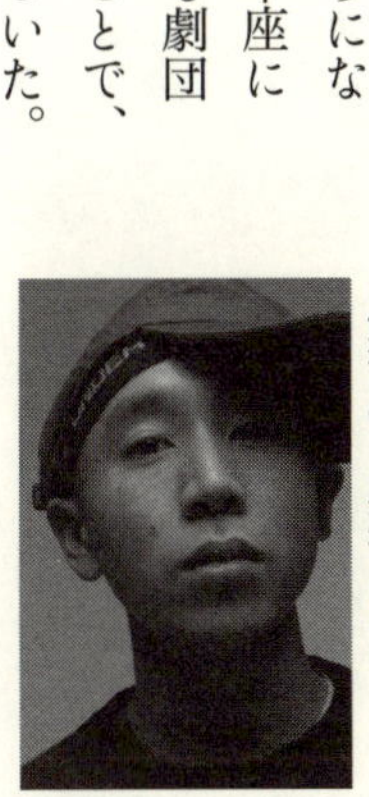

ATOM（1974〜）
ヒップ・ホップ・アーティスト、ヨガ・マスター。以前から「トムとジェリー」や「ピノキオ」をモチーフにラップしていた唯一無二のキャラ。CMや舞台など活動テリトリーも広く、インド仕込みのヨガ先生でもある。

（撮影 Jun Takahashi）

たかはしじゅんいち
NYと東京をベースに、ファッション、ビューティー界で活躍するフォトグラファー。主な作品に坂本龍一との『エレファンティズム』（木楽舎）や、サッカー選手イルハンや、秋吉久美子の写真集などがある。
http://www.adwave.co.jp/juntakahashi/

ではたまに見るが、カフェではここしか知らない。夜はコーヒーにリキュールを加えたカクテルが〇時まで楽しめる。近くには好きだった「らくだ書店」があり、よく休日にはコースでまわったものだ。ちなみにその本屋にはスターバックスを生んだシアトル出身のアメリカ人がオーナーのカフェが入っていて、そちらもなかなかいい。なにしろコーヒーの香りに包まれて本を選べる環境が好きだ。

夕方、集合時間までもう少し時間があるので、一社の「カフェ石蕗」に立ち寄る。ここは世界で一番好きなカフェ。気分によってカウンターで選べる種類豊富なカップ&ソーサー、一杯ずつオーダーされてから挽かれ、ドリップされるコーヒー、一度沸かしてから冷やした柔らかくておいしい水、コーヒーに添えられる香り高いラムレーズン入りの自家製生チョコ、リキュールがたっぷり染み込んだスポンジにトロっとクリーミーな自家製ティラミス、高い天井に柔らかく反響するBGMのジャズ、もの静かなマスターと奥さん、見事に飾られた生花、照明の光とタイルが美しいトイレ、この店の好きなところを挙げたらきりがない。久しぶりに訪れて再確認した一番の魅力は、店に入った瞬間に包まれるコーヒーの香りを含んだ、暖かく甘美ですらある空気、これに尽きる。フライング・ブックスのカフェ部分を構想する際、この店から与えられた影響は大きい。メニューや器などはもちろんだが、それよりもここで過ごした豊かな時間を僕の店でも提供したいと思ったことが大きい。カウンターの一番奥が以前の僕の特等席。お気に入りの白鷺の模様が入ったカップがカウンターの向こうにまだあるのを見て、ほっとする。当時はほとんどマスターと言葉を交わしたこともなかったが、四年前東京に戻る時、挨拶をしにいった。いつも何か書くか、読むかしていたので、ずっと学生だと思われていたそうだ。今では一年に一度くらいしか来られなくなったが、名古屋に来る度に必ず足

CCC
ビデオ、CD、書籍などのレンタル・販売の複合店舗TSUTAYAを全国に約千百五十店するフランチャイズチェーン本部。
http://www.ccc.co.jp

マッシモ・マリアーニ
名古屋市千種区今池南13－14
(052－733－7825)

らくだ書店
名古屋市千種区青柳町5－18
(052－731－7161)
http://www.rakuda.ne.jp/bookers/

カフェ石蕗
名古屋市名東区社台3－27－4
(052－773－8546)

を運んでいる。それでも、マスターたちが覚えていてくれているのがうれしい。帰りがけに近況をひと言伝える。

この日最後のカフェは川名にある「ＶＥＲ」。同窓会の二次会。昨年の三月にオープンしたばかりのブック＆カフェで、二つの本棚にはそれぞれ和書と洋書の古本が並び、店内で読むことも、買うこともできる。洋書のセレクションは絵本や写真集を中心に僕がやらせてもらっている。オーナーの山守さんはＣＣＣ時代によく一緒に遊んでもらった先輩。ビースティー・ボーイズのライブで、高校生くらいのオーディエンスに混ざって一緒に最前列で暴れたり、真冬に車中泊を決行して、当時まだ売り出し中だったＤＪＨＡＳＥＢＥのイベントを見に浜松まで行ったり。この店のトイレの真っ赤でサイケデリックな照明は数年前、旅の途中にシアトルで合流し、安宿の二段ベッドに泊まり、買い付けて来たもの。出会った時はお互いサラリーマン、オフィスでＣＤのバイヤーをやっていたが、今ではかたちは違えどもカフェ・オーナー。当時は想像できなかったほど仕事の内容は変わったが、未だに遊びでも仕事でも濃い話ができるのがうれしい。

二月一日　旅の仲間

今朝、やっとの思いでホテルに戻ったのは五時。かなり眠いが堂前さんが東京に戻るので、十時に起き、一緒にホテルの下の喫茶店でコーヒーを飲む。五年前の上司とこうやって遊べるのもなんだか楽しい。以前、一緒に出張に行った時は、大阪で鱧の土瓶蒸しを食べ、二次会を名古屋で飲み直したこともあった。後にも先にも新幹線でハシゴして飲んだのはこの人とくらいだ。

名古屋在住の大学時代の友人と昼食をとり、結婚式場へ。今回の余興の為に正月から

カフェ＆ブックスＶＥＲ
惜しまれつつ二〇〇四年四月閉店。二〇〇五年、名古屋市覚王山に「Cesta」として生まれ変わった。
http://www.cesta.jp

ビースティー・ボーイズ
常に斬新な解釈でヒップ・ホップを表現しつづける三人組。その活動テリトリーは音楽のみならず、映画、出版、ファッションなど幅広い。一九九二年発表の「Check Your Head」は今でも愛聴盤。

先週末まで、深夜のフライング・ブックスで数回にわたり編集会議が行われた。新郎横井と仲間たちのＣＣＣ時代の悪行の数々をスライドにし、大スクリーンで上映。まるで芸能人かと思うような大きな会場で、四時間にも及ぶ名古屋ならではの盛大な披露宴は、余興も盛りだくさんの内容で、最後に剣道の達人でもある新郎が力強い挨拶できっちり決め、終宴となった。元同期の仲間たちと別れ、学生時代にチベット行きの船「鑑真号」で知り合って以来の盟友、コナンこと木南と食事をする。お互いに旅好きで、いつか自分の店を持ちたいと思っていたので、すぐに気が合った。彼はベンチャーキャピタルから、今や飛ぶ鳥落とす勢いのユニークな雑貨・本屋のヴィレッジ・ヴァンガードに移り名古屋で活躍している。仕事についても、旅についてもディープに話せる貴重な仲間だ。

　こんな素晴らしい仲間たちがいる名古屋は、東京以外の街をろくに知らない僕にとって第二の故郷のようなところだ。

二月三日　夕暮れの六本木ヒルズ

夕暮れの六本木ヒルズ、Ｊ－ＷＡＶＥで週末のイベントの打ち合わせ。

今回はナビゲーターのロバート・ハリスさんと、急きょ出演が決まった詩人のｔｏｔｏとの顔合わせ。ラッパーのＡＴＯＭも同席。夕暮れの東京が見渡せるスタジオからの眺めに感嘆しつつ、朗読の音源を聞いてもらい、和やかなムードになる。どうやら当日も問題なさそう。ハリスさんのいつでも誰にでも気さくでオープンな姿勢には感心させられる。そんな、歳が離れた相手にもプレッシャーを与えず、まわりをリラックスしたムードにできる大人になりたいものだ。

ロバート・ハリス（1948〜）
作家、ＤＪ。八〇年代にオーストラリアのシドニーで書店兼画廊「エグザイルス」を経営、現在はラジオ、テレビ等出演や執筆活動を行っている。主な作品に『エグザイルス』、『ワイルドサイドを歩け』（共に講談社）など。

ｔｏｔｏ
詩人、作詞家。初めて会ったスポークン・ワーズスラムでは、やわらかいリーディングながら圧倒的な存在感で強豪ラッパーたちをなぎ倒していたのが印象深い。現在、急速に活動領域を拡大中。

（撮影 Jun Takahashi）

二月五日　言葉を連れて街にでよう！

月の輪書林さんと近くの焼鳥屋でランチを食べながら古書組合南部支部三十五周年の機関誌編集の初打ち合わせ。はっきり言って未知の領域だが、経験不足なりに変わったものを作れたらと思う。夕方、共同でインディーズの詩集出版スプラッシュ・ワーズを主宰している、作詞家のさいとういんこさんと次の詩集の打ち合わせ。次の第五弾は前回に続き、九州・諏訪之瀬島在住の詩人ナーガこと長沢哲夫さんの新作。三月のナーガさん上京に向けて出版する予定なので、編集作業も大詰めに差しかかっている。

二月七日　兄弟パーカッショニスト

午後、青山のスズキコージさんの個展に顔を出してから、店で越智ブラザーズさんと明日のイベントの打ち合わせ。パーカッションのセッティング確認など。狭い店だが、打楽器系は設置する場所によってまったく音響が変わってくる。移動しながら手を叩くだけで、どこからの響きが最適かわかってしまうのにはびっくり。その後は酒の買出し等、準備。よく飲む出演者のイベントは、不思議とお客さんもよく飲む。

二月十一日　表紙は切り絵で

お気に入りのベトナム料理屋、南平台の「Yサイゴン」でランチをしながら、長沢さんの新作詩集『ふりつづく砂の夜に』の表紙と挿絵の打ち合わせ。これまでのスプラッシュ・ワーズの詩集は、どんな人が書いているのか読者がイメージしやすいようにすべて著者の写真を表紙に用いたが、今回は昨年古書目録の表紙を頼んだ千ちゃんに切り絵を依頼。原稿を読んだ第一印象が、パートナーのいんこさんとの一致で、「影絵とか切

SPLASH WORDS
スプラッシュ・ワーズ
http//www.flying-books.com/splashwords.htm

さいとういんこ
作詞家、歌手。若手アーティストに作詞の指導をする傍ら、自身のレーベル「リトル・エルニーニョ・レコード」を主宰。九八年以降ポエトリー界に進出、伝説的なイベント「ウエノ・ポエトリカン・ジャム」や「ＳＳＷＳ」などの仕掛け人となる。

詩集『too much caffeine makes her a poet』さいとういんこ（スプラッシュ・ワーズ　二〇〇三年）

り絵っぽいね」ということになったので。新しい試みなので今から完成が楽しみ。

二月十二日　古書店街の風景

印刷屋に行くついでに、青山ベルコモンズの裏にあるギャラリーで開かれている矢頭美輪さんの写真展を覗く。神田神保町の古書店と人を独自の暖かい視点で切り取った写真たちは、毎週見ているはずの場所なのに、まるで外国の街角風景のようで新鮮だった。ちょっとした気持ちの余裕を持てば、ありきたりな光景も輝きを帯びてくるのだ。なかでも、渋谷のＢｕｎｋａｍｕｒａの地下にある本屋が、パリのパサージュにある書店そっくりなのは驚いた。せかせかした日常の中で、今まで気付かなかった街の魅力を教えてもらった。

その後、昨秋のパリ行きの時にいろいろ教えて頂いた表参道の古書日月堂さんが来週パリに発つので、お世話になったお礼にその時の現地情報を伝える。ガイドブックには載っていない生の情報こそが肝心。半分以上食べものの話だった気がするけど。

二月十五日　初ゴメス

五反田にある南部支部の市場で入札したスイスのグラフィックデザイン誌の山は落札できなかったことが判明。最近、この手の本の値上がりが激しい。けっこう頑張ったんだけど残念。

閉店後、ダッシュで下北沢へ。「ＳＵＩＫＡ」のメンバーでもあるけっちゃんこと高橋結子ちゃんがドラムを叩く「ゴメス・ザ・ヒットマン」のライブ。ドラムの前のけっちゃんは普段見ているパーカッションとはまた違ってパワフルでかっこよかった。久々

渋谷古書センター在庫目録九号
（二〇〇三年　切り絵：岸井千）

矢頭美輪写真展
（二〇〇四年二月　青山ＪＹギャラリー）

ＳＵＩＫＡ
フライング・ブックスの音楽レーベル「フライ・ン・スピン・レコーズ」の第一弾アーティスト。ヒップ・ホップ＋ポエトリー＋音楽というオリジナル性が話題となっている。タケウチカズタケ（キーボード）、タカツキ（ウッド・ベース&ラップ）、ＡＴＯＭ（ラップ）、ｔｏｔｏ（ポエトリー・リーディング）、高橋結子（パーカッション）。
http://www.flying-books.com/suika/

にＳＵＩＫＡメンバーが揃い、晩ごはんを食べながら打ち合わせ。だんだんＣＤリリースの話が具体的になってくる。

二月十六日　ミッド・センチュリー落札

中央市会にて仕入、神田の古書会館へ。コルビジェの作品集他、海外の建築全集の束を落札する。アルネ・ヤコブセン、マルセル・ブロイヤーら今やミッド・センチュリー旋風が吹き荒れるインテリア界で崇拝されている大御所たちの六〇年代当時に作られた作品集は、ブックデザインも秀逸でうれしい。

帰りに老舗のタンゴ喫茶「ミロンガ」で一息入れて店に戻る。

二月十七日　紙芝居と絵本と

昼、イラストレーターの山崎さんから四月のイベント、紙芝居の表紙画像を受け取る。今週日曜にパーティーで配布するパンフに使用するため。タイトルと作者の名前だけの表紙が、山崎さんの手にかかると味のある木版画のような作品になる。山崎さんと知り合うきっかけになった「ホワイトマン」メンバーのリーマンこと須田君と、ＳＵＩＫＡのラッパー、タカツキが偶然、来店し、ジンジャー・エールとコーヒーでちょっとした宴会状態で盛り上がる。タカツキの人気曲「黒猫は眠らない」に彼自身によるイラストをつけて絵本を作ろうという話を進めている。うまくいけば夏か秋には初のラップ絵本が完成するはず。

二月十九日　中央市会大市とパンフ編集

「RIPPLE」
ゴメス・ザ・ヒットマン

やさしいメロディが病みつきに。何と大学のサークルで始まり、十年以上活動を続けている！
http://www.gomesthehitman.com/

高橋結子
メジャー、インディを問わずロック、ヒップ・ホップ、ハウス等あらゆるジャンルで叩きまくる頼りになるパーカッショニスト、ドラマー。秘蔵の鳴り物コレクションは子供から大人まですべての人を釘づけに。
「kets-tro NET」
http://www.h4.dion.ne.jp/~ketstron/

中央市会の年に一度の大市お手伝いで朝から神田へ。地方から大量に送られてきたダンボールを開梱し、検品、陳列する。毎週月曜日に神田の古書会館で開かれる中央市会はマンガやサブカルものから和本や掛け軸まで、幅広いジャンルを扱うのが特徴だ。それぞれの市会に一年の集大成とも言える大市会があり、数日から一週間がかりで開催される。

終了後、一旦帰宅しすぐさま店へ。今日は日曜に配るフライング・ブックス一周年記念のパーティーのパンフ作りを終えるまで帰れない。深夜、デザイナーのカトヨも合流し、二人でそれぞれパソコンに向かいつつ作業を進める。版型はA4で、表紙を含めて八ページ。この一年やってきたことの報告と、今年一年の予定の発表。折り方の都合で発生してしまった真ん中の見開きに、これまでの様々なシーンをコラージュしたのが意外とよい出来となる。結局朝の七時まで作業し、やっと完成。楽しみにしていた三宿のそば屋も五時で閉まったので諦めて帰宅し、ベッドに潜り込む。去年のオープンの時もフリーペーパーの編集で完全徹夜をしたが、一年経ってもまるで進歩していないってことかな……。

二月二十日　パンフ入稿

明け方、祖母が旅先の富士吉田で骨折し入院したという知らせが入り、ろくに寝つけなかった。とりあえず月曜に手術とのこと。

眠い目を擦りつつ、印刷屋へ向かう。渋谷宮益坂の裏の「ウィッツクリエイト」は仕事が速い上に安い。今日頼んで、明日には二百部刷り上る。昨晩の苦労を考えたら欲が出て、ちょっと贅沢な厚い紙にしてもらった。夕方、いんこさん、デザイナーのハギー

タカツキ（1975〜）
初めてパフォーマンスを観てすぐにイベント出演を依頼したウッド・ベース弾き語りラッパー。その独特の詩の世界から初めて教えられた言葉は少なくない。サムライトループスのリーダーで、nレコーズ主宰。

「東京・京都・ＮＹ」タカツキ
（n-records 2003）

http://sound.jp/nrecords/

ウィッツクリエイト
東京都渋谷区渋谷1-10-7グローリア宮益坂Ⅲ-７０２
（03-5766-7107）

さんと『ふりつづく砂の夜に』の装丁等の打ち合わせ。ハギーさんより行間や文字間のバランス等アドバイスしてもらう。

二月二十一日　時間を買う

印刷屋にパンフを取りに行く。予想どおりに仕上がり満足。心配だった見開きの大きな写真も思っていたより鮮明だ。

夕方、近所のデザイン事務所が引っ越すので蔵書の買い取りに。時々、事務所の引っ越しの際に呼ばれるが、長年使われていた事務所の引っ越しは、なぜかちょっとさみしい。今回も多いのがデザイン年鑑や広告年鑑。こういった本は定価が高くても、翌年には新しいものが出て、需要と供給のバランスが一気に逆転し値崩れする。つまり古いものを買いたい人はほとんどいなくて、この類の大きくて重い本を処分したがる人のほうが圧倒的に多いのだ。新しいものが出版されると必要な人は会社の経費等で買うことがほとんど。売る時も高くなるのではと期待されるが、評価価格の低さに愕然とすることになる。

最近の傾向でおもしろいのは一九五〇、六〇年代以前の古い広告年鑑などに限っては、デザインの参考書としての需要があり、手に入れたいという要望が多い。この年代の商業デザインは、リアルタイムに過ごしてない若いクリエイターにとっては新鮮なものに写るし、その年代を通った人の間でも再評価されて来ているようだ。したがって、一昔前では考えられなかった値段で取引されることになる。ようはそれだけ手に入りづらいということ。今の年鑑も四、五十年経つとそんな価値がでるのだろうか？　今のうちに集めて保管しておこうかとついつい考えてしまうが、すぐにその考えを改める。それだ

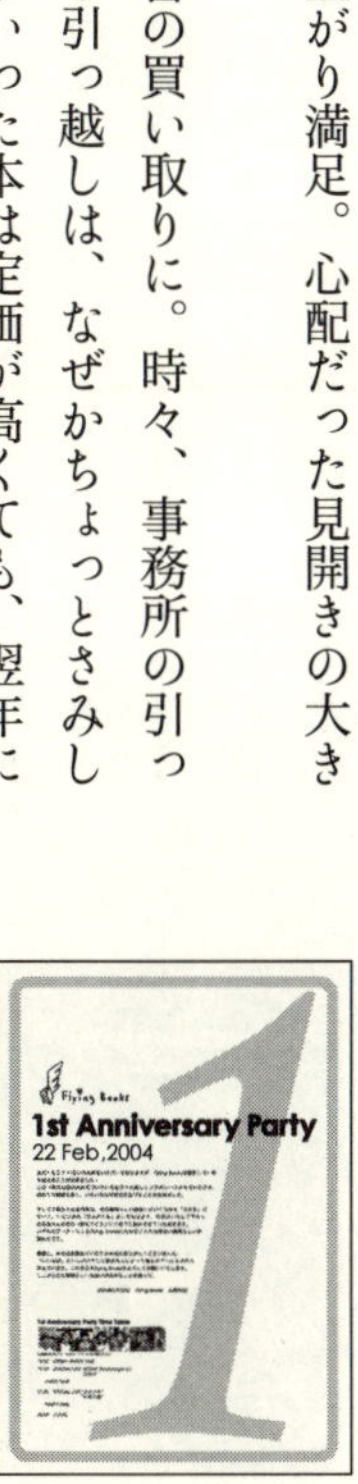

フライング・ブックス一周年パーティーのパンフレット
（デザイン：カトヨ）

け時間が経つと、どこにしまったか間違いなくわからなくなる自信があるから。本のコンディションを保ちつつ、長い間保管しておくことがいかに大変なことか。結局、こういう古本を買うということは「時間」を買うということなのかも知れない。

二月二十二日　オーガニック古書店

昼、中央市会大市の入札に行き、その足で最近古本販売を始めた御茶ノ水のオーガニック八百屋兼書店「ＧＡＩＡ」のミツ君を訪ねる。市場にいるときちょうどタイミング良く、彼から買い取りの相場についての質問の電話があったのだ。

　いろいろなチラシがぶらさがった急な階段を上がった三階のコンパクトな売場は、オーガニックライフやエコロジー、旅などの本やＣＤが充実していて、専門型売場作りの良い見本だ。ユニークなのは下フロアで扱っている雑貨や、加工食品を関連書籍と並べているところ。最近、専門ジャンルに限って古本の取り扱いも始めた。この日も、珍しい『ホール・アース・カタログ』が持ち込まれ、売り主はこの店のファンとのこと。何しろ手探りのスタートで、買い取った本の処理も思うようにいってないそうだが、ピンポイントで本のリサイクル・ネットワークが形成されようとしているように見えた。これを育てていくのは大変なことだと思うが、オーガニックな生活と本のリサイクルが密接になっていくのは、とても魅力的なことだと思う。これこそが古くて新しい、あるべき未来生活かもしれない。初めてミツ君たちのプランを聞いたのが約一年前。ついにスタートした同世代の新しい可能性にいい刺激をもらって、店に戻る。

二月二十三日　迷子の出会い

エコロジーショップＧＡＩＡ
東京都千代田区神田駿河台3−3−13
(03−3219−4865)
http://www.gaia-ochanomizu.co.jp

『Whole Earth Catalog』
「地球上で生活していくのに、これだけあれば十分」というコンセプトで選りすぐりの物、本、知恵が集められたヒッピーたちのバイブル。一九六九年にスチュワート・ブランドが編集し、その後多くのエディションが発行された。

極限に眠いが、朝から中央市会大市の開札のお手伝い。しんどい状況の方が邪念が入らずかえって集中して仕事ができ、黙々と開札していく。古書会館を埋め尽くす、すべての本の開札を終え、会場整理に目処《めど》がついたのは一九時過ぎだった。狙っていた鈴木いづみの肉筆草稿は落札できず。変わりに今までなかなか手にできなかった三島由紀夫の限定本『サーカス』があっさり手に入る。まったく中身をチェックできなかったがコンディションの良さそうな『LIFEマガジン』の大山は、明日以降、中を見るのが楽しみだ。

夜、代々木八幡のカフェで晩ごはんを食べ、少し散歩をしようとして道に迷う。いつもは車なので、歩いたことがなかったのだ。アップダウンがきつく車も通れないような道を抜けて、となりの代々木上原に出る。井の頭通りに出ようとしてさらに迷うと、○時近いのにまだ空いている古本屋を発見。「ロス・パペロテス」。大抵の古本屋は名前くらい知っているものだが、まだ聞いたこともない名前だ。落ち着いた木調の内装に惹かれて店に入ると、小さな一階とその倍くらいの半地下スペースになっている。ここのペットらしい人なつっこい犬が、ゆったりした本棚の間をわがもの顔で歩いている姿に和む。今年オープンしたばかりの新しい店らしく、品揃えはこれから充実させていくとのことだが、中原淳一の装幀の珍しい雑誌などもあったし、何より普通は古本屋に邪険に扱われるような一般雑誌のバックナンバーなどがきれいに陳列されているのに好感が持てた。友人へのプレゼント用に雑誌を数冊買って帰る。セレクトされたアクセサリーや雑貨も扱っていて、これからが楽しみな店だ。こだわりのあるオーナーのテイストが色濃く出ている店が大好きで、こんな店に出会うと静かな興奮を覚える。素敵な偶然の出会いが転がっているので、知らない道や街を歩くのはやめられない。

ロス・パペロテス
東京都渋谷区西原3–4–2
(03–3467–9544)

二月二十四日　深夜の仕入

ここ数日の疲れで抜け殻のようになりつつ、仕入で自由が丘へ。目玉だったシュルレアリスムの法王、アンドレ・ブルトンのオリジナル・プリントは交渉成立しなかったが、ピカピカの瀧口修造全集とル・コルビジェ全集復刻版を譲ってもらう。どちらも新品同様のコンディションで、こういう大切にされてきた本に出会えるのはうれしい。車に積む時も、ついいつもより丁寧な扱いになる。

深夜、自宅の近所に住むライターの久信田さんが引っ越すので、本の整理にうかがう。仲間内のバイブルともなっている『オン・ザ・ロード・アゲイン』の著者で、『ＰＯＰＥＹＥ』の連載で何度かイベントを取り上げてもらっている兄貴分だ。大きな立木が魅力的な角地の家で、お茶をいただきながら旅、カウンター・カルチャー、音楽など、いろいろな話をしつつ、明け方まで本の整理をした。おまけで素敵なダッフルコートをいただく。

『オン・ザ・ロード・アゲイン』
久信田浩之（水声社　二〇〇一年）

二月二十六日　社会派ＡＯＲ

神田での古書即売会ぐろりや会の為の本の搬出日。年六回、週末を使った古書会館の即売会に参加している。

夜、社会派ＡＯＲを唄う「コーヒーカラー」のライブで青山「青い部屋」に顔を出す。初めの三十分しかいられないので、先に来ていた知り合いたちに挨拶を済ませ、唯一無二の世界の入口を堪能する。一度聴いたら（観たら）忘れられない彼のパフォーマンスは、今回初のワンマン。ＤＶＤの収録も兼ね、気合いが入っていて良かった。今回は大半が初めて聴いた曲で、職場恋愛や、ホモセクシャルのことを独自の世界観で歌い上げ

コーヒーカラー
その後メジャー契約も決まり、「人生に乾杯を！」（日本クラウン）が大ヒット。
http://www.worldapart.co.jp/coffeecolor/

ていた。彼のパフォーマンスは、目や手の動きが素晴らしいと思う。決して目立つ動きではないが、曲や詞と完璧に同調した動きこそが、彼の醸し出す雰囲気を仕上げるスパイスとなっている気がする。

二月二十八日　カフェのはしご『人生の100のリスト』

代々木上原でカフェのはしご。駅から数分、昔ながらの店と新しいお洒落な店が混在する商店街から路地を抜けた住宅街にある「ウェスト・パーク・カフェ」。ボリュームたっぷりの料理と、元気なスタッフの声が明るく響く、ＮＹにいる錯覚に陥りそうなオープン・カフェ。ベーカリー併設で、パンやマフィンもおいしい。ここはボリュームたっぷりのシーザース・サラダが絶品。ハーフサイズでも二人がかりでお腹いっぱいになる。日本のレストランのサラダは小皿でかわいらしくサーブされることがほとんどだけど、やっぱりサラダは大皿でモリモリ食べるのに限る。食後は満腹感を引きずりながら散歩。代々木上原から代々木八幡あたりまで、住宅街だか商店街だかわからない不思議な街並みを抜け、代々木公園沿いのお気に入りのカフェ「ＴＡＲＬＵＭ」でコーヒー。おいしそうなケーキがあるのに、満腹で何も食べられないのが残念。

夜はロバート・ハリスさんの『人生の100のリスト』出版記念のパーティーへ。深夜にクラブで開くところがいかにもハリスさんらしい。最初の自伝『エグザイルス』に登場し、僕の友人たちにも少なからず影響を与えた「100のリスト」。この本を読んで、自分でリストを作った人は少なくないだろう。僕自身は、やりたいことを百に絞ることはできないし、逆に漠然と大きく明確なものが一つあるので、リストを書こうと思ったことは一度もない。今回の本はその「100のリスト」の中からいくつかのエピソードをピック

ウエスト・パーク・カフェ
代々木上原店
東京都渋谷区本代々木町23−11
（03−5478−6065）

ＴＡＲＬＵＭ
シーフード・カフェ。冬は常に数種類の生カキが食べられる。
東京都渋谷区富ヶ谷1−10−2
（03−3466−1105）
http://tarlum.com/

『人生の100のリスト』
ロバート・ハリス
（講談社　二〇〇四年）

・アップし詳しく書いたもの。欄外の注釈のビジュアルも充実しており、ここだけ読んでいてもおもしろい。力作がようやく完成し、うれしそうなハリスさんの表情が印象に残る、楽しいパーティーだった。

二月二十九日　ポエトリー三昧

夕方、いんこさんと、『ふりつづく砂の夜に』用の切り絵の最終打ち合わせ。校正した原稿のチェックと、カバー・アートについて確認。

夜、千ちゃんと近くの「モンスーン・カフェ」で切り絵の打ち合わせ。その場で下絵を二種類描いてもらう。「海辺・木・夜・人物」をイメージしたものと、「貝・鯨・海」を中心にしたもの。どちらもナーガさんの詩のなかから湧いてきたイメージ。ペン一本で、あっと言う間にさらさらと、こちらのイメージ通りの絵を描いてくれたのには舌を巻いた。来週の切り絵の仕上がりが楽しみだ。

夕方、小林大吾が先週のパーティーで読んでくれた詩「フライングブックス／that's flying books. you know (1st anniversary edition)」と、先日のSSWSトーナメントで読んだ詩のプリントを持って来てくれる。なかでも小説のようなストーリーを持った「幽霊／fishing ghost」が良かった。大吾はクールな声のリーディングも魅力的だが、ユーモアと棘を併せ持った展開のあるストーリーと、言葉の歯切れ良さを持った文章にもまた違った魅力がある。

三月一日

中央市会で仕入。十九世紀のマーブル模様の紙と革装が美しい『アラビアン・ナイ

小林大吾（1977〜）
詩人。リーディングを始めてすぐに、SSWS年間準グランプリを獲得。最近はデザイナーとして、SUIKAやタカツキのCDジャケットを手掛けている。二〇〇五年待望のファーストCDと詩集を同時リリース。「詩人の遺書」
http://www.wildpinocchio.com/

ト』を落札。百二十年以上前の本とは思えないほどコンディションがいい。繊細な線のみで描かれた挿絵や装飾には溜息が出る。作り手の愛情が溢れる一冊だ。

夜、ＳＵＩＫＡのレコーディングとミーティングの為、川崎のタケウチカズタケの家に集合する。六月末を目標にリリースするＣＤについてのデザイン、流通方法等の細かい方向性の確認と、リリースに向けたライブ・スケジュールの打ち合わせ。

三月三日　三十年越しの友情

作家の宮内勝典さんから『ふりつづく砂の夜に』の序文の原稿が届く。ナーガさんの良き理解者で、古い友人の宮内さんならではの、力強い友情に満ちた言葉がたくさん詰まった文だ。顔を合わせていなくてもお互いを認め合って三十余年を経てきた二人の関係に胸が熱くなる。

「一秒の死を歩きながら」　宮内勝典

長沢哲夫と旅をしたことがある。トカラ列島を島づたいに南下して、与論島に辿りついた。もう四十年ぐらい前のことだ。当時は、そこが日本最南端の島であった。私たちは空き家となっている小屋を借り受けて、一夏を過ごした。永遠ではなかったかと思えるほど、長い長い夏であった。長沢哲夫、いやナーガは、その島でサンスクリット語の独習に没頭していた。すでに死語となっている言語を学ぼうとする精神に畏敬の念をおぼえながらも、私にはその情熱が不可解であった。

タケウチカズタケ（1975〜）
鍵盤を打楽器のように弾き倒すキーボーディスト。キーボードが壊れることもしばしば。ジャンベを叩きながらキーボードを弾くはなれ業もある。ＳＵＩＫＡのほぼ全曲を作曲し、ハウス・ユニット、ア・ハンドレッド・バーズの作曲・プロデュースもこなす。
「Kaztake's PLAY-GROUND」
http://www.hi-ho.ne.jp/inout/

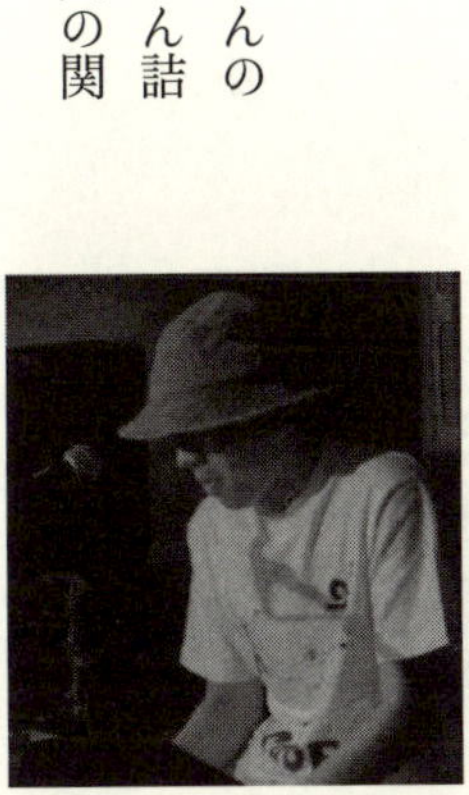

宮内勝典（1944〜）
作家。高校卒業後アメリカへ渡り、以後五十数カ国を歩く。主な作品に『南風』（文藝賞）、『金色の象』（野間文芸新人賞）、『僕は始祖鳥になりたい』他。緊迫感漂う、体当たりのドキュメンタリーもおすすめ。
「海亀通信」
http://pws.prserv.net/umigame/

『金色の虎』宮内勝典
（講談社　二〇〇二年）

私たちは異なる道を歩みつづけた。ナーガは、ゲーリー・スナイダーや、サカキ・ナナオ、山尾三省たちと共に「部族」の活動を開始した。日本におけるカウンター・カルチャー・ムーブメントの、いちばん最初の火の手であった。そのころ私はアメリカで暮らしていて、仲間たちが諏訪之瀬島や長野県の山中にコミューンをつくったことを、ただ風の便りで知るばかりだった。

それから私はアメリカを去って、インドを歩き回ることになった。ナーガがサンスクリット語の独習に打ち込んでいたわけも、ようやく腑に落ちてきた。そして日本にもどると、ナーガもまた長いインドの旅を終えて帰国してきたばかりだった。異なる道を歩みながらも、私たちは結局、同じところに辿りついて、同じ光りを見つめていたのだった。武蔵境の長屋で、私はナーガが貸してくれたラーマクリシュナの講話録を読みふけり、タゴールの朗読テープを延々と聴きつづけていた。

まもなくナーガは、諏訪之瀬島に移り住んでいった。三十年以上も前のことだ。消息も絶えた。詩作も絶え、長い沈黙がつづいていた。だが私は、ナーガがだれよりも深く生きているはずだと感じていた。かれが島の人たちに尊敬されて、漁師長になったという噂も聞いた。

余談であるが、屋久島の食堂でひらいた新聞で、ナーガに再会したことがある。「諏訪之瀬島の漁師・長沢哲夫さんがつくる一夜干しのトビウオが、いま鹿児島市で人気を集めている」という記事であった。記者のインタビューに対して、その漁師は

長沢哲夫（1941～）
詩人、漁師。東京出身。六〇年代のコミューン運動「部族」の中心メンバーで、解体後も九州・諏訪之瀬島に残り漁師として、詩人として暮らす。自然の中から湧き出たシンプルで力強い言葉にはリアリティが満ちている。

詩集『つまづく地球』長沢哲夫（スプラッシュ・ワーズ　二〇〇三年）

ゲーリー・スナイダー（1930～）
詩人。サンフランシスコ生まれ。大学時代、東洋思想、日本語を学ぶ。五六年より述べ十六年間仏教の修行で京都に滞在。七四年詩集『亀の島』でピューリッツァ賞を受賞。宮沢賢治の翻訳や、環境保護・反戦反核運動など積極的に活動している。主な作品に『亀の島』（山口書店）『野性の実践』（山と渓谷社）『終わりなき山河』（思潮社）。

ナナオサカキ（榊七夫）（1923～）
詩人。鹿児島生まれ。戦後、日本全国、世界各地を放浪。日本のカウンター・カルチャーの中心人物として、スナイダーやギンズバーグと交流し、コミューン運動「部族」結成等に係った。その詩は現在世界一七カ国で翻訳されている。主な作品に『犬も歩けば』（野草社）『地球B』『ココペリ』（共にスタジオ・リーフ）。

淡々と答えていた。詩人ではなく、まったく、ただの漁師として。私はくすくす笑いながら、その記事をこっそり破り取って、ポケットに入れた。いつか宮沢賢治のように仰がれるはずの詩人が、ここに隠れているのだと感じながら。

ナーガは「離島」にいるのではない。辺境にいるのでもない。黒潮の真っただ中で、地球的な時間で、いま、まさに生成しつつある世界の切っ先を生きているはずだ。詩人とは火山のようなものだ。しばらく鳴りをひそめていても、いつか、かならず噴火してくるだろう。私はそのときを、遠くから待ちつづけていた。

そして、ナーガは噴火した。

長い沈黙から噴きこぼれてきた言葉に、目を瞠った。私たちはこの世界がうつろであると感じているが、ナーガの詩には、世界の原型的な豊かさと、深度がある。しかも、ここから先はもう物理的な無に溶けこむしかない、きわめて高い抽象度をそなえている。ナーガの詩は風のようにやってくる。それは永遠の一角からやってくる無のおそろしさを秘めながらも、一瞬、意味をはらみ、潮の香や、トビウオ、大地や人の匂いなど、世界を在らしめながら吹きぬけていく。私たちはその吹きさらしの中に立たされて、戦慄し、世界へのいとおしさを覚える。

その感覚は、ひんぱんに甦ってくる。たとえば、東京の雑踏を歩いているとき、交差点で信号が変わるのを待っているとき、いつもナーガの詩が浮かんでくる。

山尾三省（1938〜2001）詩人。東京生まれ。早稲田大学中退後、「部族」に参加し、中心的メンバーとなる。西荻窪の「ほびっと村」立ち上げ等を経て、七七年屋久島に移住。以後、詩人、百姓として、多数の詩集、文集を出版する。主な作品に『聖老人』（野草社）、『ここで暮らす楽しみ』『聖なる地球のつどいかな』（ゲーリー・スナイダーとの対談集）（山と渓谷社）。

ラーマクリシュナ・パラマハンサ（1836〜1886）ヒンドゥー教の神秘家。ベンガルの貧しいブラーマンの家に生まれ、十五年間の強烈な修行を持ってヨーガの全てをマスターした。キリスト教やイスラム教の礼拝を通じても神秘体験を持ち、普遍的宗教メッセージは弟子のヴィヴェカーナンダにより西洋に広められた。

タゴール（1861〜1941）近代インド最高峰の詩人、思想家。アジアで初めてのノーベル文学賞を受賞し、インド国歌の作詞作曲者としても名高い。小説、戯曲、音楽、絵画、思想、哲学など、優れた才能はあらゆる方面に及んだ。

一秒の死を歩く　海辺

私はその言葉を、もう一千回、一千秒ぐらい意識してきたような気がする。ナーガの友であることを、私は未来に誇る。

三月八日　一日編集者

昼、千ちゃんの働く目黒へ完成した切り絵を取りに行く。出版社の高い天井が気持ちいいロビーで、切り絵の入った封筒を受け取った時は、まるでこちらが編集者になったようでおかしかった。前回の打ち合わせからさらに工夫が加えられることによってバランスが良くなり、更にすてきな仕上がりになった。夜、ハギーさんの新居へ原画を運び、カバーデザインのお願いをする。

三月十日　サラリーマンか独立か

取材が二件。一件目はメタローグの単行本「〜になる」シリーズの『本屋さんになる！』。ライターは古本関係のエッセイを中心に活躍する岡崎武志さん。お名前はよく聞くが、実際お会いするのは今回が初めて。古本屋話で盛り上がり、あっと言う間に予定の一時間が過ぎる。岡崎さんとはいくらでも話せそうだし、続きはいつか高円寺の居酒屋あたりでやりたい。

二件目は雑誌『ＧＱ』の特集「31歳のハロー・ワーク」。今回の取材の質問は「サラリーマンから古書店の仕事を始めるにあたってのメリットとデメリット。」最近よく聞か

『本屋さんになる！』
岡崎武志＋ＣＷＳ編
（メタローグ　二〇〇四年）

れる質問だ。チェーン店と、自営という二種類を見てきただけに、当初は、その違いを強く感じていた。

まず一番のメリットは、好きなように自由に表現できること。会社組織の中では、皆が一定のルールの元で活動を行わねばならないことがほとんどで、その集団の為のルールと、自分の取りたい行動が相反することはよくある。それが最もよく現れるのが、お店だったら品揃えや陳列方法。商品セレクションにどんなに自信があっても、それがお店や会社のカラーに合わなければ取り入れられることは難しい。その点、自分の店ではほぼすべて思い通りにチャレンジすることができる。

また実力と運で成功を収めることができれば、大きな収入を得ることも可能だ。しかし、これを期待する人は間違いなく古本屋には向かない。なぜなら、古書というものは同じものはごく限られた数しかなく、新刊書籍や他の商品の様に同じものを多数売る「ヒット商品」を創り出すことが事実上不可能だからだ。

で、デメリット。リスクも責任もすべて自分で取らなければならないこと。会社組織に属すると言うことは、その保護下に入るわけでもあり、金銭的にも、社会的な立場的にも自営に比べて圧倒的な安定が得られる。お店の売上がよかろうが、悪かろうが、ほぼ同じ金額の給与が毎月もらえ、よほど要領が悪くなければ、月々の休日もかなりの割合で消化できる。反面、自営の店舗では売上が悪ければ、当然収入は減り、自分の給与はもちろん従業員の給与や家賃の支払いすら困難になる。それが続けば借金だけが残り、店は閉店・倒産へと追い込まれる。この何もしなくてもお金が外に出て行く、月々の固定費へのプレッシャーは大きい。

また自営の場合、仕事が進まなくても誰もフォローしてくれないし、店主の場合、顧客や業者などと会うことも多く、なかなか休日が取れないのが現状だ。定休日があっても売上が悪ければ、家賃を支払うために無休で店を開けるしかないし、実際のところ、細かい作業は営業時間中に行うことが難しく、閉店後や休日に行うことが多くなる。僕自身も「仕事日」と決めた日は終電まで仕事をし、これが週に数日はある。またイベントを行わない定休日は、お客さんがいるとなかなか出来ない売場の作業等をする。時間がとれない週などは、処理が追いつかない仕事が山積みとなり、うまく定休の日曜を使わないと翌週にしわ寄せが来る。そんな調子なので、いつになっても納得のいく整理や売場作りは完成しない。日々の業務と処理のいたちごっこだ。

結局のところ、組織に属し一時の安定を取るか、夢&リスクを取るかということになる。実際の開業に当たっては、勢いで走らずに、出来る限りのリサーチをしっかりと行い、最悪のケースも想定し、そのリスクをいかに小さくするかがとても大事だと思う。何事も始めることより、続けることの方がずっと難しい。

三月十一日　都会のエアー・ポケット

『ふりつづく砂の夜に』の入稿で、印刷所のある飯田橋へ。学生時代によく歩いたこの街に来るのは久しぶり。当時お気に入りだったビストロ「東京パリ食堂」に行く。今日のメンバーはSUIKAからtoto、ATOM、タカツキ。サプライズで渡される花束やプレゼント。実は今日が誕生日。お祝いしてもらうのは照れくさいので内緒にしていたのだけど、正直とてもうれしかった。みんなありがとう。

フランス語で厨房にオーダーを伝えるギャルソンの威勢のいい声、近隣のサラリーマンらしき人が多く、気取らずランチに来ている人たちのざわめき、値段は安いけど手を

東京パリ食堂
東京都千代田区飯田橋3-7-3
(03-3222-5400)

抜かない創意溢れる料理、食後のデザートとお茶込みで千二百円と気さくなフレンチ・ビストロに漂う空気は以前とまったく変わっていない。こういうパリの下町にありそうなフレンチは、東京には意外と少ない。

原稿を引き渡し、九段下まで散歩する。途中、閉店まであと数日というアンティークおもちゃの店を発見し釘付けに。友人へのプレゼント用に、パトカーのアンティーク・ミニカー、長島茂雄のフィギュアがついたボトルキャップ三体セットを買ったら、閉店セールだったので嘘みたいに安かった。壁に掛けてあるフリスビーをすごく気に入ったが、店員さんの私物だったので諦める。おもちゃ屋の小道をまっすぐと進み、どこへ向かっているかもわからない複雑な路地裏の坂道を登っていると、緑の庇がかわいい本屋を発見。この辺はフランス語学校が多いなと思っていたら、ここもフランス語の専門店。ウィンドウの「タンタン」に誘われ店内を覗く。狭いながらも取り扱いジャンルは幅広く、フランスに関するフリーペーパーも置かれている。在日のフランス人や留学生にとっては街の灯のような場所なのだろう。

ｔｏｔｏの母校の横を抜け、あと数週もすれば花見客でいっぱいになるのだろう千鳥ヶ淵前に出て、半蔵門線で渋谷に戻る。今日も「迷子の法則」で都会のエアー・ポケット的すてきなお店に出会えた。まだまだそんな場所があるのかと思うと、わくわくしてくる。渋谷に戻り、ＡＴＯＭの友人のデザイナー、小池君と今度立ち上げるレーベル、「フライ・ン・スピン・レコーズ」のロゴの打ち合わせ。フライング・ブックスのロゴ・イメージとかけ離れないような感じで、爽やかで、軽やかなもの、をキーワードにデザインをお任せする。

三月十二日　オーガニック・カフェ

経営員を務める明治古典会、終日神田の古書会館で仕事。「大野一雄」の署名入限定本や、公演パンフを落札。本人の肉筆イラスト入のシナリオがおもしろい。昨年は麿赤児率いる「大駱駝艦」を観に行き、初めて「舞踏」に触れ衝撃を受けたが、九十代後半にしてまだ現役という驚異的な舞踏家・大野一雄の生のステージも是非観てみたい。

夜、中目黒の高架下のカフェ「バナクラ」に連れていってもらう。毎週金曜の夜、雑誌『ＲＡＩＺＩＮ』の編集をしている村上君がキッチンに自ら立ち、「記事で読むだけではなく、実際に味わって、本物を体で感じて欲しい」というコンセプトで、色とりどりの旬のオーガニック野菜料理を出してくれる。素材を一つずつ厳選しているだけあって、どれも美味しい。極上の料理とお酒を堪能しつつ、夜が更けていくにつれて、深い言葉が交わされるサロン・タイムになる。同年代の村上君は、メディアとして情報を発信している立場でも決して流行を追わず、しっかりと地に足が着いた考えをもっている。多くの人が「メディア」という華やかだけど、ヴァーチャルとも言える情報に躍らされる中、一見地味だがリアルな部分を大切にし、発信している編集者がいることにささやかな希望の光が見えた気がする。

三月十四日　同期社員との付き合い方

日経新聞から入った一風変わった取材、新社会人向け「同期社員との付き合い方」。就職活動の際、第一志望を蹴ってＣＣＣを選んだのは、入社前研修で出会った魅力的な三百人の同期と仕事をしたいというのが大きな理由だった。今も続く同期たちとのネットワークは僕の貴重な財産だ。

経営員
古本の市場の現場運営をする。通常若手古書店員が務める。

大野一雄舞踏研究所
http://www.asahi-net.or.jp/~ab4t-mzht/studioj.html

増補版『**舞踏譜**』大野一雄
（思潮社　一九九八年）

麿赤兒率いる大駱駝艦天賦典式
http://www.dairakudakan.com/

『**麿赤兒　幻野行**』朝倉俊博写真集
（深夜叢書社　一九七九年）

入社後すぐ、約四十人の同期と共に改装中の直営店舗に配属された。圧倒的に不足している先輩社員数で、改装直後の売場作りをしながら、新入社員たちのケアをすることは困難で、同期の間ではいつも不満が渦巻いていた。混沌とした環境に置かれるほど仲間たちの結びつきは強くなるようで、夜勤明け、牛丼屋や寮代わりのアパートで、仕事や職場の人間関係など身近なことから、将来の夢までを語り明かしたものだった。また愚痴だけではなく「○○の仕事はすごいよね」など、周りの仲間の良い部分も話題に上がり、良い意味でのライバル心も芽生えた。特に細かい分析力や、プレゼンはすごい」など、周りの仲間の良い部分も話題に上がり、

毎日のように接していると、口に出さなくても仲間のコンディションがわかるようになるし、お互い自然にフォローもできるようになる。同じ職場を経験してきた仲間とは「共通言語」的なものを持つことができ、物事を一から十まで説明しなくてもわかり合えるようになるので、コミュニケーションも捗った。この共通言語は、退職してしばらく経った今でも生きている。

僕自身は一度も本社勤務をしていなく、職場を共にした仲間はそう多くはないが、退職後に知り合い、直接・間接的に仕事をするようになった同期もいる。現役社員も退職者も一緒になって大人数の同期会が開かれる会社はそうないと思う。飲み会での話がきっかけで作った同期のメーリング・リストに情報を流すと、インドネシア、中国、フランス、イタリアなど退職後海外で活躍する仲間からも、いち早くレスポンスが来る。社内・外を問わず、仲間が活躍している話を聞くのはいい刺激になっている。お互いの事を認め合える、たくさんの同期たちと知り合えたことは何よりの財産だ。そして彼らと今も繋がっている事を素晴らしく思う。

バナクラ
東京都目黒区上目黒2−43−13
(03−3711−5313　要TEL)

三月十六日　うどんの聖地へ

祖母の見舞いで再び富士吉田へ。心優しい友人たち、ＡＴＯＭ、タカツキ、ｔｏｔｏも同行してくれる。今回の目的は「うどん」。実は富士吉田はうどんの名産地で、なんと五十軒以上のうどん屋がひしめき、「うどんＭＡＰ」なるものが作られているほど。ほとんどが売り切れ次第閉店、昼のみの営業も多い。最低二軒は周ろうということで、正午前には着くように珍しく早めに出発する。

まず、タクシーの運転手さんからに聞いたおすすめの店「麺許皆伝」へ。味噌と醤油を合わせたあっさり汁に、太目のもちもちした麺は、温かい汁でも冷たい汁でもおいしく、両方をペロリと平らげてしまった。ゴマと唐辛子にゴマ油を合わせたこの地方独特の香辛料「すりだね」は、辛いだけではなく、コクがあって病みつきになりそう。自家製のものがほとんどで店によって味の違いも楽しめる。

みんな病院まで付き合ってくれ、年寄りばかりの病室にラッパーが何人もいる賑やかなお見舞いとなった。リハビリに付き合い、だいぶ体力気力ともに回復してきたようで安心する。相変わらず食事の好き嫌いが多いので手を焼くが……。

快晴の下、真っ白な富士山に見下ろされながら、市街を散策。帰路に着く前に二軒目のうどん屋「初音」へ。懐かしい匂いのする店内で、すりだねと野菜がたっぷりのあんかけ風「激辛うどん」で体がぽかぽかにあたたまる。

ドライブ・インでバーム・クーヘンにバター・クリームが詰まった「ジャンボ・コロン」を買って店に戻り、夜はＳＵＩＫＡのリハーサル。ろうそくを灯して、先日誕生日を迎えたけっちゃんのお祝いをした。。

富士吉田市
http://www.city.fujiyoshida.yamanashi.jp/forms/info/
（「うどんＭＡＰ」もここで見ることができる。）

三月十七日　ブックオフ

昨日「ブックオフ、東証二部に上場」という一面広告が新聞に載った。「本を知らない」「あれは本屋ではない」ｅｔｃ。昔ながらの古書店のほとんどは、この古本を扱うチェーン店に対して否定的だ。でもブックオフの出現によって「古本」というものに対しての認知が、それまで馴染みのなかった若者や主婦層にまで飛躍的に広がったことは事実で、古書組合（もしくはうちも含めた加盟古書店）はそれだけのマーケットを見逃してきたということになる。

明るく清潔感のある店舗と接客、一定期間ごとに在庫がきちんと入れ替わるシステム（いつでも新鮮な品揃えに見える）、査定マニュアルによるわかりやすい買取システムなどの反面、内容ではなく新しさだけが評価され、古くて価値があるものでも買い取らないことがある。

確かに店舗の数や売上、効率的なシステムやマニュアルなどの部分を見れば優秀と言えるが、本をただの「消費材」として扱うので、「文化財」としての本の価値を無視し、書店の文化的側面を破壊しかねない危険性もある。ブックオフが「よい古本屋」かどうかは利用する人によって違うし一概に言えないが、現在までの成長を見る限り「よいビジネス・モデル」であるとは言えるだろう。

だが、文化的立場からもブックオフだけを責めることはできない。この現状は、内容よりも売上が重視されがちな今の出版事情の反映で、大量生産・大量消費の為の出版物が大型書店に溢れる出版文化が生み出した功罪であり、ヒット作に一極集中し踊らされている一般読者層の責任でもあるはずだ。

また一部で新刊書店の万引きを助長しているという非難があるが、少し前にも新聞一面広告を打ち、買取時の身分証明や未成年者の保護者確認をする、万引きへの対応についての宣言とアピールがされていた。もちろんこれは株式上場を睨んでの作戦だろうけど、世間のマイナス評価を受け止め、きちんとした対策を立て、社会へ明確に返答する態度は潔い。

これまでロード・サイドの大型店が多く、都心部は比較的出店が少なかったが、最近は小型版の「ブックオフ・エクスプレス」という業態を開発、商店街などにも勢力を伸ばしている。先日、桜上水で大手都市銀行跡地がこの「エクスプレス」に変わっているのにはびっくりした。銀行が潰れて、古本屋ができる時代なのだ。海外への出店も強化しており、以前訪れたマンハッタンのブックオフが、日本とまったく変わらないか、もしくはそれ以上の運営力を持って営業しているのには驚いた。

もはや古書組合員が個人で対抗することは難しい。組合員の店舗の疲弊や減少は、業界全体にとって明らかにマイナス要素となる。古書組合全体で対抗策を考え、加盟店の商圏保護に乗り出すべきだろう。手遅れになる前に。

三月十八日　『ふりつづく砂の夜に』完成

雑誌『インビテーション』編集部の原田さんが来店。ポエトリー・リーディングのコラムを書くとのことで、最近の事情について「ＳＳＷＳ」(Shinjuku Spoken Words Slam)のことなどを中心にお話をする。

完成した『ふりつづく砂の夜に』が届く。少し緑がかった風変わりな紙に印刷された表紙は、内容にふさわしくよりシックで落ち着いた雰囲気になった。上京した著者のナーガさんがタイミングよく来店、近所の焼き鳥屋で祝杯を上げる。

ＳＳＷＳ
(Shinjuku Spoken Words Slam)
詩人、ラッパー、演劇系、お笑い系等、ジャンルレスな言葉を使ったあらゆるパフォーマンスのトーナメント。常に驚かされるパフォーマンスはもちろん、ここで出会う個性豊かなアーティストたちとの出会いも楽しい。
会場のＭＡＲＺ：東京都新宿区歌舞伎町２-45-１ B1
(03-3202-8248)
http://www.marz.jp/ssws/

『ふりつづく砂の夜に』
長沢哲夫（スプラッシュ・ワーズ）

三月十九日　EVERYNESS復活

明治古典会で仕入。諏訪優がタイプ打ちで原稿を作成し、ほぼ自費出版に近い形で出版されたアレン・ギンズバーグについての初の評論集と、ネイティブ・アメリカンの生活様式を撮影した年代ものの絵はがき帖を落札。

夜は渋谷公園通りのカフェ「ＳＰＵＭＡ」へ。以前、青山のクラブ「オージャス・ラウンジ」で開かれていたポエトリー・リーディング・イベント「EVERYNESS」の復活第一回に顔を出す。店のマネージャーで今回の主催でもあるミミカさんの今のポエトリー・シーンへの返答とも言えるイベント終了後、かつての常連詩人たちが残り、終電後までパフォーマンスについて熱いディスカッションとなった。続けていれば、いつかきっとみんなの想いがカタチになる時が来ると思う。

三月二十三日　共産圏の色

先日落札したキューバの雑誌『CASA』『Bohemia』や、二色刷りの赤が鮮やかな七〇年代の新聞を仕分ける。発行されて三十年以上経った今でもなお新鮮なデザイン。共産圏ならではのものだろうか、何とも言えないくっきりした色遣いの表紙がすばらしい。遊びに来たｔｏｔｏとカメラマンの渋谷ゆりちゃんも加わり、キューバ雑誌の鑑賞会になる。

三月二十五日

配布するフライヤーの作成や、ドリンクや備品の買い出し等、ひたすら日曜のイベントの準備。

アレン・ギンズバーグ
ビート・ジェネレーションが生んだ最大の詩人。一九五六年発行の『ＨＯＷＬ』は赤裸々な表現で若者の実態を描き一世を風靡し、猥褻罪で裁判となる。その後のロック・シーンなどにも多大な影響を与えている。

『casa』No.82（1974）

三月二十六日　カップ酒で花見

明治古典会。絵本のようなかわいいタッチが人気のレーモン・ペイネのリトグラフ他を落札。戦前、三越のポスターなどで一世を風靡したアール・ヌーボーのデザイナー、杉浦非水の木版刷り創作図案集は、中のシートが揃っていると目が飛び出るような値段になるが、何枚か欠けていたので何とか落札できた。揃っていなくても、その構図や色彩の素晴らしさは変わらない。一枚ずつ額装したいくらい。終了後、経営員仲間らとチーズ・フォンデュを食べ、靖国神社へ花見に。夜の冷え込みが厳しく、早くもピークを過ぎた桜の花びらが舞う中、凍えながらカップ酒を飲む。

三月二十七日　嗅覚

パリの買付から戻った古書日月堂さんに顔を出し、ＷＥＢで一目見てから狙っていた商標の紙モノなどを購入。センスのいいものを発掘してくる感覚は、業界の中でも突出している人だと思う。

深夜ｔｏｔｏと合流し、週末の熱気で蒸し返す円山町のクラブへ。先日イベントでお世話になったロバート・ハリスさんのイベント「エグザイルス・ナイト」に顔を出す。

三月三十一日　念願のメジャー

待ちに待ったヤンキース対デビルレイズの開幕戦。明治古典会の同僚、大雲俊介さんと五十嵐さん夫妻と東京ドームへ。俊介さんとは二〇〇二年のマリナーズ日本開幕戦のチケットを取ったのに、アメリカのイラク開戦で中止となった苦い経験があり、今回も何かが起って中止にならないか直前まで心配だった。松井が打席に立った時の、地響き

レーモン・ペイネ（1908～1999）
イラストレーター。パリ生まれ。かわいい色彩とタッチで今なお人気の漫画家。よく見るとエロティックだったり、残酷だったり。

古書日月堂
古道具、活版印刷器具など古書業界の概念を覆す仕掛けをする女性店主の佐藤さん。ビジュアル、テキスト共にボリュームたっぷり、気合の入った目録は必見。その一端はWEBでも見られる。表参道の突き当たり、閑静なマンション2Fの店舗は古くて新しい小さな宇宙の様。
東京都港区南青山6－1－6パレス青山207（03－3400－0327）
http://www2.odn.ne.jp/nichigetu-do/

のような歓声には鳥肌が立った。結果は松井のホームランを含め、ヤンキースの快勝！

深夜は駒沢のスタジオでＳＵＩＫＡのリハーサルに合流し、アルバムリリースに向けてのミーティング。

II　フライング・ブックスの作り方

学生時代

一　旅と経営学

中学・高校時代、放課後によく新宿、渋谷、吉祥寺を友達とぶらついた。買い物をしなくても、そこに居るだけで楽しくなれるお気に入りのお店があり、自分でも理想の空間を作ってみたいと思うようになった。そんなある日、好きだった店の一軒が潰れてしまった。それ以来、将来自分の店がそうならない為にも経営を学ぶ決心をし、大学も法学部の経営と法律を学ぶコースに進んだ。

理想と現実のギャップは大きく、大学の授業はほとんど実戦では役に立たないものだったが、代わりに経営コンサルタントの資格取得の専門学校と、海外の一人旅から「自分独自の視点」という道具を得た。

週数回、夜間に通った中小企業診断士の講座では、元イトーヨーカドー店長の講師から、実際のケースを交えて経営の基礎を体系的に学べたのが良かった。また授業の後に自主的に開いた勉強会では、社会人や学生の仲間たちと意見交換やケース・スタディをした。これは実務経験の無い学生にとって貴重な情報源となり、知識を詰め込むだけではなく、学んだものを消化し自分の言葉で人に伝えるアウトプットの訓練にもなった。

中小企業診断士の勉強をスタートしてすぐの夏に、アメリカで実際に最先端の商業施設やショッピング・モールを見学できたのは、その後非常に強い武器となった。またこの旅の途上、シアトルで、ある日系商社のアメリカ人社長と過ごした一日から、その後の大きなテーマとなる「本当に豊かな生活」というものを意識することになる。

毎朝の通勤はフェリー。対岸までの三十分は仲間とくつろぎのコーヒー・タイム（帰りはビール）。特別広いわけでは無いが、大学のカヌーの練習が見られる、運河沿いの眺めが素晴らしいオフィス。自ら数年越しで作っている自宅では、食事を待つ夕暮れの空の下、敷地の境界線に柵の変わりに手で一本ずつ花を植えていく。庭のスピーカーからは地元出身の有名なサックス奏者、ケニーGのメロウな旋律が流れ、スプリンクラーの回る芝の上を子供が走り、バーベキューの香ばしい匂いが漂う。日本では想像すら出来ないほど豊かな時間がそこにはあった。

仕事の効率化は、より仕事を増やす為ではなく、余暇を増やす為のモノであるべきだ。物質的に豊かでも（特に精神面で）生活的には豊かとは言えない社会では、モノを提供するだけではなく、それらを用いた、より成熟したライフ・スタイルも併せて提示しなければ、本当に豊かな世の中にはならないと思った。

卒業旅行では大好きな「東京」よりエキサイティングな街を探して、二カ月かけてアメリカ、ヨーロッパを回った。バックパック&安宿の貧乏旅行だったが、日本より遥かに安いクラシックのコンサートや一流ホテルのアフタヌーン・ティーなど「ホンモノ」を知るために、可能な範囲で自分への投資をした。都市の基礎となる「文化」「経済」「生活」をテーマに、一度の旅で多くの街を見、比較することによって、新たに東京のいいところ、悪いところも見えてきた。

乗り継ぎで数日を過ごし、その猥雑なエネルギーに打ちのめされたバンコク。オーストラリアの大自然と、経済より生活のゆとりを大切にする国民性。資本主義とはまったく違った価値観があることを教えられたチベット。木も生えない物質的に貧しい地域で触れた、豊かな心と笑顔に教えられたものは大きい。ハワイの禅寺での座禅と瞑想。シアトルのアウトドア・ライフと書店シーン。サンフランシスコでのビート&カウンター・カルチャーの聖地シティ・ライツ書店への巡礼。シリコン・バレー流システム構築の発想。ロサンゼルスの最先端のエンターテイメントとアミューズメント。あらゆる文化のメルティング・スポット、ニューヨークで体験したアート、音楽、演劇。ロンドンの最先端のクラブ・サウンドと、アフタヌーン・ティーの「もてなし」と接客。パリ、モンパルナスのカフェ・ソサイエティー。シカゴ派の摩天楼と今は無き巨匠ゲオルク・ショルティのタクト。

こうした旅先でのそれぞれの街に根付いた素晴らしい本屋との出会いから、その後の理想の本屋像は作られていった。例えばシアトルにある、街の誰もが知っているランドマーク的存在の「エリオット・ベイ書店」。港町の煉瓦造りの建物は、高い壁面の書棚と使い込まれた木の床が図書館を思わせる、落ち着いた空間で、地下にはおいしいラテと一緒にゆっくり本が読めるカフェがあり、定期的に朗読会が開かれる。充実のニュースレターはまるで新聞のようで、とても無料とは思えないほど。まさに街の文化の中心となっている書店で、初めて心から「こういう本屋があればいいなあ」と思った。

当時まだ本屋をやるつもりはなかったが、言葉がわからない国でも本屋にいると不思議と気分が落ち着いたし、そこが初めての土地でも、コーヒーと本、ノートとペンがあればそこが自分の空間になった。こうして自分が心地よいと思う、書店とカフェをミックスした空間を作りたいという気持ちが芽生えていった。

二　就職活動

旅先で外国の自由な空気に触れていた当時、日本のエスカレーター式進学・就職事情には大きな疑問があった。しかし、まだ自分に見えてないところがあるかもしれないし、ここまで続いた慣習には何か根拠があるはず。否定する前に実際に体験し、そのメリット・デメリットを見極めようと考え、とりあえず就職活動をすることにした。

業界のトップ企業を独占する、流通の本場アメリカで学びたかったが、まず自分の生まれ育った日本独自の経営を二、三年みっちり学び、その後実務経験がないと厳しいと言われるビジネス・スクール（ＭＢＡ）へ留学をしようと考えた。そうして就職活動先は流通業の中でも唯一日本独自の発展を遂げ、流通業の全ての機能、メーカー（プライベート・ブランド品）、卸（弁当の一日三回の配送・物流システムは他に類を見ない）、小売（当時既存業態では唯一、しかも十数パーセントの高成長率を誇った）を持つコンビニエンス・ストア・チェーンを中心に行った。シェア拡大の為に他者の資本で出店し、ノウハウと店舗指導に対してロイヤリティーを取っていくフランチャイズ・システムは、小売業かつサービス業でもあり、一種のコンサルティング業でもある。また、徹底的にデータ分析され、効率化された店舗レイアウト、POSなど情報技術をフルに活かした「単品管理」はきめ細く、いかにも日本的な経営手法だ。期間的にも通常、店舗指導員になるまでに一年から一年半、その後指導員として一年と、計画の三年内に収まるのも都合が良かった。

他にも企業・業界研究の為に、自分の興味のある企業を回った。

音楽が好きで、通学途中、新宿駅から地下道で直結したタワー・レコードに週数回は通っていた。新しいタイトルの大半はチェックした試聴機、スタッフの顔が見えてくるこだわりの手書きコメントとディスプレイ、CDを買いに行くだけではなく、そこが発信する情報が目的で通っていたとも言える。しかし、新作を除くと欲しかったCDが補充される時間は果てしなく、ここに「単品管理」を持ち込めば完璧だと考えていた。それほど惚れ込んだタワーは、志望のハガキを出したものの残念ながら求人なしとの返事だった。

企業研究などを進めていくうちに、コンビニ式の日本的経営と、アメリカの滞在型ショッピング・モールに代表される買い物環境のエンターテイメント性、アミューズメント性を融合したものが理想の小売業の姿だという答えが出た（コンビニ行くのに楽しさや高揚感を覚える人はほとんどいないだろう。店舗は徹底的に機能化し、買い物客は自分が必要なものがある棚に直行し、余計なことはせずにレジに向かってしまうのが普通だ。まるで自宅の冷蔵庫の中のものを取るように）。

就職活動は順調に進み、第一志望だった業界最大手企業の研修に出席したものの、最終的に選んだのはビデオ・レンタル・チェーン最大手、TSUTAYAのフランチャイズ本部「カルチュア・コンビニエンス・クラブ」（CCC）。CCCは当時CS放送ディレクTVの立ち上げ等、マルチメディア・ベンチャーのイメージが強かったが、フランチャイズ方式による出店戦略、POSによる単品管理、複数アイテムを扱い文化情報発信基地を目指すなど、流通企業としても一流で、当時自分の理想だったコンビニ＋タワー・レコードの業態に一番近かった。また新卒選考の仕方もユニークで、まず初めにフリーの企画書を提出させ、面接でいきなりプレゼンテーションをさせたり、どこよりも人を育てようとしている姿勢を感じた（コンビニの主力であるお弁当やお菓子があまり好きではなかったのもあるが）。

当時約千人の社員数にもかかわらず、その年は三百人以上の新卒が採用され、留学生や帰国子女も多く、研修で出会った一癖も二癖もある魅力的な同期たちと仕事をしたかったのも大きな理由だ。そしてこの選択は正解だったようだ。

サラリーマン時代

学生時代に経営の基本セオリーは学んだが、所詮、理論は理論、現実はその通り運ばないし、そんなに甘いものでもない。せっかく学んだことを机上の空論で終らせない為に、数年の間に蓄積した知識と現実とのギャップを埋め、実践に役立つよう磨き上げることが目標となった。その際心がけたのは、「ギブ・アンド・テイク」。会社から学ばせてもらうだけでなく、在籍するからには自分からも何か残したいと思った。とは言っても新入社員は手間もコストもかかり、すぐにバリューを生み出せる人は少ない。一年目はともかく、数年後に退職するまでには、与えてもらった分に見合うもの、それ以上のものを残して去りたかった。

最初に配属されたのは世田谷馬事公苑の直営店舗。大掛かりな増床・改装の真っ最中で、新しく導入されるゲーム&パソコンソフト売場の立ち上げを担当することになった。馴染みのあるアイテムではなかったが、新規立ち上げの部門は自分の裁量でやらせてもらえる範囲も広く、いろいろと経験することができた。顧客アンケートや、初めての競合店調査などはここで経験した。アメリカの書店風の木製什器を導入した実験店は順調に軌道に乗り、七月にはビッグ・タイトルの発売が多かったのも起因し、予算をはるかに上回る売上を記録した。こうして夏には晴れて名古屋の支店に転属となる。

新しい仕事はフランチャイズ本部でのレンタル・セル兼任のＣＤのバイヤー。約三十店を担当し、新しい三百坪以上の店から、町のレンタル・ショップのような旧来の店まで、店舗の成長期から、老衰期まで幅広く見ることができたのは貴重な経験となった。売場指導等では、自分よりはるかに年上で経験もある店長や担当者に説明し、納得してもらわなければならないので苦労した。適当なことを言わず、わからないことを聞かれたときは時間をもらい、調べてからきっちり回答するなど、下手に恰好をつけるより相手の懐に飛び込んでしまったほうが信頼も得られるし良い結果が出た。

中部地区は古い店舗も多く、担当店舗の商圏内に、巨大競合店が出店してきたこともあった。プロジェクトチームが組まれ、徹底的に競合店分析をし、戦力的に弱い立場でいかに差別化を図るか対策を立てた。個人経営の加盟店の真向かいに大型競合店が出店してきた時は、経営者家族の今後を考えると夜眠れなかったこともある。これらの競合店対策は大変な分、何よりの勉強になった。いつか自ら同じ経験をする場合、この時のことが必ず役に立つことだろう。

当時のＣＣＣは急速な成長のベンチャーから千人規模の企業への変遷期の真っ只中にいたので環境の変化も激しく、所属のブロックのメンバーも短期間で四人から七人になっていた。ここでは小さな組織の人間関係、リーダー・シップやモチベーションについての仕組みを身を持って体験できた。必ずしも良好な人間関係の部署ではなかったが、一歩引いた視点で組織を外側から見ることによって、ストレスを回避しつつ、学べることはたくさんあり、むしろこの部署で良かったと思うほどだった。

しかし、たった四カ月の店舗経験しかない上に、まったく扱ったことのないアイテムの業務だったので、加盟店と接する際に自分の言葉で自信を持って指導することは難しかった。絶妙なタイミングで、当時一番興味があったアイテム、書籍売場を持つ、中部地区初の直営モデル店の立ち上げの話があり、希望を出し転属することとなった。バイヤー業務との掛け持ちはハードだったが、オープンの四カ月前からプロジェクトが始まり、投資採算計画や予算設定などの基本計画、人口分布や交通量調査などの立地調査等、一つの店舗が出来ていく過程を全て経験させてもらった。五十人のアルバイト採用枠に二百人以上の応募があり、百五十人以上の面接を経験したことは何より勉強になった。自分の予想以上に器用だったスタッフ、期待に反して馴染めず辞めていくスタッフ、採用の結果は仕事が進むにつれて次第に見えてきた。五十人の生身の人間と接することは、けっして本やスクールから学べることではない。

約二百二十坪の売場に名古屋トップクラスの在庫数を誇るＴＳＵＴＡＹＡは、難しい立地で多少の紆余曲折はあったものの、順調に売上を伸ばし、オープンから一年四カ月後、中部地区で勢力を伸ばす加盟企業に譲渡されることとなった。

店が譲渡されて四年たった今年二月に初めての同窓会を開いた。当時アルバイト、社員含めて三十一人だったスタッフのうち二十二人が集合し、岐阜、石川、富山、長野からも集まった。ほとんどが学生だったが、今では全員立派な社会人。四年のブランクをまったく感じさせないアットホームでにぎやかな空気で満たされ、まだそこに働いていた店があるかのよう。当時、とにかく楽しい職場環境を作りたかった。楽しい空気は人に伝染するもの。そこで働いているスタッフが楽しんでいない店で、お客さんが楽しめるわけがないのだから。心掛けていたのは、スタッフが何か一つは自分のためになるものを見つけて欲しいということ。マニュアルで運営されるフランチャイズ・チェーンの本部直営の店で、画一的になりがちなスタッフ管理のシステムの中、興味や個性を殺さず、逆に延ばしてあげることを心がけ、それが店とスタッフ両方にいい結果を生み出していけるような組織作りを考えていた。

マンネリ化しかけてきたら、興味を持っているジャンルを担当させたり、面談をし配置換えをしたり。初めは映画も音楽も興味がなかったスタッフが、友達と映画館に行くようになった話を聞いた時は嬉しかったし、その子が譲渡後の店で責任のあるポジションを務めたのは誇らしかった。その後、他のフランチャイズ加盟店で正社員として働いているスタッフが六人いる。決して会社の数字には現れないことだが、初代TSUTAYA上社駅前店の大きな業績と言えるだろう。

同窓会に集まれなかったメンバーの中には海外でがんばっている子もいる。アメリカやメキシコから時々メールをくれたり、また中国、イギリス、オーストラリアでの生活から戻ってきた子も。名古屋の隅から世界に旅立ち、広がって行くネットワークがおもしろい。思えば面接時、留学経験者を積極的に採用していた。僕自身、学生時代、海外に旅に出るようになって気がついたのだが、自分の環境を「外」の視点から見ることは大切なことだ。これからも彼らとの輪は繋がっていくことだろう。

こうして当初のコンビニエンス・ストア・チェーンのような店舗経験後の店舗指導員というキャリア・プランとは逆になったが、入社二年八カ月でビデオ、CD、本、ゲームと全てのアイテムに関わり、十分な知識を得、納得いくだけの成果も残せたので、この譲渡をきっかけに退職することにした。企業としてもビジネス・モデルとしても素晴らしいと思える大好きな会社だったので、退職に当たっては、できるだけ良い関係で辞めたかったし、お世話になった恩返しも含めて、いずれは何らかの形で再びかかわりたいとも思っていた。入社時以上の緊張を持って臨んだ人事部長との面談で、自分のキャリア・プランを正直に話したところ、気持ちよく退職を了承してくれた上に、「がんばってや」と声を掛けてもらえたのはうれしかった。

初めて東京をあとにして、名古屋で生活したことから学ぶことは多かった。見たこともないような書店や、お気に入りのカフェをたくさん見つけた。名古屋ではその後の書店観が変わるほど良質な書店が多く、そこで過ごした時間は間違いなく今の僕に影響を与えている。

特に好きだった店をいくつか挙げると、まず、今では東京にも進出し有名になった雑貨との複合店「ヴィレッジ・ヴァンガード」。ロード・サイド、駅ビル、学生街、港など立地によって品揃えが微妙に違う店舗を、それぞれ用途によって使い分けていた。家から歩いて数分の「ヴィレッジ・ヴァンガード・パパ」という大人向けの品揃えの店にはよく通い、ビート・ジェネレーション関係の本を立ち読みしたのは、現在の下地になっている。ベストセラーを置かず、独自の定番商品に絞り込み、重点的に売っていくというやり方は、古本屋的でもあり、店の姿勢が明確に出せるやり方だ。

「ちくさ正文館」は一見普通の書店だが、中へ一歩入ると奥深い品揃えが素晴らしく、近県からも客が来るというほどの店。都会の大型書店でもあまり置いてない『アメリカン・ブック・ジャム』を置いていて、名古屋では毎号ここで買っていた。

住宅街に突如現れる学校のような外見、エントランスの吹き抜けが開放的な「らくだ書店」。ここは外国人マスターのカフェが入り、インターネット、ピアノ演奏などもあり、地方の独立系書店ながら、アメリカの最先端の大型チェーンに負けない店だった。

車社会の名古屋では、憧れだったロード・サイドのアメリカン・ダイナーも充実していた。輸入インテリア・ショップに併設され、オーガニックのパンが魅力の「CAFE GLOBE」、閉店してしまったが、チーズ・バーガーが絶品の栄にあった「UPTOWN DINNER」、ヴィレッジ・ヴァンガード本店の帰りに立ち寄った外観も内装も完璧なフィフティーズ・アメリカン調の植田のダイナーでは薄いコーヒーをおかわりしながらケルアックの『路上』を読んだ。

カフェも、お洒落な一軒家のバーのような「マッシモ・マリアーニ」、ポスト・スターバックスの「C'S AVE.

CAFE」、チキンライスが絶品の老舗ジャズ喫茶「YURI」などお気に入りの店が充実していた。中でも、近所にあった「カフェ石蕗」は、今でも世界一好きなカフェで、ここからの影響は前章の通り。

焼き物のメッカ、瀬戸市が近く、たまに訪れる度に一脚ずつコーヒー・カップを揃えていった。現在店で使用しているカップもこの時購入したもの。当時、家でもコーヒー豆を手で挽き、遊びで作ったメニュー表をカウンターに置き、友達が来たときにカフェの真似事をしていた。それが今でも結構役に立っているようだ。

フリー時代

一　旅

CCCを退職し、数年ぶりにバックパックを背負いサラリーマン卒業旅行。学生時代に貯めたマイレージを使って、シンガポール、マレーシア、インドネシアのジャワとバリを回る旅に出た。ジョグジャカルタへ元同期のインドネシア人の友人を訪ね、ジャカルタで名古屋時代の同僚と落ち合い豪遊し、シンガポールの空港で深夜にツアー中のマライア・キャリーと遭遇など、楽しい旅ではあったが、まだ以前の「旅の感覚」は戻っていなかった。この自分の内側から涌いてくる感覚こそが独自の発想の源なのだが、数年のサラリーマン生活の癖で、「感覚」よりも「思考」が勝ってしまう状態になっていた。いい状態で、これが逆転すると、見るものすべての中に新鮮な発見があり、それらを自分の中に吸収できるかのようになる。学生時代の旅はそうだった。ペナン島では、知り合った総勢十人ほどの日本人大学生たちに、星明かりのビーチで就職活動のアドバイスをすることになったり、心からサラリーマン生活を離脱した気持ちになれなかったのもある。

しかし旅の終わりに、バリ島のウブド村にあるロバート・ハリスさんの経営する「カフェ・エグザイルス」でパートナーのツカサさんと出会ったことで流れが変わった。旅をして来た者同士でしか理解できない一種共通言語のようなものが確かにある。旅の途中、そのままバリに住むことになった本当のボヘミアンと二日間、カフェの閉店時間までオープンに語り合ったことによって、自由な旅人の感覚が一気に蘇った。それからすっかり気持ちが身軽になり、帰国することが出来た。

二　FP

旅から戻って間もなく、ファイナンシャル・プランナー（ＦＰ）の資格取得の勉強を始めた。サラリーマン時代と違い、企業の庇護の下から離れるので、保険や年金を自分でケアしなければならないし、学生時代に学んだ税法の知識も忘れてしまわないうちにカタチにしたかった。はっきり言って保険や年金に興味はなかったが、知識がないと保険会社の勧誘にも不安にさせられるし、弱みがあると本業でも攻めの体勢を作れなくなるので克服しておきたかった。また、独立の際には、限られた福利厚生費しかなくても、スタッフ個人に対して効率的な運用のアドバイスをすることが可能になる。無事資格を取ってからは弱点が武器に替わり、銀行員とも話すときも、基本的な説明を省略できるだけでなく、相手の応対の仕方も変わるようになった。

最近は資格も、取得自体が目的になっている人が多いようだが、資格はあくまで目標に向けての通過点であってゴールではないと思うので、そこで得た知識を使いこなせなければ意味がない。

三　イベント制作

東京に戻った直後、詩人ナナオサカキと故・山尾三省さんの朗読会のチラシを偶然街で見つけ、それまで本の中に出てくる名前でしかなかった二人と会って話をすることができた。僕以外にも大勢の若者が会場に来ていたが、翌春に屋久島の三省さんのコミューンを訪ねた時には「あの時、何人もが『屋久島へ行きます』と言っていたが、本当に来たのは君だけだよ」と言われた。その時に採ったインタビューは学生時代から細々と続けている個人ホームページで公開している（後日これがきっかけでフリー・ペーパー『バランス』の原稿を書かせてもらうことになった）。

屋久島に行く少し前には、春の野外レイヴ・パーティーで再会し親しくなったナナオと渋谷の店で会い、滞在先であるイベント・オーガナイザーの南兵衛さんとも出会った。初対面なのに終電がなくなり家に泊めてもらうほど盛り上がり、屋久島から戻ってからの半年ほど南兵衛さんの主宰する「アースガーデン」制作のイベントを手伝うことになった。それまで特にイベント制作に興味はなかったが、参加するのは好きだったし、時間にも余裕があったので、良いチャレンジになると思った。

朝陽で真っ赤に染まった幻想的な笠雲がいまだに語り草となる大型野外レイヴ・パーティーの「ソルスティ

ス」、念願の初参加となった「フジ・ロック・フェスティバル」、数千人のヒッピーが集結した「いのちのまつり2000」とイベントを次から次へと渡り歩き、この夏は南兵衛さんと一緒でない日の方が少ないくらいだった。そんな中、フジ・ロックで親しくなった詩人・さいとういんこさん主催のポエトリー版ウッドストック、その年の夏の終わりに上野公園の水上音楽堂で参加詩人八十人、千人の集客を記録した「ウエノ・ポエトリカン・ジャム」を手伝うことになった。制作経験者がいないに等しいこのイベントでは、初めて自分自身の裁量で動くことになったが、数万人規模の商業イベントを経験した後では余裕を持って対応できた。翌年の開催では現場の運営責任者を努め、CCC時代に学んだシフト表などのツールを導入した運営の効率化や、フリー・マーケットの導入による収益力強化を図った。後にフライング・ブックスやスプラッシュ・ワーズのロゴを作ってくれるハギーさんや、名刺やショップ・カードをデザインしてくれる川村むっちゃんともこのイベントで出会った。

秋には伝説的ビート詩人ゲーリー・スナイダーが来日し、御茶ノ水の湯島聖堂でのポエトリー・リーディングの運営に携わった。特別号を発行したフリー・ペーパー『バランス』の効果もあり、若者を中心に約千人の聴衆が月明かりの下、音楽や詩人たちの声に耳を傾けた。バリからツカサさんも駆けつけてくれ、その後ずっとお世話になるロバート・ハリスさんとも出会った。

イベント翌日から三日間、ゲーリーに同行し信州を旅することになった。いろいろ聞きたいことはあったが、皆がゲーリーと話したかったし、年齢的にも一番下っ端な分、その場に居られるだけで幸せと思い、遠慮するようにしていた。温泉の脱衣所でシアトルの「エリオット・ベイ書店」のトート・バッグをゲーリーが見つけ、「私の友達の本屋だ。どうしてそれを持ってるの?」と聞いてくれたことから本屋の話になり、「シティ・ライツ書店のローレンス・ファーリンゲティに会ったことはあるか?」と聞くので、「ない」と答えると「是非、会うべきだ。今度アメリカに来る前に、連絡しなさい。紹介しましょう」と言ってくれた。これが、初めてビート詩人と個人的に交わした会話だ。

また、湯島聖堂の出演者で、後に詩集を手がけるナーガこと長沢哲夫さんともこの旅で初めて言葉を交わした。詩集『つまづく地球』の中で、写真家の高野さんによるこの旅の写真を使わせてもらった。他にもゲーリーの本を出版している「山と渓谷社」の編集の三島さん、滝沢さん、翻訳の原先生、都さん、シンガーのボブさん、大鹿村のカフェ・マヤのアキさんやチェコ人のイエルカさんなど、その後もいろいろとお世話になり、コラボレートしていく人たちと出会う貴重な旅となった。フライング・ブックスのオープニングの七晩連続イベントもこのフリーで動いた一年間で築かれたネットワークによるところが大きい。

イベント制作は大きなエネルギーを費やすが、成功するとそこから生まれるエネルギーも大きく、その場に居た人にしかわからない独特の空気感や一体感を生みだす。また、そこから芽生えるネットワークは強く長続きするものになる。

「僕の『リュックサック革命』」

（『バランス』二〇〇〇年秋号未出原稿より）

僕の「リュックサック革命」は大学生の時、それまでのスーツケースの旅を捨て、大きなバックパックと寝袋持って、チベットを目指し中国行きの船に乗った時に始まった。両手が空くと、不思議と心も自由になった気がした。はじめは英語すら通じない外国に不安を覚えたが、人間とはたいしたもので、覚え立てのあいさつが通じたり、安宿にかわいい女の子が居ただけで、不安なんか消えてしまい、平気で一カ月や二カ月過ごすことができるようになる。それからというもの不思議と旅を重ねるごとに、どこでも生きていけるという思いが強くなっていく。

その時以来、僕の旅は続いていて、卒業する時は悩んだが、サラリーマンという旅もおもしろそうだと思い、ベンチャー企業に就職した。旅への想いが最高潮に達したところで昨年末会社を辞め、一月間ちょっとアジアへ旅に出た。もう一度、ジャック・ケルアックの『禅ヒッピー』を持って。

三年ぶりのこの旅では卒業旅行シーズンということもあってか日本の若者が多いのにびっくりした。最近ではごく普通の女の子でもリュックサック一つで見知らぬ国を一人で旅しているのに出会う。ゲーリーが六〇年代に「リュックサック革命」を唱えてからだいぶ経つが、ようやく最近の日本でもバラエティ番組の影響もあってか、バックパック担いで自分探しの旅に出る若者が増えてきているようだ。三等車の窓から赤道の熱風を顔に受け、未知の世界の中で想いを巡らした。やはり価値観の違う世界に飛び込むということは自分や、自分の考え方を見つめ直すいい機会になる。そういう旅に出る若者が増えてきたのは喜ばしいことだと思うが、逆に日本の社会が息苦しく、病んでいるんだろうなとも思ってしまう。ゲーリーが昔自分の名声を捨て日本に禅の修行をしに来たのは同じ感覚だったのだろうか。

初めてゲーリーを知ったのは、あれは確か暇つぶしに図書館で読んでいた雑誌のビート特集。かつて物質主義に異議を唱え、自己を発見するためにリュックサック一つで自分の気の向くままに旅をするビートニクはとってもかっこいい存在だった。それからビートの本を貪るようになった。『路上』のディーン・モリアーティ（モデルはニール・キャサディ）もかっこ良かったが、やはり街でやんちゃもするが、山や自然を知り尽くし、座禅や瞑想をし、登山をしながら詩や俳句を書く『禅ヒッピー』のジャフィー・ライダーことゲーリー・スナイダーは本当にこんな人がいるのだろうかと思うほどかっこ良かった。

学生の時の様な気持ちになり、すっかりリフレッシュして帰国した僕の旅はさらに続いている。四月にはゲーリーの盟友ナナオサカキのリーディングを山梨の山中で聴き、まさに禅ヒッピーの世界を味わい、六月には屋久島を訪ね、山に登り、詩人・山尾三省さんとお会いすることができた。それまでは本の中だけだった世界が急に身近な現実となり、五〇年代から始まったビート・ジェネレーションが、二〇〇〇年になって僕の中で融合され今現在のものとなって来ている。八月にはヒッピーの祭典「いのちのまつり」にも足を運び、そしてついに十月にはあの禅ヒッピーの張本人、ゲーリーに会えるのだ！

ゲーリーはビート・ジェネレーションの中に入れられるのがあまり好きじゃないと聞いた。でもゲーリーが「ビート」か、そうじゃないかなんて僕にはどうでもいい。ゲーリーが確かに僕に旅に出るすばらしさを教えてくれたことは間違いないのだから。

四　ＭＢＡ中止↓本屋へ

秋にはアメリカに行き、ＭＢＡのリサーチもしたが、急速にＩＴ技術が進歩し、マーケティングのトレンドが目まぐるしく変わる現在では、最新のケース・スタディですら、そのセオリーを学習し、実戦で活用する頃にはもうすでに時代遅れとなってしまう可能性が強い。専門技術を習得するITT（技術専門学校）と企業インターンの組み合わせも考えたが、当時需要があったのはシステム・エンジニアやプログラマーが大半で、たまにおもしろそうな職種があっても聞いたこともない田舎だった。MBA留学の目的の一つはネットワーク作りもあっただけに、地方に行くのでは意味が無かった。結局、進路について決定的な結論を出せずにいると、新入社員時代「いつか一緒に仕事しようぜ」と語り合った仲間、四年間ブック担当一筋の竹尾が退職を考えており、本屋の仕事をしたいと言う。

僕自身もCCCでの経験を経て、実家の営む「古書サンエー」を見ると、改善すべき点が無数にあり、このまま放って置くと、もはや取り返すのが難しい状況になるのが見えていた。また、海外や名古屋の書店を見て、自分の理想の書店像も明確になっていた。竹尾と、数え切れないほど深夜のカフェやファミレスで語り、一緒に古書サンエーをベースに古本屋の仕事を始めようと決めたのは退職してから一年後、フライング・ブックスが出来る約二年前の冬だった。

フランチャイズ・チェーンのようにシェア拡大が基本戦略となるビジネス・モデルは、いかに多くの顧客を囲い込むかが重要な戦略となり、品揃え（マーチャンダイジング）面を専門的にしていくことは難しい。確かに投資回収の効率を考えると特定の顧客群にアプローチを掛けるより、誰もが楽しめる無難なものを揃えていく方が確実だ。マニア受けするヨーロッパやアジアの映画より、ハリウッド大作ものを仕入れるべきなのだ。したがってどうしても専門店というよりはスーパー・マーケット型になってしまう。数年間、効率重視のマーチャンダイジングを追求してきたが、この方法だと千人に対するアプローチはできても、一人ひとりに高い満足度を与えることは難しく、文化的な側面で限界を感じていたのも事実。数字を追求するビジネス・モデルでは正解だが、果たしてそこから本当の文化は生まれるのだろうか。一方、専門性の高いお店では、マーケットが狭まる代わりに、個人の価値観や人生観を変えてしまうような、文化的出会いを演出しやすくなる。文化創出の場としての店舗はこちらの方が正解なのだろう。

こうしていずれ自分で店を持つ時は、お客さんの価値観が変わるような演出をしたいと考えるようになった。たとえ百人中九十人には受け入れられなくても、残りの十人と深い関係を築けるような、そんなこだわりの店を作りたかった。ただ店が続いていかなければ意味が無いので、百パーセントの力があったら五十パーセントを文化的価値の向上に、残りを経営やマーケティングの追求に注いでいこうと思った。それは古本というアイテムと、古本屋という装置をうまく活用することによって可能になると考えた。

委託制度の弊害もあり、書店店頭で買える新刊の期間はせいぜい半年だし、これまで出版された書籍の大半はもはや古書でしか手に入らない。現在の大半のベストセラーは一年後には需要と供給のバランスが崩れ、古書としてはほとんど価値が無くなる。それらは「消費材」であっても「文化財」ではない。膨大な過去の出版物の中から自分が伝えて行きたいものを抽出し、再構成し、お客さんと出会える場を創るのが目標となった。

古書時代

一　初のアメリカ買い付け旅行

こうして「古書サンエー」で、竹尾と一緒に仕事を始めることになった。本格的に古書の仕事をスタートすると、長期間店を抜けるのは難しくなるので、その前にどうしてもやっておきたいことがあった。会社を辞め、インドへの旅から戻った相棒とのアメリカ古書買い付け&書店見学の旅だ。

一般的に古書として人気がある文学書を探すには、渋谷より神田、早稲田に行ったほうが確実なのは明白で、同じことをしても意味がない。活字離れが進んでいると言われる若者が集まる渋谷ならではの古書店像を模索し、仮説を立てた。そこで出た答えは「文字情報としての本」ではなく、「眺めるだけで楽しめる本」、「持っているだけで満足が得られるような本」。それらを旅慣れた外国から、独自のアンテナで集めて来ようという結論に至った。

海外生活歴もあり旅のベテランだが、アジアしか訪れてこなかった相棒に、シアトルの「エリオット・ベイ」やサンフランシスコの「シティ・ライツ」、ニューヨークの「ストランド」など、街の顔となり、街の文化の灯火になっている本屋、僕が影響を受け、今後の参考にしたい本屋に実際に足を運び、写真では見ることのできない「場の空気」を直に感じて欲しかったと、良くも悪くも日本の資本主義社会のモデルケースである、アメリカの豊かさを肌で感じて欲しかった。この旅は日々の仕事の根底にあるべき「基本理念」を言葉の上だけでなく、本当の意味で「共有」するためにも重要なものだった。

まだ古書の知識は皆無に等しかったが、自分の感覚を信じて、リサーチのためになるべく幅広く買い付けた。予算の上限はもちろんだが、最低これ以上仕入れなければ帰れないという意志で下限（ノルマ）も決めた。結果、質量ともになんとか合格ラインに並ぶ買い付けができたと思う。

買い付けた本は店頭やデパートの古本市に並べ、試行錯誤を繰り返すうちに次第に売れ筋もわかってきた。新たに素晴らしい書店を知ることも出来たし、学生時代に訪れたシリコンバレーの企業を再び訪問し、後に物流をお願いするきっかけにもなった。また現在も大変お世話になっているキュレーターの当麻さんと出会ったのもこの時。シアトルの女性企業家、ジャングル・シティーの大野さん、イベント・オーガナイザーのアキヒト君とマイヤさん、ニューヨークのクリエイター古田秘馬君や井島タケシ君らと出会い、ここでもフライング・ブックス周辺のネットワークの基礎が築かれた。

二、市場

帰国後すぐ古書の市場に通うようになる。神田の東京古書会館では月曜から金曜まで洋書や古典籍など専門・特色を持った六つの市会が運営されている。また東、西、南、北、新宿、文京などの支部があり、渋谷は五反田にこれら古書会館を持つ南部支部の管轄になる。週に二〜四日は古書市場に通い勉強をした。定価がない古書の世界は、特に価格の感覚が重要になる。これは簡単に身につくものではなく、ある程度量をこなすのが一番の近道なのだと思う。僕自身、初めは入札してもほとんど落札できることはなかった。市場では、高いものは一冊、安いものは束にして出品され、それらの売値と仕入値を即時に頭の中で計算し、入札しなければならない。一番良くないのは、何も落札できずに手ぶらで帰ること。次は仕入値が高すぎて、利益が出ないこと。しかしいいものほど簡単には手に入らない。時々、仕入値が予定の売値を上回ることすらある。また一般のイメージより、横のつながりが強いのも古書組合員の特色で、先輩の古本屋さんが惜しげもなくその知識を教えてくれることもある。

市場に通うようになって間もなく、毎週金曜日に開かれる「明治古典会」の経営員を務めることになった。明治古典会では近代文学の初版本や肉筆原稿、比較的新しい雑誌や写真のオリジナル・プリントなど、様々なジャンルのものが扱われる。会の運営はベテランの古本屋さんを中心とした会員が行い、その下で若手古本屋十人前後からなる経営員が実働部隊として所属する。

朝九時に集合し、前日までに持ち込まれた出品物や地方から送られてきた荷物を開梱する。正午あたりまで持ち込まれる出品物を検品・陳列したり、「仕分け」といって、お客さんから持ち込まれた本の山をこちらで入札しやすいように分ける作業をする。この「仕分け」がおもしろい。もちろん相当の知識が求められるので、若手ではなかなか手に負えず、会員の力を借りることになるのだが、時々は経営員でも得意ジャンルを中心に仕分けを任せてもらうことがある。自分で仕分けたものが予想以上の高値になってびっくりしたり、思ったより安くてがっかりしたり、直接入札しないまでも、動向を追っていくだけで本の知識をつけることができる仕事だ。

昼食後は十三時半の開札開始まで、短期集中で入札を済ませる。ここでお目当ての本を落札できないと、一日ただ運営の作業をしただけで、手ぶらで帰ることになってしまうので、この短い時間がその日の集大成とも言える。むしろ時間に余裕がある時より、切羽詰まった時のほうがうまく落札できることが多い。「高すぎるかなぁ」「その金額で仕入れて、いくらで売れるんだろう?」など、雑念がないからだろうか。

目当ての本が気になる気持ちを押さえ、開札作業。ボロっちい本の山が何十万円にもなったり、すごく古い和本が実は数千円にしかならなかったりと、ここでも勉強をさせてもらっている。途中十分程の休憩を挟み、赤い毛氈で飾られた最終台へと開札は進む。初版本の山もあれば、戦国時代の大きな地図であったり、名作家の手紙であったり、形は様々だが、不思議とこの台に載っている品物にはオーラがある。最終台は入札するのも、開札するのも高揚感と緊張感の入り混じった興奮を覚える。

開札が全て終了し、最終台落札品の発声が終了すると後片付けが始まり、落札品を業者ごとに取りまとめ、地方の書店の分は運送の業者に引き渡し、終礼・解散となる。

仕事が終わった後は大抵皆で飲みに行き、途中から会員も加わり、宴は深夜まで続く。遊びも積極的で、最近は若手の親分・夏目書房の滋さんの音頭で野球部も結成された。サラリーマン時代に比べて、周りにエネルギッシュな人が多く、とても新鮮だ。

まだ右も左もわからないころから明治古典会のお世話になっているので、商品知識、業界知識のほとんどはここで学んだようなもの。普段、店にしかいないと、他の店のやり方は見えてこない。仕事の後に、先輩から聞く経験に基づいた話は、自分の経験不足を補ってくれるし、同世代の古本屋同士、本音で語り合うのも貴重な時間だ。しっかり者の西秋書店の学さん、最年長のベテランでいつも色々教えてくれた田中書店の佐藤さん、振り付きのカラオケでは他に追随を許さない宴会部長の奥野さん(奥乃庫《おくのくら》)、カメラが大好きでWEB日記が評判の甘露さん(甘露書房)、珍しいこけし専門店・書肆ひやねの亮平さん、休憩のタバコと缶コーヒーをこよなく愛す古書・街の風の健太さん、全集のスペシャリスト・梓書房の亮介さん、寝坊して皆を心配させるけどにくめないキャラの森井ちゃん(森井書店)、NYのクリスティーズ出身と変わった経歴の原さん(原書房)、資生堂出身で店も服装もおしゃれな五十嵐さん(五十嵐書店)、アルコールが入るとすぐ熱く語り始める玉英堂書店の良太さん、スポーツ観戦が大好きな熱血漢の俊介さん(大雲堂書店)、力仕事とお酒にめっぽう強い芸林荘の宮本さん、人を観察し分析するのが趣味のお調子者・悠久堂書店の雅也くん、個性豊かな経営員仲間たちと一緒に過ごした時間は仕事というより部活の様な存在だったかもしれない。

こうして経営員として勉強しながら、市場からの仕入、その年の秋に行った二回目のアメリカ買い付けなどを経て、自分の理想とする品揃えを作っていった。新刊書と違い、取次や出版社から取り寄せることは不可能なので、その場の出会いで本を集めていかねばならない。これが古書の難しさであり、おもしろさでもある。

コンピューターを使って定期的に在庫目録(カタログ)を発行するようにもなった。一般的に古本屋というと店舗のイメージが強いが、店を持たず目録のみの通販専門のところも多い。最近急増しているネット古書店との違いは、ほとんどが専門性の高い品揃えで、特定の固定客がいるということ。うちで作るものは美術書を中心としたもので、もちろん店頭の在庫も掲載されるが、版画や直筆の色紙など本のカタチをしていないものの大半は、店頭陳列が難しい為、この目録を通しての販売となる。

また、当初は新宿の伊勢丹と渋谷の東急東横店でそれぞれ夏と冬の二回ずつ、神田の古書会館の「ぐろりや会」で年六回、古本市・即売会に参加もしており、他の古本屋さんとの仕事はよい勉強になった。出店している複数の古書店で作成する古書目録は、顧客層も幅広いのでよい実験の場となり、アメリカで買い付けた本の一部も、ここで特集を組んだ。こちらの思惑とは違う結果が出たが。

「渋谷系ふるほんや」

（二〇〇一年古書組合南部支部報より）

「渋谷系」≠「古本屋」。なんともイメージが合わない単語の取り合わせである。

「渋谷系」と聞いて何を連想するだろうか？　コギャル？　ガングロ（もはや絶滅）？　タワレコ？　etc、もともと音楽から始まったこの言葉だが、今ではファッションやカフェをはじめとする飲食店やショップにも、はたまた新創刊雑誌のキャッチフレーズにも使われる言葉である。

渋谷が若者の街と言われるようになってもうどれくらいになるだろう。若者の活字ばなれや携帯電話が書籍市場に与える影響がないとは言えないが、夜十時まで営業のデパートみたいな大型書店の出現や、ハチ公前のTSUTAYAが改装して書籍フロアを新設したことからも、まだまだ本は若者の間でも重要なメディアの一つと言える。他にも大きくはないものの、いくつかの個性派新刊書店や、本を売るカフェ、充実した本棚を持つバーなどが出現し、むしろ渋谷周辺の書棚の面積は増えてきているに違いない。

それに対して、「古本屋」ということになるとなかなか＝渋谷というイメージには結びつかないのが現状で、コギャルでも知っているのは宇田川町のマンガ専門古書店くらいだろうか。

独立系を中心に増えつづける映画館、青山地域をはじめとする美術館やギャラリー、外資系をはじめとするCDショップや音楽ホールなど、渋谷はファッションのみならず、文化情報の発信力でも世界的に見て類を見ない巨大な街だといえると思うが、それに対して古本屋は……。昨年末には宮益坂の正進堂さんが、つい最近も道玄坂の文紀堂さんが移転され、もう渋谷には巽堂さんと、中村書店さんとうちの三店だけになってしまった。

神田古書店街をはじめ、ニューヨークやロンドン、パリなどを見ても、昔から古本屋は常に都市文化の情報源としてその時代時代のクリエイターたちにインスピレイションの種を提供してきた。それが二十一世紀はインターネットやＤＶＤに変わってしまうのではないかと思う。確かにインターネットはキーワードを叩くだけで大量の情報が引き出せるし、便利なことこの上ない。僕自身も利用しない日はないくらいだ。しかし、本を手に取る喜び、本の行間から湧き出してくる高揚感にはかなわない。版画や写真の質感も、決して液晶モニターには表現できない魅力だ。

わくわくするような情報を実際に手にとって見ていただける、そんなところが古本屋の魅力のひとつではないかと思う。実際僕が経営員を務めさせて頂いている明治古典会の七夕大市では、あらためて良品を手に取れる素晴らしさを実感し、美術館や博物館にも勝る興奮を覚えた。

僕の古本屋生活はまだ始まったばかりだが、少しでも早く自分の理想と思える「想像と創造の空間」＝「渋谷系ふるほんや」をこの欲望の渦巻く街に築いて行きたいと思う。

三　改装・出店に向けて

品揃えを良くしていくことによって、徐々にお客さんも増えていったが、まだインパクトに欠け、せっかくの良書になかなか気づいてもらえなかった。当時はまだ、店の仕事と、個人的にやっていたイベント制作やインディーズ出版との関連性も皆無で、他の書店でイベントを企画制作したこともあった。

古書の仕事を始めて約一年、だいぶ品揃えも充実した二〇〇二年の一月、渋谷古書センターの二階が空くことになる。それまで二階に入っていたキリスト教専門の「ふづき書店」さんが奥沢の本店に戻ることになったのだ。これをきっかけに一念発起し、新たなアプローチをしていくための改装をしようということになった。どうせやるのだったら徹底的にやらなければ意味がない。ただ改装するよりは、まったく新しい店を作ってしまうことにした。改装資金はサラリーマン時代に貯めたＭＢＡ留学資金を当てることにした。失敗すれば一文無しだが、自らリスクをとらなければリターンも生まれない。

まず、自分自身の整理にもなるし、関係者に伝える為にも、企画書を作ることにした。これから仕掛けていきたいことや、理想の書店像を、出来るだけシンプルに整理し、より根源的となるものに遡る作業からはじめた。店作りは時間もかかるし、いろいろな要素や、多くの関係者が絡むことになるので、「なぜこれをやるのか?」という根本的なところを明確にしないと、途中で脱線してしまう危険性もある。所謂会社で言う企業理念にあたる「基本理念」的なものだ。今後店の運営で行き詰った時にも、この原点に戻って現状を振り返れば、おのずとすべきことが見えてくるはずだ。

基本理念

「自分たちがおもしろい、かっこいいと思うモノを、新しい方法で楽しく流通させる」

『自分たちの時代が歴史上一番刺激的でおもしろい』と胸を張って言える様にする」

「モノをただ販売するだけではなく、それを選ぶ環境、そこで過ごす時間も含めた、新しいライフスタイルの提示をしていく」

そこから出来たキーワードが

「BOOKS+CAFE+EVENT」
「未来のための古本屋」
「セレクト・ショップ」

具体的なコンセプト。まず「本」については

・古書を古いものとして扱うのではなく、「新しいモノ」として扱う。
(作られたのは以前でも、デザインやコンテンツが今も色褪せてないものは、若い人にとっては新鮮に見える)

・本を「消費材」から、「文化財」に戻す。
(現在の新刊書店店頭に十年後古書として扱いたいと思える本がほとんどない。懐古ではなく、現在・未来をおもしろくするために、過去の刺激的でこだわりのあるモノをこれからのクリエイターに伝えていく。それによって、新しく造られた創作物が世に出回り、いずれまた古書市場にも帰ってくることになるはず)

・本を再評価するのではなく、「新評価」する。
(既存のものを新しい角度から捉えることによって、新しい価値を見いだし流通させる)

・シブヤ系ふるほんや→渋谷ならではの品揃えと売り方
（ちょうどこの頃、渋谷周辺で五軒あった古書店が一挙に三軒になってしまった。そんなことからなおさら、これからは渋谷ならではの特色を出して頑張っていきたいと思った）。

そこで出したキーワードは、「『読む本』から『見る本』へ」

（液晶やDVDでは表現できない、古い紙やインクの質感を活かした写真、絵本、雑誌など。インテリアやディスプレイにしたり、所有するモノとしても価値を与えたいと考えた）
・「売れるモノ」ではなく、本当に「伝えたいモノ」だけを揃える。
（社会は情報過多になっており、情報の量を競うのではなく、いかにそれを絞り込んでいくかを追求する。お客さんの変わりにセレクトするのが店の役割）
・古本屋のイメージUP
（やりたい職業ランキングの上位に入るようになる。古着屋やレコード店のような存在に。パリでは古本屋だと伝えると店の対応が変わってくるほど、古本屋という仕事にステータスがある。古本が恋人や友人へのプレゼントになるようにしたい）
・その他のアイテム、出版、イベント等と複合した情報発信と仕掛け作り。
・映画、演劇、音楽、ファッションなど街とリンクした品揃えと企画。

また、人が集うことの出来るカフェ・スペースの導入と、詩人やミュージシャンなど、まわりのクリエイターとコラボレートし、情報発信していくイベント・スペースの確保はどうしても譲れない条件だった。

ハード面では苦労したが、何より淹れたてのコーヒーの香りが漂う、本に囲まれた空間が好きで、そこに自分が旅先のカフェで過ごした豊かな時間を持ち込みたかった。コーヒーは自分で選んだ豆をオーダーが入ってから一杯づつ挽いて淹れ、他にもウィルキンソンのジンジャー・エールなどお気に入りのドリンクをメニューに入れることにした。コールド・ドリンクに沿えるミントの葉は自家製のもの。BGMはCDを五・一チャンネルのサラウンドで再生できるアンプとスピーカーを導入し、最適な配置をエンジニアに算出してもらった。何かに熱中していれば耳に入らない程度、逆に暇な時にはほどよい気分転換になるように心がけ、通常はやわらかいジャズ・ピアノを中心とした音楽をかけている。はっきり言ってここまでは必要ないかもしれないが、こういう一見不必要なところでのささやかな贅沢の中に本当の豊かさが隠れているのではないかと思う。

「本屋に来たついでにお茶を一杯飲もう」とか、「本を選ぶのに疲れたから、ちょっとひと休みしよう」と気軽に利用して欲しかったので、一杯ずつ淹れたドリップ・コーヒーでも二八〇円、一番安いエスプレッソは二〇〇円に抑えた。売上予測が未知数なこともあり、当初の計画から、カフェはあくまで店の付加価値部分とし、投資回収計画はカフェ売上を組み込まずに作成した。

イベントは、「古本をあらたなカルチャーとして再生させていくとともに、現在進行形のカルチャーの中から、本当に伝えたいものを独自の視点でセレクトし、同様に情報発信していく」がコンセプト。

もともと他の書店でイベント制作をしていたインディーズ出版スプラッシュ・ワーズの相方、さいとういんこさんとも「人と同じことをしたがる人は多いけど、うちらは人のやらないことしかやりたがらないよね」と話していただけあって、それを思い切り実践できるハコ（会場）を探していたのも確か。実験的な試みを思いついても、ハコを借りるとなると、集客的なノルマが出てくるので、予算を気にせず思い切りチャレンジすることは難しい。「攻め」ていく為にも、「自分たちのハコ」を持つ意味は大きかった。

イベントはリハーサルの時間も十分にとれるよう定休日の日曜を使い、現在は月一回程度催している。本来、毎週開くことも可能で、収益面ではそうすべきだし、外部からのオファーも多いが、現在のところ「書店らしさ」さらには「フライング・ブックスらしさ」をキーワードに絞り込んでいる。「フライング・ブックスのカラー」がぼやけるのは不本意で、「出演者が〇〇だから」ではなく、リーディングやライブなどイベントの種類・内容にかかわらず、「出演者は良く知らないけど、フライング・ブックスのイベントだからおもしろそう」という理由で見に来てもらえるのが理想だ。せいぜい五、六十人のキャパシティだが、ビデオやCDでは伝えることの出来ない、「場の空気感」を伝えることが可能だと思う。毎回とは行かないが、これまでも何度か、パフォーマー、観客の盛り上がりが同調し、確実に「何かが生まれている」と感じられる瞬間を演出することが出来た。これが以前から目指している「価値観や人生観を変えるような出会い」なのだと思う。

また、特に素晴らしかったものは活字や音源のカタチに変え、ホームページや印刷物、ＣＤなどにパッケージ化し、更に多くの人に向けて情報発信していきたいと考えていて、詩集出版や、新しく始めた音楽レーベルに繋がっている。

店名の「フライング・ブックス」（正式には英語で「Flying Books」）は「楽しさ、明るさ、軽やかさ」などをテーマに漠然と考えていたところ出てきた言葉で、複数の意味がある。本に乗って（読むことによって）、人は空間だけでなく時間をも超えて、違う世界に飛んでいくことが出来る。海外から文字通り空を飛んで集められた本が並ぶ。当時、始めたスカイダイビングの教官に言われた「空飛ぶ古本屋」という言葉も気に入っていた。などなど。

コンセプトではないが、「絶対に支店は作らない」、「客と店ではなく、人と人として、いい関係を作れるような、気持ちの良い環境を作る」というポリシーのようなものもある。

前者は、拡大路線のアンチテーゼとして古本の仕事を始めたので、シェアを広げるよりは、品揃えを深めたい。よりディープな世界を創りたいということ。

後者は、せっかくセレクトした本なので、それにふさわしいお客さんに買って欲しいということ。サラリーマン時代は、売上が減ると損害は自分ではなく、会社に及んでしまうので、どんなに横暴な客にも頭を下げていたが、人として間違った態度を許すのは本人のためにも、周囲のためにもいい訳がない。日本には「俺はお客様だ」という高飛車な態度を取る人が目につく。理不尽で横暴なお客さんには買ってもらわなくていい、という姿勢でいたい。傲慢になってはいけないが、人としてのプライドを失ってまで商売をすることはないと思う。

これらのコンセプトを具体的な店舗プランに落とし込んでいく。

投資回収計画を含めた基本計画書の作成はＣＣＣでの店舗立ち上げの経験が役に立ち、できるだけ詳しいものを作成した。標準的な売上予想の他に、それを上回ることができた場合と、逆に下回ってしまった場合の予算も立てた。仮説の幅が広いほど、現実とのギャップが出た際、修正が容易になるからだ。

メインの顧客層の予想と取り扱いジャンルの絞り込みを行い、それらを演出する為の内装イメージをざっくりまとめる。いきなり具体化せず、始めに風呂敷を出来る限り広げてから、他の人の意見も聞きながらまとめていくことにした。

営業時間や、業務フローのシミュレーションも行い、必要スタッフ数や予想される運営の問題点も予め洗い出した。

店舗ロゴや、ショップ・カードの具体的なデザインは後日、デザイナーに依頼したが、イメージとなるキーワードまでは作成した。(すべてが事前に決定していたわけではなく、プランを詰めていくにつれて明確化されていったものもある)。漠然としていたイメージは順調に具体化して行き、春先には、改装が決まるずっと以前から一方的に設計を申し出てくれていた、中学・高校の同級生で草野球チーム「HONEYS」のチーム・メイト、「いとちん」こと伊藤正昭君と定期的にミーティングをすることになった。

またその頃友人のホーム・パーティーで知り合った、インテリア・ショップ「スプートニク・パッド」のスタッフでコーディネーターの岡野牧子ちゃんの、自分が想像もしなかった角度からアイデアをデザインに落とし込んでいく感性に舌を巻き、メンバーに加わってもらうこととなった。

こうして三人のチームで企画書の漠然とした内装コンセプトを元に、「ああだこうだ」と週一回のブレインストーミングを重ねた。三人三様の視点と引き出しを持っていたので、このミーティングは非常にいい勉強になった。

しかし、問題点が多く計画は簡単に進まない。建物が築三十年以上と古い上に、M字型の変則的な形で、それだけでも大変なのに、まったく配管の無いところに新たにカウンター・キッチンを作り、その上イベント・スペースを確保するのは想像以上に困難なことだったのだ。

試行錯誤しているうちに、当初の改装予定の夏が過ぎ去り、あっという間に秋となっていた。

十月、デザインのイベント「東京デザイナーズ・ブロック」に、急きょ「フライング・ブックス」として参加することになる。岡野ちゃんが手がけたイデーのショールームが入った虎ノ門のリノベーション・ビルの一階に五日間限定の古本カフェとして出店することになったのだ。

まだ店の実態はなかったが、プレ・イベントとしては申し分なく、様々なジャンルのクリエイターが参加するプロジェクトに加わるのは刺激的だった。その中の一人が、南兵衛さんの友人でもある、働き方研究の西村さんだった。

まだカフェ部分までこなせる自信がなかったので、イデーの敏腕マネージャーの池田さんに紹介してもらったのが、「bar trino」のマスター戸崎さん。会期中にはカフェの知識やノウハウを教えてもらい、いい研修となった。

タイトなスケジュールの中、本を揃え、ハギーさんによるロゴと、ホームページのドメインを獲得し、簡単なWEBのUPも間に合わせることが出来た。特にロゴは何十パターンもの案を作ってもらい、その中から選んだ苦心の作が現在のもの。ハギーさんには大感謝だ。

広いスペースにイデーのデザイン家具をゆったり配し、厳選した本・雑誌のみを陳列したブック・カフェの五日間は、本の売上こそ、そこそこだったが、内装の勉強も出来たし、大勢のおもしろい人と知り合うきっかけにもなり、大成功だった。

限られた予算で最大限のクオリティを追及した為、着工までの時間もかかり、当初の夏の改装予定が秋になり、その秋も終わりに差しかかっていた。

自分自身勉強をし、ある程度図面も読めるようになったが、引っ張り出してきた三十年前の平面図は詳細が不明な部分も多く、寸法にも誤差が生じていた。これは什器を入れ替えるに当たって、数センチの誤差が致命傷になるので、もっとも気を使った部分の一つ。いざ施工時になって、棚が納まらないのでは笑い話にもならない。当時はカバンの中に常にスケール・メジャーを入れていた（理想は五メートルだが、最低三メートルあれば天井の高さを測れるので、軽いものを選んだ）。

イベント・スペース確保のために、中央の本棚を可動式にする案は、参考になる事例がまったく無く苦労した。什器にキャスターを付けるのが一番簡単だが、本を詰めたスチールの書棚の重さはゆうに一トンを越えるので、床もキャスター自体も長期間耐えられないであろうし、安全性に問題もあった。思案に暮れながら、学生時代に何度か足を運んだ店舗・什器のコンベンション「ＪＡＰ

AN SHOP」に行き、ひたすら資料を集め、リサーチした。その中の一業者と、書店用什器メーカーの双方に図面を提示し、レールを使った可動式什器を特別に作ってもらうことになる（異なる業者がそれぞれ制作し、施工時に合わせることになるので、搬入時のスケジューリングを調整し、同時に入れさせたのは正解だった。実際数ミリの誤差で接合がうまくいかず、当日現場で職人が微調整しなければならなかったのだ。実際、勝手に図面と違うことをしてくる業者も少なくなく、きっちり進行・確認できる現場監督の存在が不可欠だということもわかった）。

古いビルの為、床にデコボコが生じていたが、レールを敷くために水平にする必要があった。またレール自体の高さがあるので、年輩のお客さんがつまずく危険もあり、床をふかし、床面とレールが水平になるようにした。通常五十センチごとに敷かれる、ネジ式の床下地材を本の重みとイベント時の安全性を考えて三十センチごとに敷いてもらった。これは楽器演奏時等の音響面でも効果を発揮している。

複数の材木屋からサンプルを取り寄せ、自分で塗装も試した床材は、最終的に輸入木材の会社まで行き、アイアン・ウッドというリーズナブルなうえに、落ち着いた風合いで非常に堅く丈夫な洋木を選んだ。この選択は大正解で、閉店後に床で座ったり、眠ったりしてしまう友人が多いのはこの木の暖かさが原因なのではないかと思う。

照明はやわらく落ち着いた雰囲気をだしたかったので、ハロゲンのスポット・ライトを選び、オーデリックの橋本さんが何度も細かく照度図を作成してくれた。イベント時のスポットにも使いたいので、レール毎に細かく調光できるようにし、操作パネルはすべて一括操作できるようにカウンターの柱の裏側に移してもらった。自分でも照度計を購入し、気になるショップでこっそり照度を測らせてもらった。同じ照度でも、蛍光灯や白熱灯など光源の種類の違いによって、かなり視覚的なイメージが変わるのが意外だった。

二階なので、店への導入部分にも気を遣った。下手な看板よりはと思い、階段の壁に壁掛け式のショーケースを設置し、見栄えのする、装丁の美しい本を展示するようにした。

レイアウトでも以前学んだセオリーを導入し、店内を回遊してもらえるよう工夫をした。奥に目が行くように、突き当りの棚はスポットを多めに当てたガラスのショーケースと、一押しのビート・ジェネレーション関係書を、面出しを多めにゆったりと陳列し、さらに回遊性を高める為に店内を囲むようにショーケースを置いた。

ゆったりした空間で、セレクトされた本を選べる環境を作るため、什器のスパン数は改装前の三分の二に絞り込んだ。ただでさえ情報過多の時代、この「引き」のスタンスを大切にしたかった。しかし売上も三分の二にするわけにはいかないので、置ける商品量が落ちる分、回転率を上げるようにし、それまで店頭に出せなかった稀覯本などの販売による客単価の向上によって調整を図ることにした。

結局、在庫の本以外、すべてが様変わりすることになり、改装コストも当初の予算で収めようとすると、かなり陳腐なものになってしまうことがわかった。特に、キッチンの配管、イベント・スペースを確保する為の可動レール、ショーケースや本棚のコスト負担が大きかった。悩んだ結果、貯金をすべて失った上に、妥協したものしか残らないのでは意味がないし、多少は資金を借り入れても心から納得いくものを造ることにした。結局最終的に当初の予算とほぼ同額の借り入れが生じ、投資採算計画も見直すことになったが、書棚、照明、ショーケース、床板に至るまで直接交渉し、一切の中間マージンを省くことによって、クオリティのわりにかなりコストを抑えることができた。

最終的に大勢の仲間がこのプロジェクトに参加してくれた。カウンター回りの設計や床材の選択を手伝ってくれた宮川さんやみっちー。彼らの働くイデーのショップからは、セラミックのペンダント・ライトとカウンター用のスツールを購入。草野球チーム「ＨＯＮＥＹＳ」の愛すべきメンバーもカウンターのブロックはエノ、シャッター・パネルは間宮がそれぞれ実家から手配してくれ、床のオイル仕上げは最後までビーツンと従兄弟のタケシ君が手伝ってくれた。デザイナーズ・ブロックでお世話になった戸崎さんにも、オープン直前までカフェの相談に乗ってもらった。

民族音楽がひょうたんスピーカーから流れる洗面所兼バックヤードは最も手間を掛けた部分で、徹底的に遊ばせてもらった。彫金や絞り染めのアーティスト・ケンタロウさんと、フジ・ロックなどの舞台監督、青山さんの職人芸が光る、売場部分とはまったく違った世界が展開されている。言葉で伝えるより実際に体験してもらいたいので、ここで詳しくは書かないが、フライング・ブックスに来たら是非試してみて欲しい。

直前で施工業者が変わるなど、多少のバタバタはあったが、何とか改装の目処がついたのは十二月。ここからはオープニングのイベントのブッキングや、フライヤー、包装紙など備品の手配が大詰めとなった。

オープニングのイベントは、店の姿勢が明確に出るので、他の人が思いつかないようなことをやりたかった。どうしてもやりたいことを絞り込めないので、初めの一週間はプレ・オープンで早仕舞いとし、七晩連続で催しをすることにした。

結局、詩人、ラッパー、絵本作家、DJ、料理ユニットと幅広いジャンルから、二十代から八十代までの総勢二十人近い出演者となった。まだ店が出来ていないので、図面上でイベントの打ち合わせをし、ブッキングとスケジュール調整、パンフレット用のプロフィールや写真を集めるにも時間の余裕がないので苦労した。奇跡的にすべてのオファーが希望どおりに通り、すべての情報を掲載する為に特別サイズにしたオープニングのフライヤーに七つのイベントが並んだ時は、まだ見ぬ一週間への期待とともに満足感すらあった。

本当は来てくれたすべての人に、自ら店のコンセプトやイベントの趣旨を説明したかったが、それは到底不可能だし、来店日以外のイベント内容や出演者のプロフィールも伝えたかったので、無謀にもA4サイズ全十二ページのパンフを直前になって作ることにした。当時はまだDTPソフトの使い方もわからず、フライヤー、名刺、ショップ・カード代わりのブック・マーカーの制作をデザイナーのむっちゃんにお願いした。カラー四ページを含むパンフの制作はかなりヘヴィーで、大きすぎるデータはメールで送ることも出来ず、また宅急便を使う時間的余裕も無い為、工事現場の立会いが終り、夜になってから、彼女の国立の自宅までCD-Rを持って行き、最終日は完全徹夜し、そのまま印刷屋入稿することとなった。

結局、既存の在庫を二日間ですべて撤収し、埼玉の貸し倉庫に運び、解体から商品陳列までを二週間で行う突貫工事となった。予定通りオープンできなくて痛い目を見るのは自分自身。ブッキングしたイベントの出演者や来場者に説明もつかなくなる。細かいスケジュールの打ち合わせまで自ら立ち会って、施工中も常に進捗を把握するよう心がけた。工事期間は毎朝、職人さんが入る時間に出勤し、出来るだけ現場を確認するようにした。新たに立ち上げる壁の位置や、天井の色など、放っておいたらとんでもないことになっていたところも何箇所かあったので、これは正解だった。当初の予定と多少変更するところもあったが、なんとかスケジュール内に収まり、みんなの協力もあって無事陳列も終わりオープンを迎えることができた。

二〇〇三年二月十六日、レセプション・パーティーは予定を大幅に延長し十一時間続き、約二百人の友人、知人が集まってくれた。

それから一週間、それぞれ違う出演者なので、当然のごとく打ち上げも毎晩続き、極限の満足感と心地よい疲労でプレ・オープン期間を終了した。

Ⅲ

フライ・ン・スピン・レコーズ始動、ＳＵＩＫＡ発進！

二〇〇四年四月一日　三通の郵便

郵便が三通届く。二通は外国からで、差出はフランスとアメリカ。外国からの郵便を開けるときはいつもわくわくする。洗練された装丁とリング綴じがすてきなパリの古本屋さんのカタログと、ロサンゼルスに住む幼馴染が作曲したアブストラクト系のデモCD。残りの一通は先日、朗読をしていただいた宮内さんの奥様喜美子さんの手作り詩集。昨年初めて訪れたというインドのガンジス河についての詩を中心にまとめたもの。このあまりにも有名な河についての詩はこれまでもたくさん読んできたが、今回のはそのどれにも似つかぬものだった。念願のインドを訪れ「自分の内側がガラリと変わってしまったような気がしている」と言う喜美子さんの詩はやさしく慈愛に満ちている。生も死もすべてを包み込むマー・ガンガーと呼ばれる母なる河を、女性の、特に母の視点から眺めているからなのだろうか。近くまで行きつつも、国境を跨ぐことのできなかった混沌の国を訪れ、自らの五感でその濃厚な空気に触れてみたいと思った。

新元良一（1959〜）
作家・翻訳家。ニューヨーク在住。英米文学のみならず、映画やジャズにも造詣が深く、対談やインタビューにも定評がある。主な著作に『One author, One book ― 同時代文学の語り部たち』（本の雑誌社）『アメリカン・チョイス』（文芸春秋）。

『翻訳文学ブックカフェ』新元良一
（本の雑誌社　二〇〇四年）

四月三日　イベントの打ち合わせ

名のとおり咲き乱れる桜ヶ丘の坂道を抜け、南平台の「Yサイゴン」で、NY在住の作家の新元良一さんとイラストレーターの山崎杉夫さんと今度のイベントで行う紙芝居「ここだけ雨が降っている」次回作の打ち合わせ。新元さんの原案を聞き、山崎さんと僕が思いついたアイデアを出す。食事も会話も進み、靄がかっていたストーリーがどんどんクリアになっていく。作家は一人で籠もって創作していくのが一般的だけれど、こうやって他の人と相互に作用しあいながら作り上げていく立体文学は実験的でおもしろい。今度の上演は第二話までだが、回を重ねるごとに音楽などいろいろな要素を加えていきたい。

東横線の車窓から団子状にぷりぷりと咲き誇った、目黒川が見えなくなるほどの桜を眺めながら横浜のロバート・ハリスさん宅にうかがう。おみやげは以前から頼まれていた『エヴァーグリーン・レビュー・リーダー』。五月に予定しているナナオサカキの出版記念イベントでの対談の打ち合わせ。ナナオのことを知るきっかけはハリスさんの『エグザイルス・ギャング』だったので、この機会に二人の二十年来の接点を過去のものとせず、もう一度現在進行形のカタチにしたいと思う。

四月六日　ABJ

学生の頃から好きだった「アメリカの雑誌・洋書を読む人の雑誌『アメリカン・ブック・ジャム』」の最新号が二年ぶりに出た。今回の第十号の表紙は若かりし日のウィリアム・バロウズ。大半の記事がNYで作られているこのインディペンデントな雑誌は、前から不定期刊だったが、これほど間が開いたのは初めてだったので、もう出ないのか

山崎杉夫（1968〜）
イラストレーター。書籍の装丁や『ダカーポ』や『サントリー・クォータリー』等雑誌でも活躍中。くっきり力強いラインが印象深い暖かみのあるイラストは子供から大人まで幅広く親しまれている。

Yサイゴン
明らかに原価割れしているのではないかと心配になるランチ・コースは味もボリュームも最高。
渋谷区南平台町8−11
（03−5428−3336）
http://www.y-saigon.jp/

『エグザイルス・ギャング』
ロバート・ハリス
（東京書籍　一九九八年）

と心配していただけに喜びもひとしお。内容も五十三年から続いている『パリス・レビュー』新編集長のインタビューや、新元さんの書評など、相変わらず僕のツボを押さえてくれている。店でも今までで最大のプッシュをすることにした。

去年読んだ、副編集長の宮家あゆみさんが翻訳・出版した『ブックストア』には影響を受けた。NYで頑なにインディペンデントな姿勢を貫いた書店の女性店主の伝記で、店で定期的に行われた作家によるリーディングは街の名物だったそうだ。宮家さんには数年前、ブック・ジャムのNY編集部を訪ねた時にお会いしたが、そのうち再会してもっとお話を伺いたいと思う。

昼は下北沢でナーガさんの詩集の営業と、コーヒー豆の仕入。深夜、自由が丘のスタジオでSUIKAのリハとミーティング。

四月七日　森とコンピューター

夕方、詩人の小林大吾が先日のイベントで読んだ原稿の忘れ物を引き取りに来る。SUIKAのサンプル音源を渡し、そのCDジャケットのイラスト制作コンペへの参加を打診したところ、快諾してくれた。あまりの張り切りように、こちらもうれしくなる。「クライアントに気に入られなくちゃはじまらない」と言い切る作品を見るのが楽しみだ。そのまま大吾と、昨秋イベントでお世話になった写真家・高野建三さんの展示を見に青山ブックセンターまで歩く。奥深い黒が印象に残るモノクロ・プリントに映し出された深い森と、ゲーリー・スナイダーや山尾三省ら詩人たち。大吾の言葉にはっとする。「いずれ、こういう森の中で生活する人たちと、都会で機械やコンピューターを崇拝する人たちとが完全に分離してしまう気がする。ゲーリーはバランスがいいみたいだけど、

『アメリカン・ブック・ジャム』第十号
http://www.bookmall.co.jp/abj/

『ブックストア』
リン・ティルマン、宮家あゆみ訳
（晶文社　二〇〇三年）

皆がその両方の価値観のバランスをとるのは難しいだろうな」。たしかにそうだ。もはやすべての人が彼らの目指しているような縄文時代の生活に帰るのは不可能で、いかに自然・エコロジーと都市生活のバランスをとって行くかが重要なのだと思う。ゲーリーは森の詩人かもしれないが、時々は都会に出て、その現状を冷静に見てくれるので言葉にリアリティがあるのだ。

四月八日　イベント・ブッキング

退院する祖母を迎えに富士吉田へ。まだ山桜が咲いていたので、車からでも花見をさせてあげられたので良かった。

夜、ＳＵＩＫＡのアルバム・リリース・イベントの打ち合わせで、公園通りの裏のカフェ「ＳＰＵＭＡ」に条件等を聞きに行く。表通りから一歩入ると途端に静かになる路地裏の地下にあるオーガニックカフェは、ごはんもおいしく、ＤＪブースやプロジェクターなどの設備も充実している。以前からよく知っている土屋さんがマネージャーなのも心強い。七月末に日程を決定させてもらった。

その後、駒沢のスタジオへ合流、リハとプロモーション・ビデオ（ＰＶ）作成のミーティング。映像クリエイターの大野さんに来てもらう。メンバーがそれぞれ違う希望イメージを出すので調整が大変で、どんなＰＶになるかまったく想像もつかない。

四月九日　古本屋とカメラマンとラッパーと

明治古典会終了後、渋谷ロゴス・ギャラリーで開かれている日月堂さんの古道具の即売会を覗きに行く。先輩の西秋学さん夫妻、山田書店の小谷田《こやた》さんと会場でばったり会

SPUMA
オープン時にはディスプレイ用の絵本をセレクトさせてもらった。
東京都渋谷区神南1−17−4神南ビルB1F
（03−3770−8657）
http://www.spuma.jp/

い、店に遊びに来てくれるというので、焼鳥屋で買い出しをして飲むことに。帰国したばかりのカメラマンのじゅんさん、toto、ATOMも合流しちょっとした宴会になる。普段あまり繋がる事のない古書業界の人と友人たちが一緒で楽しい一時だった。

四月十二日　サーフィンと古本屋

神田で全国古書連盟（以下、全連）の大市会のお手伝い。夜、店に戻って雑誌『FREE&EASY』に寄稿するムロケンこと室矢憲治さんと会い、撮影用に「ビート・ジェネレーション」、六〇年代カウンター・カルチャーの機関誌とも言われる『エヴァーグリーン・レビュー』を貸し出す。『FREE&EASY』は元々好きな雑誌だったので、話が盛り上がる。見本誌に載っている大好きなレジェンド・サーファー、ジェリー・ロペスのインタビューを喜んでいると、編集の中澤さんは意外な様子。古本屋がスケーター・カルチャーやサーフ・カルチャーに興味を持っているとは思わなかったそうだ。一般的に古本屋は文化系のイメージが強いのだろう。鎌倉の禅寺で修行をしたこともあるジェリーの言葉は、下手な禅の入門書よりよっぽどおもしろく、為になる。

四月十四日　雨、アメ、飴

どしゃぶりの雨の中、アメ横に今度の紙芝居用の水飴を買いに行く。ひとり一個ずつ、本格的な水飴と割り箸を用意した。だいの大人たちが紙芝居を見ながら、飴を練る光景を見るのが楽しみだ。久しぶりに訪れるアメ横を楽しみにしていたが、雨がひどく、周りの店を見ている余裕などない。かろうじて色とりどりの新鮮な刺身の載っかった海鮮丼を食べて帰る。

ビート・ジェネレーション
五〇年代のアメリカで起ったカウンター・カルチャー（対抗文化）。保守的であったアメリカでジャズ、マリファナ、放浪というライフスタイルは革命的で多くの若者に影響を与え、後のヒッピー・カルチャーやポップ・カルチャーの基礎となった。作家のジャック・ケルアック、ウィリアム・バロウズ、詩人のアレン・ギンズバーグらが中心人物。

『Evergreen Review』（1957~1973）
カウンター・カルチャーの機関紙として、文学、映画、アート幅広くアヴァンギャルドなものを取り上げた。

四二号（一九六六年）
表紙はアレン・ギンズバーグ

四月十五日　収穫

全連大市手伝い。今回の目玉は新聞にも掲載された漫画家横山光輝の未発表生原稿。個人的に狙っていた本は無事落札できたので、晴れて打ち上げに参加。コルビジェの作品集『OEUVRE PLASTIQUE』は色彩も鮮やかなオリジナル・リトグラフ四点入。一九六八年発行の『アンダーグラウンド・ジェネレーション』は金坂健二や中平卓馬らが編集し、森山大道の撮った天井桟敷や深瀬昌久の「サイケデリック・ショウ」など、ページを開くと時代のざらついた息吹が顔にかかりそう。

四月十六日　発見！

全連大市手伝い最終日。夕方早めに終わったので、ジャズ・ピアニスト、オスカー・ピーターソンとトランペッター、ロイ・ハーグローブのセッションが収録されたＣＤを探す。その収録曲を次回の紙芝居のイベントで使用したいのだが、廃盤でなかなか見つからない。神保町のジャズ専門店にもなく、最後の切り札、新宿のディスク・ユニオンでなんとか見つけることができた。家に帰るまで待てず、すぐ横のクラシック喫茶に入り、さっそくディスクマンで「Oscar Peterson Meets Roy Hargrove and Ralph Moore」の絶妙なセッションを味わう。目当ての曲「マイ・フーリッシュ・ハート」は、超一流のテクニックを持つミュージシャンたちによる、情感たっぷりの「引き」の演奏で、最高のバラードに仕立て上げられている。

四月十九日　二十一世紀のジェネレーションX

市場での入札を速攻で済ませ、「スパン」の試写会へダッシュ。久々に観るグランジ

『OEUVRE PLASTIQUE』
Le Corbusier

「Oscar Peterson Meets Roy Hargrove and Ralph Moore」

映画で、ロサンゼルス郊外で繰り広げられる安っぽいドラッグとセックスと暴力の物語。まるで救いのない「リアリティ・バイツ」。ミュージック・ビデオの監督が制作し、ロックバンド・スマッシングパンプキンズのビリー・コーガンが音楽を担当しただけあって、重いストーリーもテンポ良くMTV感覚で観られる。ドラッグ摂取の効果を映像処理で表現する手法はおもしろい反面、多用されるのですこしくどかった。学生時代好きだった「ジェネレーションX」の映画を想い出した。

四月二十日『IMPACT』

昨年末から毎週火曜の閉店後に集まって、ビート・ジェネレーションに関する書誌兼ブック・カタログの編集ミーティングをしている。そのメンバーが以前から発行しているフリー・ペーパー『IMPACT』の最新号が完成した。今まではA5版藁半紙にリソグラフ二色刷りだったが、今回の第三号はA2版八つ折フルカラーオフセット印刷という大変貌を遂げている。コンテンツも前号ではケルアックの小説『路上』を深く掘り下げ、ややマニア向けのものだったのに対し、今回のテーマは「ビート・ジェネレーション」の入門編。キーワード集、人物紹介、ブック・レビューなど構成も入りやすくなった。何より二十三、四歳の若者たちが等身大の視点で、他の顔色うかがうことなく奔放な文体で書いているところが良い。スポンサーのいないインディペンデントのフリー・ペーパーというメディアならではだ。また印刷色数の制限がなくなり、自由に楽しんでいるカトヨのポップなデザインが、決してやさしいわけではないカウンター・カルチャーの入り口を広げていることは間違いない。

『ジェネレーションX』ダグラス・クープランド　黒丸尚訳（角川書店）一九九一年発表。競争社会からドロップアウトした無気力な現代の若者の生活を描き一生を風靡、映画、音楽等へも少なからず影響を与えた。理解できないという意味でつけられた「X世代」は流行語となった。

『impact03』
http://www.geocities.jp/impactmania/

四月二十二日　CDジャケット・デザインコンペ

夜、アルバム制作が佳境に入ってきたＳＵＩＫＡのミーティング。今日はＣＤジャケットのデザインコンペ審査会。たいしたギャラも出せないのに、友情厚い四人のデザイナー、イラストレーターが参加してくれた。こちらが提示したイメージ、キーワードは同じなのに、四人ともまったく違うデザインを持ってきたのがおもしろい。どれもクオリティが高いので悩む。こうなると、直感で「どれが好きか」という判断方法しかなく、メンバーの多数決の結果、小林大吾の作品に決定。電話で結果を伝えると大喜びしてくれた。これから仕上げ方法や素材など、詳細を詰めていくことになる。まだまだ道のりは長い。

四月二十三日　『ビート詩集』

明治古典会。国文社の『ビート詩集』を含む詩集の口を落とす。ピポー叢書と銘打った、ＣＤケースよりほんのちょっと大きい正方形の版型で、一九六二年に発行されたもの。この時期、まだほとんど日本でビート・ジェネレーションが認知されておらず、翻訳本も乏しい中、ギンズバーグの代表長編詩「吠える」全文をはじめ、スナイダーやコーソらサンフランシスコ・ポエトリー・ルネサンス周辺の詩人を幅広く紹介しており、タイトルに恥じない素晴らしい内容だ。すべての詩人が「ビート・ジェネレーション」という範疇に入るかは、現在の解釈とは異なる部分もあるが、この本以降、ビートを紹介する翻訳詩集で本格的なものは出版されていない。所謂限定本等ではない、一般的な詩集の中では、装幀、内容ともに秀逸な作品だ。

夜、ＤＪのマルスが来店、近所の羊焼肉屋でＣＤのディストリビューション（流通）

幻のＣＤジャケットの一部をこっそり公開

by ZONE

by SAKURAI

『ビート詩集』（国文社　一九六二年　ピポー叢書）

について話を聞く。この仕事はまだ未知の領域だけに現場の話が非常に参考になる。音楽レーベルで働くマルスは、大手ＣＤショップのマーチャンダイザーの友人からも名前が出てくるほど熱心な営業マンで。独自の努力で流通ネット・ワークを築いている、頼りになる奴だ。そして相変わらず飲みっぷりのいい、割り勘要注意人物でもある。

四月二十四日　謎の絵本

寄り道先での意外な出会い。存在は知っていたが、どんな本かまったく想像もつかず、いつか出会えるだろうと思っていたが、それは予想もしないタイミングでやってきた。フランスの詩人ジャン・コクトーと日本の人気絵本作家スズキコージが織りなす、太陽と月そして星の子供たちの奇妙な物語。森開社版『おかしな家族』は「絵本」なのに、地味でビジュアル的要素のかけらもない装幀。もともとコクトーが自ら絵も添えた作品なのに、それらは一点も使われず、まだ漢字表記だった鈴木康司さんが、絵本と言うよりは挿し絵に近い作品を十七点添えたもの。その絵のユニークなことと言ったら！ほぼコクトーの原画どおりの図案なのに、間違いなくコージ・テイストに仕上げられている。果たして子供向けの作品なのか、大人の為の作品なのか、それすら不明だ。この風変わりな出版社は、他のコクトーの著作物はすべてナンバー入りの限定本として作っているが、限定発行ではないこの本が一番見つけづらい。しかし何故、元のコクトーの絵を使わなかったのだろう。テキストだけで、絵は使わない海外絵本なんて他にあっただろうか。機会があったら当時の編集担当に会って話を聞いてみたいものだ。

四月二十六日　絶頂の詩人たち

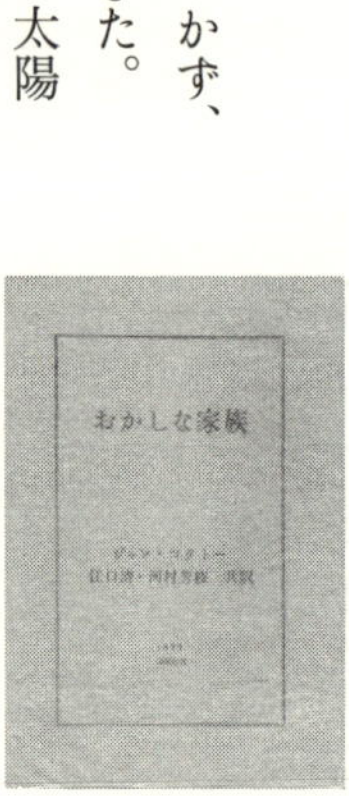

『おかしな家族』ジャン・コクトー
鈴木康司挿画（森開社　一九七七年）

スズキコージ（鈴木康司、コージズキン）（1948〜）イラストレーター、絵本作家。澁澤龍彦編集の伝説的雑誌『血と薔薇』創刊に最年少メンバーとして参加。絵本、挿絵等著作多数。ジプシー・ミュージックのバンド活動も。
http://www.zuking.com/

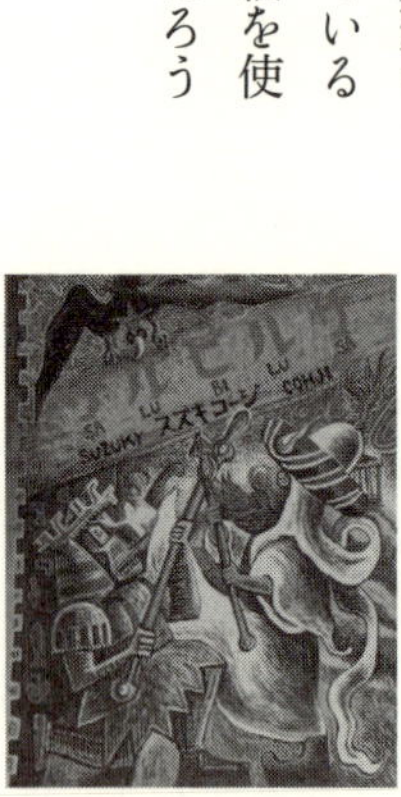

『サルビルサ』スズキコージ
（架空社　一九九六年）

アメリカ西海岸カスケード山脈の頂で大自然と一体になり、詩作に耽ったゲーリー・スナイダーやジャック・ケルアック。そんなビート詩人たちの六〇年代の足跡を追った伝記『POETS ON THE PEAKS』のライター兼フォトグラファー、ジョン・スーターさんが、アメリカ文学者で翻訳家の原先生と、編集の滝沢さんと来店。今回は伝記の続編、六〇年代後半日本に渡って来たゲーリーの足跡を辿る取材の為の来日とのこと。オープン前の店内で原先生にところどころ訳を手伝ってもらいながらディスカッション。続編の進行や、邦訳出版の可能性などについて話す。スーターさんは店を気に入ってくれ、次回の来日には写真展やスライド・ショウなどのイベントをしたいと言ってくれた。

秘蔵の国内外のビート・ジェネレーション資料を見せる。ゲーリーも寄稿した六〇年代の日本のサイケデリック・ヒッピー新聞、日本で初めて翻訳・出版されたギンズバーグの詩集の限定本、アメリカで発行された珍しいリトル・マガジンなどなど。どれもスーターさんにとって役立ちそうだったが、量が多すぎてとても見きれないので、また改めてゆっくり見てもらうことにする。連絡先を交換し、再会を誓う固い握手をして別れた。

夜、店に戻ってレーベル・ロゴの最終調整。ＡＴＯＭとデザイナーの小池君と打ち合わせ兼食事。

四月二十七日

夕方、トラック・メーカーのＳＯＮＰＵＢ（サンパブ）をマルスに紹介する。彼の勤めるリバイアス・ミュージックはジャンルの枠を超えて支持されている、上質のインスト・ヒップ・ホップ・レーベルだ。こんな従来の本屋とはまったく関係ない動きがここ

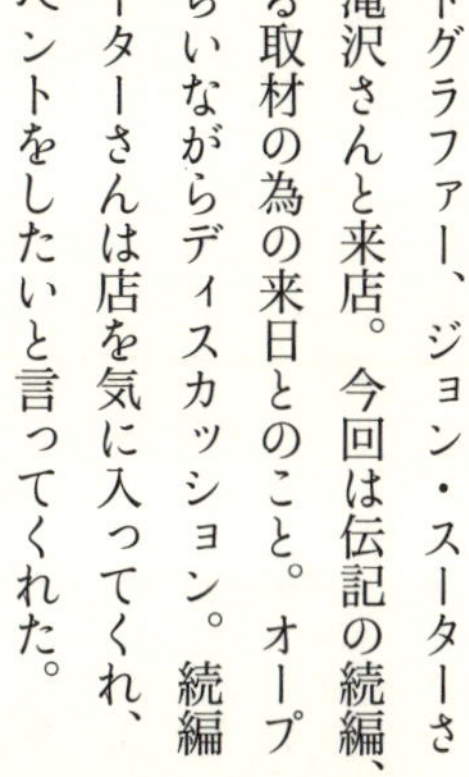

『POETS ON THE PEAKS』
John Suiter (2002)
http://www.poetsonthepeaks.com

トラック・メーカー
ラップ等のバック・ミュージック（トラック）を作る人。

リバイアス・ミュージック
「フォース・オブ・ネイチャー」「DEV LARGE」等良質のヒップ・ホップを量産する、日本を代表するレーベル。
http://www.libyus.com/

から始まる瞬間はぞくぞくする。
　夜は火曜日の定例編集会議。昨日スーターさんに出会ったことにより、海外でのニーズがより詳しくわかったので、ミーティングも具体的な内容になってきた。後半は各自担当に分かれて、『ユリイカ』等のバックナンバーから徹底的にビート関連の文献を検索したり、資料を調べたり。そしてレーベル・ロゴがついに完成。

四月二十八日　初対面の同窓会　タカツキ・リリパ

　元ＣＣＣ同期で日経ＢＰの編集をしている松川さんがロケハンで来店。お互い名前は知っていたが、今日が初対面。三百人の同期と共に入社したけれど、直接会ったことのある人は少なく、退職後に初めて知り合った人も多い。同行のライターさんを待つ間、ＣＣＣ時代の想い出話や共通の友人たちの話題で盛り上がる。初対面なのに同窓会みたいで不思議な時間だった。
　下北沢のライブハウスでタカツキのアナログ・レコード「Ready to go」のリリース・パーティー。深夜〇時にスタートし、ＤＪプレイを挟んだ二部構成。前半はタカツキ率いるサムライトループスのメンバー、Y.O.G.のソロで始まり、今回のカップリング曲に収録されたＳＵＩＫＡが二番手。昨晩京都でライブがあり、日帰りを強行したメンバーは、楽屋ではさすがに疲れの色が見られたが、京都の熱狂的なオーディエンスからいいパワーをもらったらしく、ステージ上では気合ばっちりの演奏を見せてくれた。本格的なライブハウスでのステージを観たのは初めてだけれど、なかなか堂々のパフォーマンスで、安心して観ていられた。このまま回数をこなしていけば、ますます良くなっていくだろう。

http://www.flying-books.com/records.htm

「タカツキ・リリースパーティー」フライヤー

トリはもちろんウッド・ベースの吟遊詩人タカツキ。ドラムにコパ・サルーヴォのピーチ岩崎さん、キーボードにタケウチカズタケを従えたトリオ編成。この日のパフォーマンスには正直驚いた。気迫のこもったステージでタカツキの旅の相棒はブンブンうなり声を上げ、パーカッシブなバンドの演奏と共鳴し、ジャズ・トリオと見間違うほどの迫力を見せてくれた。今までの曲にも新たなアレンジが加えられ、アップテンポで次々と紡がれていく詩の世界は圧巻だ。時々リハーサル風景を見ていたが、確実にその成果を発揮したライブだった。

四月三十日　ボロボロでキラキラの一冊

明治古典会の特選市。先週に続き、戦前のロシアバレエ関係の資料が出品される。ひっそりと狙っていたのがコクトーの一九五二年刊の詩集『数字七』。出版人で詩人でもあるピエール・セゲルスの依頼によって書かれ、限定千九百部、ナンバー入で発行されたこの本は表紙にコクトー自身の手によるリトグラフが施され、各章の頭文字だけを色刷りにした現代的なタイポグラフィーとレイアウトが素晴らしい。以前、東急Ｂｕｎｋａｍｕｒａの「ジャン・コクトー展」の売店でショーケースに並べられていた時には手が出せず涙をのんだ。四年越しでやっと手に入れた詩集は、今この手の中できらきら輝いている。

『Le Chiffre sept』
Jean Coctesu（1952）

五月三日　偉大なるミッフィーちゃん

友人に「観に行かないと人生の何パーセントかを損する」と言われ、横浜で開催中の「ディック・ブルーナ展」に足を運ぶ。うさこちゃんことミッフィーちゃんは子供にも人気がある上に、ゴールデンウィークなので、混雑を避けるため終了間際の遅い時間を狙って駆け込む。

すべて手書き、インクの滲みまで鮮やかな、おなじみのミッフィーちゃんの原画やシルクスクリーンはもちろん、デザイン・ワークの鍛錬の場だったと言う「ブラック・ベア・シリーズ」をはじめとする膨大な数のペーパー・バックの装幀（なんと二十年で二千冊以上！）、後年の壁画や切手、社会活動のポスター等グラフィック・デザイナーとしての作品まで、ブルーナ作品のクオリティの高さと共に、活動するフィールドの広さを実感させられるエキシビションだった。手作業というのが信じられないほど整った直線や円を用いた構図、太く力強い黒の輪郭、最小限の色数が心地良くすっきりした配色、ｅｔｃ。あらためて子供から大人まで人々を魅了するブルーナの魅力を体感できた。

五月四日　日本最終上演

ジャン・コクトーの映画「オルフェ」の日本最終上映となるモーニング・ショウを観に行く。大半のコクトーの映画はビデオで見たが、劇場でみるのはこれが初めて。コクトーの創り出す耽美的なポエジーの世界は言葉や絵画、そして映像とあらゆるものに形を変え、人々の心に入り込んで来る。ギリシア神話の「オルフェウス伝説」がモチーフで、詩人オルフェが不思議な鏡が隔てた生と死、愛と嫉妬の狭間を彷徨う。カーラジオから流れるコクトー自身による詩の朗読が暗示的な役割を担い、特撮技術などない時代に、水面や逆回転などの手法を使い巧みに幻想世界を創り出す詩人の想像力には脱帽だ。この映画はコクトーにとって総合的なポエジーとしての作品なのだろう。

昨秋、映画「オルフェ」が作られてから半世紀以上経ったパリを訪れた。ポンピドゥ

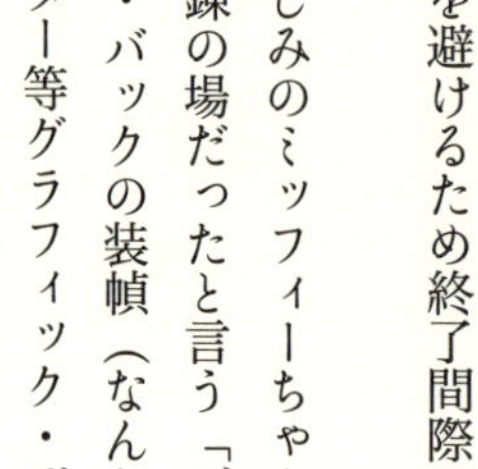

ディック・ブルーナ展カタログ
ブルーナ公式サイト
http://www.miffy.com

オルフェ
監督・脚本：ジャン・コクトー
音楽：ジョルジュ・オーリック
出演：ジャン・マレー、マリア・ガザレス他（一九五一年フランス）

ー・センターではコクトーの回顧展が催され、歴史的創作とテクノロジーの融合により、見事に詩人の世界観が再現されていた。映画の中でオルフェが通う「詩人カフェ」は訪れてみたい場所のひとつだが、もはやそれは叶わない。モチーフはサンジェルマンの「カフェ・ド・フロール」だったが、そこはすでにスノビッシュな観光名所になってしまった。

五月五日

深夜まで店に溜まった本の整理。連休の市場が休みの時に一気に片付けないと、後が大変になるのだ。

五月七日　言葉づくしの一夜

明治古典会。夜は青山のセレクト・ショップ、スプートニク・パッドでナナオサカキの詩集『犬も歩けば』出版パーティー。見慣れない植栽でデコレートされた、カリフォルニアをイメージしたという気持ちのよい三階のテラスで、キャンドルの明かりだけで行われたリーディング。八十歳を超える詩人は、移動の疲れもあってか、リーディング自体はさらっとした感じで流れていったが、圧倒的な存在感と張りのある大きな声で二十年以上ぶりに復刊された第一詩集からの作品を詠み上げた。人を呼び寄せる力も健在で、フーゲツのＪＵＮさんや、ほびっと村のゆりさんらと久々に会うことが出来た。

深夜は歌舞伎町で「ＳＳＷＳ」。緩急を付けたオリジナル・フロウが武器のラッパー、ＧＷＥが突出していた。ラップは大抵早口なものだが、その中でもきちんとメッセージが聞き取れる人と、何を言っているのかまったくわからない人とで明暗が分かれる。生

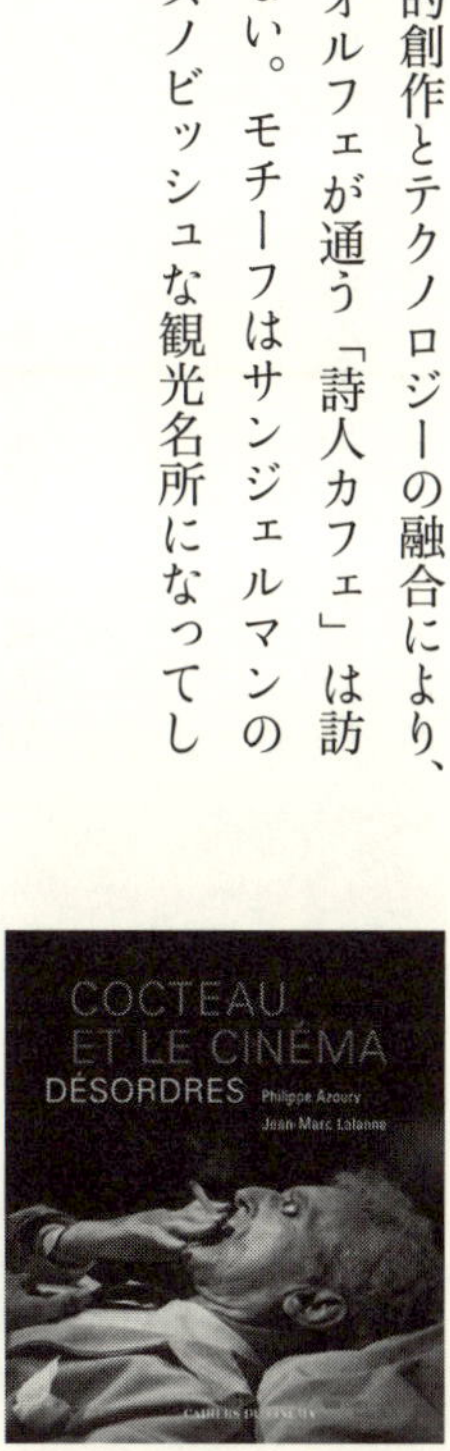

二〇〇三年、パリで催された回顧展に際して出版されたコクトーの映画に関するカタログ。

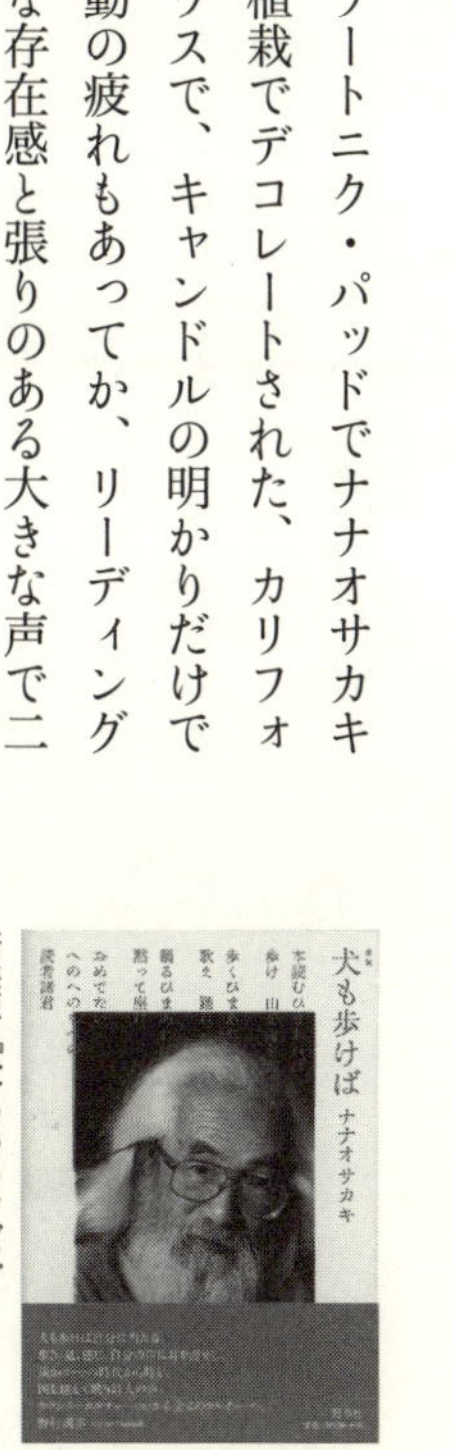

新装版『犬もあるけば』
ナナオサカキ
（野草社　二〇〇四年）

まれつきの声質もあるが、滑舌のトレーニングをすることによってだいぶ変わるそうだ。いずれにせよオーディエンスの側に立てないアーティストが成功を掴むことは難しいだろう。

五月八日　ミーティング・ラッシュ

ＳＵＩＫＡのＣＤリリースに向けたミーティング・ラッシュ。まず目黒でプロモーション・ビデオ（ＰＶ）ミーティング。結局こちら側のコンテンツに対しての意見もまとまらず、制作スケジュールが遅れてしまった。十分な放映期間が取れ無くなる可能性が出てしまい、映像制作はコストがかかることもあり今回は見送ることになった。ＰＶには「販売の為のプロモーション素材」「映像作品」という側面があり、その両者に対してクオリティを追求しなければならないのでとても難しい。

カズタケの誕生日ということで、ケーキを買って店に戻り、制作をお願いすることになった大吾を交えてＣＤジャケットの打ち合わせ。「感覚」「テイスト」など文章にはしづらい部分が大切になってくるので、制作者とメンバーとで確認の意味も含めてのミーティング。そのまま夜は飲み会となり、カメラマンのじゅんさん、エクストリーム・スキーヤーの我妻さんをはじめイラストレーター、スチュワーデス、不動産屋、草月流師範などが入り乱れ夜更けまで盛り上がる。

五月十一日　ロックと本とアウトドア

お世話になっている滝沢さんの「山と渓谷社」と、以前よく原稿を書かせてもらった野外フェスに強いフリー・ペーパー『バランス』が共同で、「フジ・ロック・フェステ

『バランス』
http://www.balance-web.com/

ィバル」に向けて新しいフリー・ペーパーを作ることになった。野外フェスを快適に楽しむには防寒やテント張りなどアウトドアのスキルや装備が重要な要素となる。渋谷周辺にCDショップが多いのは周知の事実だと思うが、実は「パタゴニア」や「ノース・フェース」など人気ショップのフラッグシップ店をはじめ、アウトドア・ショップも多く点在している。このフジ・ロックに不可欠な二つのシーンを融合していくのが今回の企画だそうだ。

僕自身、以前このイベントのスタッフを務めたこともあり、今回は野外フェスと本を絡めたコラムを書くことになった。普通、読書とアウトドアは相反する要素に思われるが、テントに足を突っ込んだまま、上半身だけ外に出て、陽の下で本を読むのはとても気持ちいい。雨はちょっと苦手だけど、大抵テントを張るときは本を一、二冊持っていくことにしている。そして、今回は訪れる夏の足音と共に徐々に気分を盛り立ててくれる写真集をテーマに書くことにした。

「本から学ぶラブ&ピース」

楽しい時間はあっという間に過ぎ去ってしまう。夏のロック・フェスもそんな短く華やかに咲いて消えてしまう花火の様なもの。だけど、イベントの楽しみは決して当日だけではない。事前の準備やタイムテーブル等に想いを巡らしている期間もそれはそれで楽しいひとときで、なおかつこちらの時間の方が圧倒的に長い。ロック・フェスの写真集はそんな時間の楽しみや期待感を増幅させてくれるツールだ。

ここで紹介するのは一九七一年にアメリカで行われたフェス『celebration of life』の記録写真集。写真家・奈良原一高が個人的記録として肩の力を抜いて作った一冊。

『FES.04』

『celebration of life 〈生きる歓び〉』（奈良原）一高（毎日新聞社　一九七二年）

今のフェスほど充実したアトラクションはないけれど、川や草原で思い思いにフェスを楽しむ若者や家族連れ、そして動物まで。その様子はさながら「原始遊園地」。ラブ&ピースな空気がいっぱい詰まった、フェスを楽しむ教科書にしたいような一冊。

またアウトドアと読書は意外と相性がいいもの。もちろん野外フェスに行くときも、バックパックの中にお気に入りの本を数冊忍ばせておく。メインステージで贔屓のバンドの演奏を最前列で観るのも重要だけど、アバロンやフィールド・オブ・ヘブンあたりのちょっと離れた木陰で、少し離れたステージから聞こえてくるBGMをバックにパティ・スミスあたりの詩集をめくるのも、お奨めのフジ・ロックの楽しみ方のひとつだ。

五月十四日　新感覚文芸誌

明治古典会。大量に出品された戦前の印刷関連資料が並ぶ。印刷の手法、インク、紙には時代性が色濃く出ていておもしろい。今ほど大量生産されていなかった頃の印刷物、特に古いインクの香りが好きなので、相場がわからないながらも自分の許容範囲でトライしたが、結局一点も落札できず。無念。

店に戻るとアメリカにオーダーしていた新感覚の文芸誌『ゾエトロープ』が届いていた。一般的に文芸誌というと日本でも欧米でも活字ばかりで地味なイメージのものが多いが、毎回ゲスト・デザイナーを迎え、毎号様変わりする斬新なアートワークのこの雑誌はその佇まいからしてカルチャー雑誌のようだ。それもそのはず、この雑誌の発行人は映画監督の巨匠フランシス・コッポラなのだ。新人ばかりでなく、ヴァージニア・ウルフやフォークナーなどのマスター・ピースを取り入れるバランス感覚もよい。ゲスト

『Zoetrope all story』
http://www.all-story.com

・デザイナーもトーキング・ヘッズで知られるミュージシャンのデヴィッド・バーン、写真家のヘルムート・ニュートン、詩人のローレンス・ファーリンゲティなど、それぞれ本来のジャンルとアート界を橋渡ししている重要人物ばかり。現在はＡ４版の冊子だが、以前のタブロイド版も捨てがたい。チープで長期保存には向かないけれど、永久に残したいような内容・デザインのものには強く惹かれる。

夜は大吾とＣＤの盤面デザインの打ち合わせと、イラストレーターのゾネとブックレット用のカットの打ち合わせ。各曲の歌詞に合わせて描いてもらうことになり、全十八曲ということで絵も十八枚。フル・カラーは予算的に不可能なので、モノクロで描いてもらう。時間の無い中、無理を言って申し訳ないが、この役にはＳＵＩＫＡの結成前からメンバーをよく知る彼女しかいないと思う。

五月十八日　古本のオーラ

洋書会大市の入札で神田へ。六〇年代くらいまでの建築関連の洋書がフロアの広範に陳列されている。本当にいい本にはオーラがあり、個々のタイトルを見なくても、束の状態をパッと見ただけで価値があり、値段も高くなるのがわかる。とてもではないがすべて落札を試みるほどの予算もないので、ある程度絞り込むことにし、本気で落としに行くものと、とりあえず参加するだけのものとに見当をつけ入札を開始。当然、他の古本屋さんたちも「本気」の札を入れてくる。バウハウスやコルビジェ関連の見たこともないようなお宝が並ぶ最終台は残念ながら完敗だった。

アメリカのイラストレーター、ソール・スタインバーグのほとんどが絶版のイラスト集（何冊かはサイン入！）が入った束と、パリの古本屋でしか見たことがないコルビジ

ソール・スタインバーグ（1914〜1999）
イラストレーター。ルーマニア出身。シンプルなラインが特徴の漫画的な手法を用い、ユーモラスかつ風刺に富んだイラストやドローイングを描いた。

『ALL IN LINE』
SAUL STEINBERG（1945）

ル・コルビジェ（1887〜1965）
建築家、デザイナー。スイス出身。二十世紀建築の三大巨匠と呼ばれ、多くのデザイナーに影響を与え、家具デザイン、絵画、彫刻、都市計画などにも才能を発揮した。東京上野の「国立西洋美術館」もコルビジェのデザイン。

ェ全集のオリジナル揃、個人的に好きなマルセル・ブロイヤーを含む建築書の束などは落札でき、ほっとする。今日みたいな日に手ぶらで帰ったら自己嫌悪になりそう。

五月二十日　いろいろな紙

雨の中、大吾と竹橋の竹尾紙見本帖にＣＤジャケットの切り絵とブックレット用の紙を選びに行く。様々な風合いの肌を持つきれいな紙たちは、何も印刷されていないのにもかかわらず、何時間見ていても飽きない。

切り絵で使う五つの色全て、それぞれ数種類の候補を選び出し、その中からベストの取り合わせを決定していく。黒だけでも、光を吸い込むもの、はじくもの、いろいろなものがあっておもしろい。ブックレット用はリリック（歌詞）とゾネのイラストが共に映えそうな淡い色を十五色ほど選び、すべて同じ条件で試し刷りをし、ベストのものを選ぶことにした。

その後、カフェで全曲のリリックの校正。音で聴くのと、文字で見るのとはまた違った味わいでおもしろい。

五月二十二日　目録制作

神田の古書会館で明治古典会の七夕古書大入札会（以下、七夕大市）の目録に使われる写真のスキャニング作業をする。目録編集のやり方はここ数年で大きく変わった。以前は紙焼きの写真と方眼紙、トレーシング・ペーパーで割付作業をしていたが、最近はコンピューターがフルに使われる。ＣＤ-ＲＯＭやフロッピーはそのまま画像をハードディスクに移し、紙焼きで提出されたものはスキャナーで取り込み、不要な部分にトリ

マルセル・ブロイヤー
（1902〜1981）
ハンガリー出身。建築家・インテリアデザイナー。バウハウスの一期生で、アームチェアはあまりに有名。

『MARCEL BREUER 1921-1961』
（1962）

竹尾紙見本帖本店
様々な肌、色の紙見本を常時三千種類見ることができる。デザインや印刷に興味がある人は二階ギャラリーも必見。
東京都千代田区神田錦町３−18−３
（03−3292−3631）
http://www.takeo.co.jp/

ミングを掛けていく。扱っている画像の本の金額の高さを考えると、トリミングもつい緻密になり、夕方には目の疲労もピークに達していた。

日経流通新聞にＳＵＩＫＡの記事が出た。メンバーのカラー写真入り。先日ＷＥＢの告知を見た新聞社が取材に来てくれたのだ。日経流通にヒップ・ホップの音楽レーベルのことが載ったことは今までないはず。新しいことで取り上げてもらえるのはうれしい。

五月二十四日　一つになる三つの世界

この数日間、ＳＵＩＫＡのフロントを務める三人のラッパー、詩人がブックレットに載せるリリックの校正をしに入れ代わり立ち代わり来店。今日はタカツキの番。三人三様の詩の世界がおもしろいのだが、同じフレーズも人によって書き方に違いが出てしまうので、一つの曲になる時はある程度の整合性が必要になってくる。編集作業の際、曲のイメージが変わらない範囲で表記を統一させてもらい、個々のアーティストに確認を取る作業を行った。

ＣＤのリリースに併せたフライヤーを作成。シンプルだが、インパクトのあるＣＤジャケットのデザインをそのまま活かしたもの。今回の一連のプロモーションはこのイメージを反復させ、視覚的なイメージでも記憶してもらいたいというのが狙い。

五月二十六日　月の庭

三重県のオーガニック・レストラン「月の庭」の岡田さんが来店。店と同名の著書を頂く。以前からナーガさんや内田ボブさんがライブをしていたので、名前はよく聞いていたが実際会うのは初めてだ。暖かい生活をまず自分にできることから、ゆっくりと実

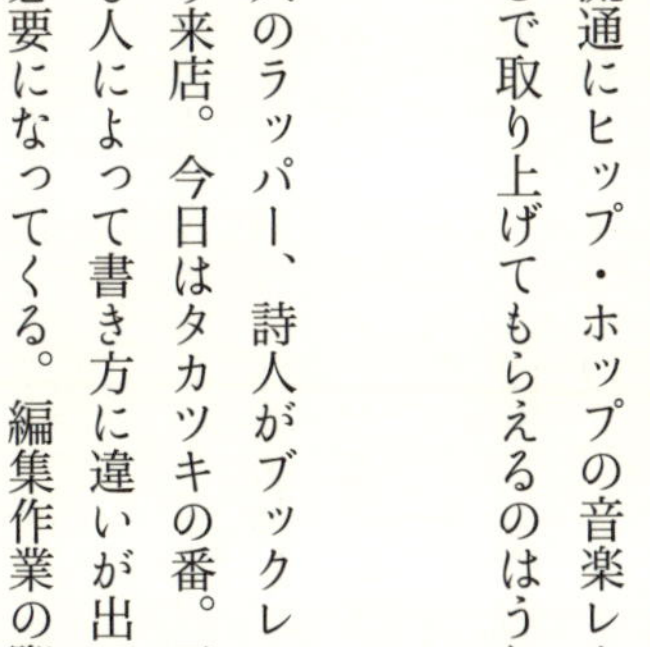

SUIKA
リリース・フライヤー

オーガニック・カフェ＆レストラン月の庭
三重県亀山市西町４３８
(059-582-0252)
http://www.za.ztv.ne.jp/tuki-niwa/

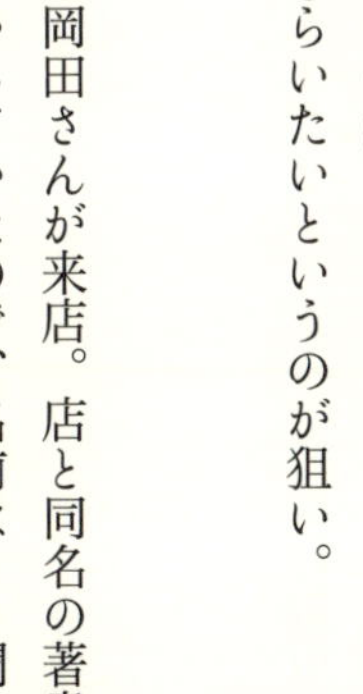

『月の庭　オーガニックに生きる　食べる　語らう』
岡田昌・香織著（月兎舎）

践し、心から勧めることのできるオーガニック料理だけを提供している岡田さんのライフ・スタイルをうらやましく思う。都会の中で、そのスピードに巻き込まれずに生きていくことがなんと難しいことか。

五月二十七日　営業・営業・営業！

ひたすらＣＤ営業の一日。複数店舗網を持つディストリビューターや、直接取引きするショップを回る。初めに向かったのは銀座、営業の帰り際に秀友画廊に立ち寄り、キュレーターの当麻さんが渡米前最後に手がける陶磁の個展に顔を出す。昼間の銀座のギャラリーは一種独特の雰囲気で、時間もお金も豊かな人の集まるサロン的な空気が漂っていた。上薬の色ではなく、天然の土のみで真っ赤に焼きあがった大きなオブジェなど、アメリカ歴の長い当麻さんらしいセレクション。伝統的な手法とアヴァンギャルドなデザインが融合されたおもしろい作品が多かった。

一度店に戻った後、カズタケと合流し駒場から下北沢まで営業回り。今まで経験の無かった、カバンに資料を詰め込み、スーツを着ての営業は、初めて就職活動した時のようで少しどきどきする。これまではどちらかというと営業される側。アポイントすらなかなか取ってもらえなかったり、やっと会えても冷たくあしらわれたり、というのは新鮮な経験で、簡単にいかないことが何故か楽しくもある。今までは面倒なので営業マンの応対がきらいだったが、少しは営業マンの気持ちもわかって来たので、これからはもうちょっとやさしくなれるかも。

五月二十九日　念願のスケボー

ＮＹのスケートボーダーのコミュニティに入り込み、自身もスケートボードを乗りこなすカメラマンの渋谷ゆりちゃんが来店。約束していたスケボーのホイール（タイヤ）をもらう。さっそく教えてもらったキャット・ストリートのショップへ新しいボードを新調しにいく。去年の秋にゆりちゃんが連れてきたＮＹのプロ・ボーダー、マイクにちょっと借りて深夜の青山通りを滑って以来、実はずっと欲しかった。以前持っていたものは中学時代にプレゼントされたもので、今回が自分で買う初めてのボードになる。本体は木目が美しいシンプルなものを選び、タイヤとボードをつなぐデッキはゆりちゃんお勧めの新しく開発された軽い素材のもの、それを止めるビスだけちょっと色気を出して蓄光素材にした。青山ブックセンターのエキシビションに向かう途中、うれしさのあまりさっそく乗るが、青山通りの路地裏で転びそうになる。いい年して、擦りむいている場合ではないのだが。十代の頃は友達と時々乗っていたが、最近はご無沙汰で、名古屋時代、パンクした自転車の替わりに、捨ててあったボードに乗って出勤した時以来だ。

この日は、明け方に一時間以上かけてボードで帰宅。スケボーの上達には、まず体が慣れて、ボードと一体となるのが一番と思ったのだが……。公道を走るのはいけないことらしく、明るくなりかけたころ、おまわりさんに注意されてしまった。こちらのあまりの汗と、必死な表情に今日は許してくれたけれど。

渋谷ゆり
世界を渡り歩く女性カメラマンが撮る作品は、被写体となる人たちの心の中を写し出している。そこに写っているのは風景ではなくリアリティ。
http://www.yurishibuya.com

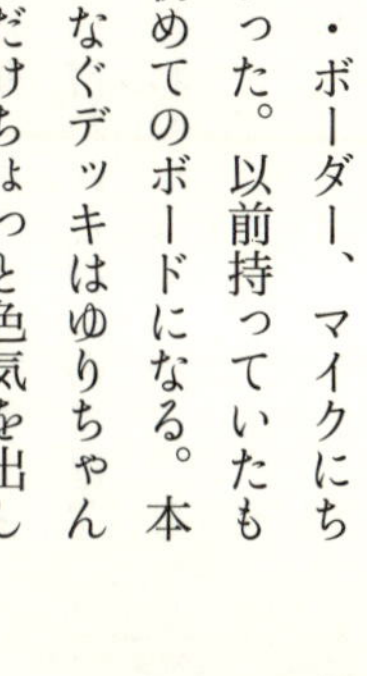

『street sounds 2』
渋谷ゆり（二〇〇四年）
ＮＹラテン系社会のドキュメント。

五月三十日　初ＣＳ収録

ＣＤのブックレット制作もいよいよ大詰め。カトヨとゾネと打ち合わせ。夜は下北沢に新しくできたＣＤショップ兼カフェ「モナ・レコーズ」でＳＵＩＫＡのライブ。初めてＣＳ放送の音楽番組のカメラが入るライブ、客席との距離が近いアットホームな空間

モナ・レコーズ
下北沢の新しい情報発信基地はカフェ＆レコード・ショップ＆ライブ・スペースの落ち着ける不思議な空間。
東京都世田谷区北沢２−13−５伊奈ビル２Ｆ
（03−5787−3326）
http://www.mona-records.com

で、のびのびしたパフォーマンスとなった。打ち上げの余韻を楽しむ間もなく、再びゾネと店に戻り深夜まで制作。

六月三日　四階ショールーム

竹橋の竹尾紙見本帖へCDブックレット用の紙サンプルの追加を買いに行く。途中、小宮山書店さんに立ち寄り、今度書く雑誌原稿用の資料を購入。小宮山さんの四階ショールームは稀覯本、肉筆原稿、色紙などがひしめくまさにギャラリーのようなスペース。ビジュアル重視のフルカラー古書目録を発行など、斬新なアイデアを次々具体化していく、四代目慶太さんの思い切った行動力にはいつもいい刺激を与えてもらっている。

六月六日　重労働の甲斐あって

古書の買い取りで代官山へ。旧山手通りの裏は古いマンションや団地が多く、そのほとんどはエレベーターが無いので本を運ぶのはかなりの重労働となる。雨が降っていて湿気の多いこんな日は最悪だ。しかし、今日の買い取りは大当たり。某人気セレクト・ショップの創業メンバーの人だけあってセンスが良く、一般的に言われる貴重書ではなく、これまであまり見向きもされなかったけれど、編集者のこだわりが強く今読んでも十分おもしろい、八〇年代周辺の雑誌やカタログを大切に持っていてくれた。こういう人の評価ではなく、自分の評価で本を持っていてくれる人に出会えるのはうれしい。

夕方、雑誌の原稿書きの為、銀座に新しくオープンした資生堂のギャラリー兼アーカイヴ「ハウス・オブ・シセイドウ」に足を運ぶ。お目当ての機関誌『花椿』は合本になって一九三七年の創刊号から最新号まで揃っていた。充実のライブラリー設備は、自社

小宮山書店
東京都千代田区神田神保町1−7
(03−3291−0495)
http://www.book-kanda.or.jp/kosyo/1021/

ハウス・オブ・シセイドウ
一階は企画展を中心としたギャラリー・スペース、二階は日本の広告美術を牽引してきた資生堂の企業文化が蓄積されたアーカイヴ。丸一日居ても飽きない。
東京都中央区銀座7−5−5
(03−3571−0401)
http://www.shiseido.co.jp/house-of-shiseido/

の商品デザインや販促物が日本の商業美術史の中で重要な位置にあることを自覚している証拠なのだと思う。コピー機が置いてあるのがうれしい配慮だ。

ＳＵＩＫＡメンバーと合流し、スペースシャワーＴＶへスタジオ見学に。店に戻ってブックレットの編集作業をし、明け方その足で印刷屋のポストに直接投函し、長い一日が終わった。

六月七日　『花椿』

昨日集めた資料を加え、一気に原稿を書き上げる。今まで寄稿したことのないファッション誌だったので、短期間で書き上げられるか不安ではあったが、指定された年代が、以前古書カタログ作成時にどっぷり浸かった時代なので一気に書けた。

「呼応し合うファッションと文化〜六〇年〜七〇年代の花椿を振り返って〜」

（『流行通信』　二〇〇四年八月号より）

アングラ演劇の鬼才が寄せたロマンスの詩と、写真のコラボレーション。前衛的グラフィック・デザイナーによる遊び心満載のイラストレーション。耽美派幻想作家が二年間書き綴った「女のエピソード」。

六〇年代に入り日本は高度成長を迎え、東京オリンピック開催などを経て消費文化の盛り上がりも加速化していった。その一方、既成の価値観に反旗を翻したアヴァンギャルドたちによる、文学や演劇、アートなどの枠に捉えきることの出来ないアンダーグラウンド・カルチャーが輝いた時代でもあった。その中心にいたのが寺山修司、

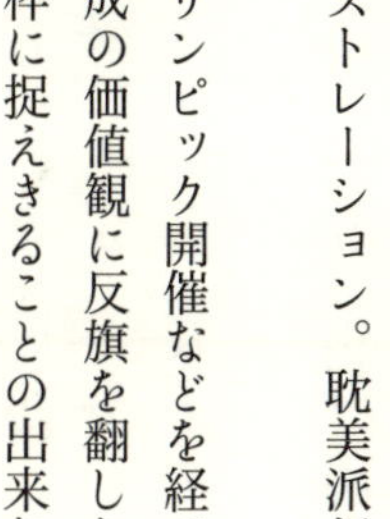

『流行通信』二〇〇四年八月号資生堂特集

横尾忠則、澁澤龍彦らである。

そんなアヴァンギャルドたちにいち早く目をつけるのみならず、企業の看板とも言える広報誌『花椿』に大胆に起用した、資生堂の先進性と潔さ。それこそが大正時代から現在に至るまで、日本の女性・男性を魅了し、ファッション&ビューティーを牽引してきたトップメーカーの魅力の一つと言える。

ファッションと文化は共に時代の感性に敏感に反応し、相互に影響し合っていくもの。その最先端にいるアーティストを起用し、文化誌としてもハイクオリティに仕立て上げられた誌面は今見ても決して色あせることがない。今でこそ、企業のアイデンティティを直接的なメッセージ広告ではなく、それを象徴するイメージでプロモーションしていく手法は一般的になっているが、それをこの時期から取り入れている先見性が素晴らしい。

また、六〇年〜七〇年代の『花椿』を語る上で欠かすことのできないのが、七十二年にADC賞受賞した仲條正義らアートディレクターの存在だ。資生堂の文化への取り組み、その最前線で常に実験を繰り返す個性豊かな鬼才たち、それを敏感に感じ取った仲條らアートディレクターの感性、これらの要素が奏でるハーモニーの結晶がこの『花椿』だと言えるだろう。

この資生堂の企業文化とも言える『花椿』の変遷は、四月に銀座にオープンした「ハウス・オブ・シセイドウ」のアーカイヴで閲覧することが出来る。是非、オリジナルを手に取って当時の熱い息づかいに触れてみて欲しい。

六月十一日　ボヘミアンズ・ギルド、オープン！

明治古典会。日本版『ホール・アース・カタログ』とでも言うべき一九七五年発行の『メイド・イン・ＵＳＡカタログ』を含む束を落札。もう既に何人もから探求依頼をされている本だが、なかなか見つからなかった。そんなに古いものではないのだが、ソフトカバーで雑誌の様な装幀ということもあり、大切にされにくく、大抵は捨てられてしまっているようだ。

夏目滋さんの新しい店「ボヘミアンズ・ギルド」のオープン日。市会終了後みんなでお祝いに行く。お酒を買い込み、滋さんの好きなピザのデリバリーを頼んで楽しいひととき。奥はガラスのショーケースに貴重な限定本や草稿が並び、手前は木目の什器にダウンライトというお洒落な店内で、ベンチに座りテーブルでゆっくり本を読み、選ぶことができる。何より作家の肉筆原稿の品揃えがすごい。半分書店、半分ギャラリーのような長居したくなるお店。

六月十二日　フランス→日本→アメリカ

夜、インテリア・デザイナーの藤城君がアメリカのデザイナー、ロス・メネズさんらを連れて来店。昨秋にパリで仕入れたフレンチ・コミックをずっと探していたらしく、まだ店頭には出していなかったのだが、譲ってあげることにした。ロスさんは大喜び。あの本は彼のところに行く為に、フランスから日本を経由する運命だったのだろう。

六月十三日　色校正に苦戦

ゾネが兄弟デュオの「ｎｉｔｔ」を連れてくる。ラジオの企画で三カ月間、東南アジアを放浪するというので、ジョグジャカルタの友人イサベラを紹介する。毎週末の放送

『メイド・イン・ＵＳＡカタログ』
（読売新聞社　一九七五年）

ボヘミアンズ・ギルド
東京都千代田区神田小川町3-26
(03-3294-3300)
http://www.natsume-books.com/

ｎｉｔｔ
広島出身の兄弟デュオ。歌や、ラジオでそのピュアな人柄をいかんなく発揮。
http://www.worldapart.co.jp/nitt/

と、ＷＥＢで随時旅の中継がされるらしい。もう何年もアジアを旅していないので、兄弟がとてもうらやましい。

大吾とＣＤジャケットの印刷の色味が理想に近づくよう、考えられる可能性を徹底的に洗い出す。修正したデータ・パターンを数種キンコースで出力し検証した。リリースに向けて時間的余裕がないので、切り絵の最終的なパターンと、それでも思うように出力されなかった場合の保険として、デジタル・データと切り絵を併用したパターン、二つを色校正出力に回すことにした。微調整を加えているうちにすっかり夜も更け、入稿データを印刷屋のポストに直接投函したころにはすでに明るくなっていた。

六月十六日　チベット仮想旅

大学で仏教を学ぶ女性ラッパー、ＳＡＳＡが来店。夏休みに卒論の研修も兼ねてチベット、ネパール、インドを旅するというので、近所のネパール料理屋で、以前旅した時の話をする。ラサに一軒しかない、おいしい手作りアイスクリーム屋さんや、エベレストの麓にある秘密の祠などガイドブックには載っていないお勧めスポットを教える。アジアの極地で生まれた精神世界と、長年の抑圧によって社会の底辺から沸き起こった黒人音楽の融合。聖地から帰ったＳＡＳＡがどんなラップを書くか楽しみ。

地図を見ながら記憶を辿り、自分が旅したルートを追いながら話をするうちに、当時の光景が鮮明に甦り、楽しい仮想旅行となった。当時は学生だったので、あれから実に七年。中国による政治的な開発が急速に進行しているというチベットは町の景観もだいぶ変わってしまったはずだ。一緒に写真を撮った少年僧も今では立派なラマ僧になっていることだろう。素朴な魅力が残っているうちにまた訪れたいが、交通の便が悪い上に、

TOKYO FM
「NEC ON THE ROAD, AGAIN」
http://www.tfm.co.jp/101/
旅のレポートがここで見られる。

ネパールレストラン・カンティプール
ほうれん草をペースト状にしたサグ・カレーや、チベット料理のモモがおすすめ。
東京都渋谷区桜丘町１６-６サンライズ桜丘Ｂ１Ｆ
（0037-606-51361）

高地順応に時間を要するチベット旅行は短期間では不可能だ。再び神聖な不毛の地を踏めるのはいつになるだろうか。

六月二十日　SUIKA完パケ

ポエトリー・リーディング・シーン周辺で活躍するクリエイター、鈴木貴士君のショート・フィルム「FANTASTIC WORLD」の撮影。キャストも詩人さんが多いのだろうか、顔を知っている人も何人かいた。一シーンにエキストラで出演させてもらう。秋には完成予定とのこと。

ＳＵＩＫＡメンバー、制作スタッフが集合し、ＣＤの梱包封入作業。各自白手袋をはめ、ＣＤを専用の紙封筒に入れ、両面テープでそれをブックレットに貼り込む。さらにビニールに入れて封をしたら完成。自分たちの作品が完成していくのはうれしいが、何しろ数が三千もあるので、気の遠くなる作業だ。外注するととんでもない額になるだけあってやはり大変な作業となり、ひたすら続けた夕方にはみんな変なテンションになっていた。週末のリリース・パーティーに何とか間に合いほっとする。

六月二十四日　株主総会

カルチュア・コンビニエンス・クラブの株主総会。以前お世話になった会社の社長の話を聞ける一年に一度の楽しみでもある。本格的に音楽レーベルを始動するにあたって、エンターテイメント業界の全体的な動向を把握しておくのも重要なこと。目前の細かい事象に捉われてしまうと、大きな変化を見逃してしまい、時代に取り残されることになる。もはやライバルは各種音楽情報配信となり、携帯情報端末対既存のパッケージ・メ

「Harvest for the stripes」
SUIKA

ディアとの競争になっているのだ。外の業界の空気に触れる機会が以前より減ってしまった今、この総会は貴重な情報源でもあり、モチベーション・アップの活力源でもある。

六月二十六日　シール貼り

タカツキと大吾と合流し、ＣＤのパッケージに貼る、解説とキャンペーン用のシールを受け取りに新大久保の印刷屋さんへ。昼間に来ることはめったにないので、各国エスニック食堂が立ち並ぶこの街でランチをしていくことにする。今年の正月に火鍋を食べに行った、学生時代から行きつけの中華食堂が無くなっていた。いつ行っても日本語を喋っているのは自分たちだけ。ランチ・バイキングに蛙の唐揚げが出るような店で、旅に出たくて仕方がない時には束の間の旅情を与えてくれた店なのに。代わりに以前から気になっていた同じ通りのミャンマー料理屋に入る。昼時を過ぎた寂しい店内で、濃厚でコクがあるミャンマー風の納豆カレーやチキンカレーを食べた。

店に戻ってＡＴＯＭも加わり、ビル風が心地よく吹き抜ける屋上でひたすらＣＤにシールを貼っていく。ちょっと日差しが強いが、「ガリガリ君」アイスをかじりながらの作業は楽しく、日焼けと称して裸になる者も。夕方、疲れて集中力がなくなるまでひたすら貼り続けた。

夜は今月いっぱいで転職する竹尾と業務引継のミーティング。次に入るごし君に直接教えられる期間は三日しかないので、考えられる項目を二人で洗い出し、漏れがないようにきっちりスケジュールに落とし込んでいく。慣れてしまった日常業務を客観的に見ることはなかなかできないので、この際に今後もずっと使っていけるような引き継ぎマニュアルを作りたい。

あらばき協働印刷
「おばちゃん」こと関根さんは親身になって相談に乗ってくれる印刷のプロフェッショナル。大豆インク使用の地球にやさしい印刷屋。
東京都新宿区大久保２−10−２
山崎ビル１Ｆ
（03−3205−7871）
http://www.sanpal.co.jp/arabaki/

六月二十八日　時代を創った趣味人たち

ごし君が今日から店のアルバイト・スタッフとして勤務。うちの仕事は古本の部分だけでも特殊な作業が多い上に、カフェのレシピ等も覚えなくてはならない。これを機会に自分も含めて各業務フローを確認し、人によって個人差が出ていた部分を標準化しなくてはならない。それにはニュートラルな新人の目で見てもらい、疑問点などを洗い出してもらうのが一番だ。外資系レコード・ショップや、フジ・ロックなどでも活躍してきたごし君の今後の活躍に期待。

文生堂の西村さんがライターの赤羽さんと来店。秋に予定しているマガジンハウスでのバックナンバー・フェアの打ち合わせ。赤羽さんは雑誌『ＰＯＰＥＹＥ』などの創刊にかかわり、表紙を飾ったこともある名物ライターさん。車やオリーブ・オイルなどの話を聞いていると、八〇年代の『ＰＯＰＥＹＥ』や『ｍｏｎｏマガジン』に輝きを与えていたのは、大人だけど少年の探求心を忘れない、彼のような趣味人たちだったのだろうなとつくづく思った。

西村文生堂
二階、充実の探偵推理コーナーは必見。
東京都目黒区自由が丘2‒12‒19
(03‒3717‒6843)

六月二十九日　セニョリータ

朝早く、五反田で南部支部三十五周年記念式典のミーティング。編集を引き受けることになった記念写真帖の発行は当初来年のつもりだったが、十二月の式典で配布することになり、慌てて編集長の月の輪書林さんとスケジュールを立て直す。まずは、掲載する写真を支部員である古書店から集めることからスタート。

名古屋時代のバイト・スタッフで、現在メキシコ在住の溝口が顔を出す。面接時、メキシコ留学経験という経歴だけでもおもしろそうなので採用した子だ。少しおっちょこちょいな所に目をつぶれば、まじめに一生懸命がんばってくれるいいスタッフだった。大学卒業後、再びメキシコに渡り、現地の学校卒業後、翻訳などの仕事をしている。あれから五年以上経ったが、時々メキシコから来る便りに「今から思い出すと、ツタヤバイトのなんと楽しかったことか」と書いてくれるのがうれしい。今日のフライトでメキシコに戻るとのことなので、お昼に京風うどんと和菓子をご馳走する。

月の輪さんと、評論家の坪内祐三さんが来店。本や雑誌の記事はよく読むがお会いするのは初めて。先日入荷したばかりの著書『古くさいぞ私は』に署名をいただく。本人の前で月の輪さんは「さっそく目録に載せなよ、署名入りで」と言うが、そんなこと出来るわけないじゃないですか！　大体いつも自分で署名をもらったものは、売りづらくて今まで一度も販売したことがない。

六月三十日　分かれ道

常連のお客さんから、本の発送時の梱包についての注意をいただく。だんだん慣れてきて、本への愛情や、受け取る人への配慮が薄れ、事務的に作業をしてしまったことが原因。僕自身も含めていま一度気を引き締めて、相手の立場に立った仕事をする風潮を作っていかなければと思う。「やらされている仕事」「やらねばならないからする仕事」では、クオリティも落ちて当たり前、すべてを「自分自身で考え、自発的にやる仕事」にしなければならない。

三年間一緒に店を作って来た竹尾の最終出勤日。明日にはすぐに次の仕事が始まるそうだ。共有してきたもの、しきれなかったもの、いろいろあるが、とりあえずの分かれ道に辿り着いたわけだ。お互いから学んだことを無駄にせず、ここから先の道を歩んで

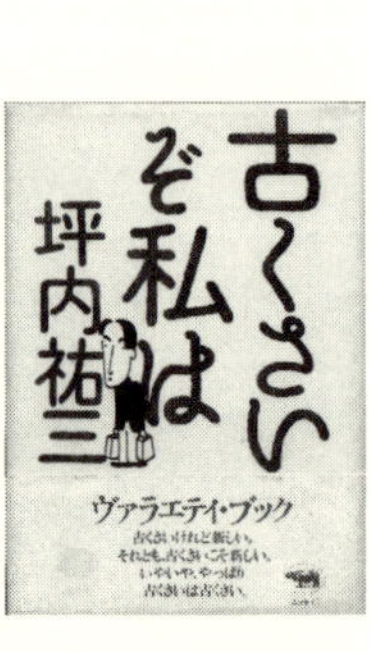

『古くさいぞ私は』坪内祐三（晶文社　二〇〇〇年）

いきたいと思う。

七月一日　追い込み、出荷

御茶ノ水、六本木、渋谷とＣＤの営業、最後の追い込み。やるだけのことはやったので、後はオーダーが来ることを祈るのみ。ディストリビューターに出荷作業。とりあえず初回は七百枚。無名の新人としてはまずまずと言ったところだろうか。今回のように既存のジャンルに当てはめられないアーティストは口コミも重要な要素なので、気を抜かず発売日後もしっかりプロモーションしていきたい。

七月二日　らんぶる

明治古典会。四谷シモンのドローイング他落札。今日の目玉は老舗クラシック喫茶「らんぶる」の五〇年代のレコード・ライブのパンフレット。今も新宿東口の裏に当時のままの内装で残っている本店は昭和の香りが色濃く残る憩いの場。レコード鑑賞会はいつまで開かれていたのだろうか。味のあるイラストのマッチ、パンフなど失われていくチープな宝物たちに惹かれて止まない。

らんぶる
東京都新宿区新宿3－31－3
（03－3352－3361）

七月六日　発売前日

ＳＵＩＫＡのＣＤ店着日。昼間は直接納品するお店を回るのに奔走する。夕方、渋谷の主要店舗での展開状況をリサーチ。いい場所に出してもらえているか、コメントを付けてもらえているかなど、まるで受験の結果発表を待つ心境。明日発売のタイトルが多いらしく、この日はまだそれほど店頭に出ていないのが現状だった。流行り廃りの激しい音楽業界は、発売からの二週間が勝負どころ。いち早く展開のフォローをすれば、結果も変わってくる。実際店頭に並ぶ明日以降、みんなで手分けし見て回ることにする。

七月七日〜十二日　明治古典会七夕古書大入札会

古書会館の二階から四階まで約三千点の良品が埋め尽くす、一年の中でも質量ともに一番とも言えるこの大市が、経営員として最後の仕事となる。見たこともないような逸品に出会うと興奮する気持ちを押さえることはもはや不可能。持ち回りで会場警備に当たるのだが、なんだかんだ理由をつけて、気になる本を何回も見に行ってしまう。正直、運営と入札の両立は難しいが、手ぶらで帰っては意味がない。入札は短時間ながら極限の集中をもって行う。

開札日、作業をしながら、会場アナウンスで発声される落札結果に耳だけ集中する。結果は、狙った八点中七点を落札する奇跡的な好成績。特にうれしかったのが、ロシアの建築家チェルニコフが、レニングラード周辺の都市計画を百一点の図版で作成し、リトグラフで印刷した『建築ファンタジー』と、吸い込まれるような漆黒と、光が輝いているように眩しい白、何度見てもため息が漏れるブラッサイの『夜のパリ』の初版を手に入れられたこと。たとえ永遠に所有することが叶わなくても、本当にいい本はその本が自分の手を通っていっただけで古本屋冥利に尽きる。

古書業界に入ってから三年と少し、経営員の仕事もこれで卒業と思うと寂しくもあったが、運営も無事終了し、その集大成とも言える入札結果を残せたことで満足を持って終えることができた。

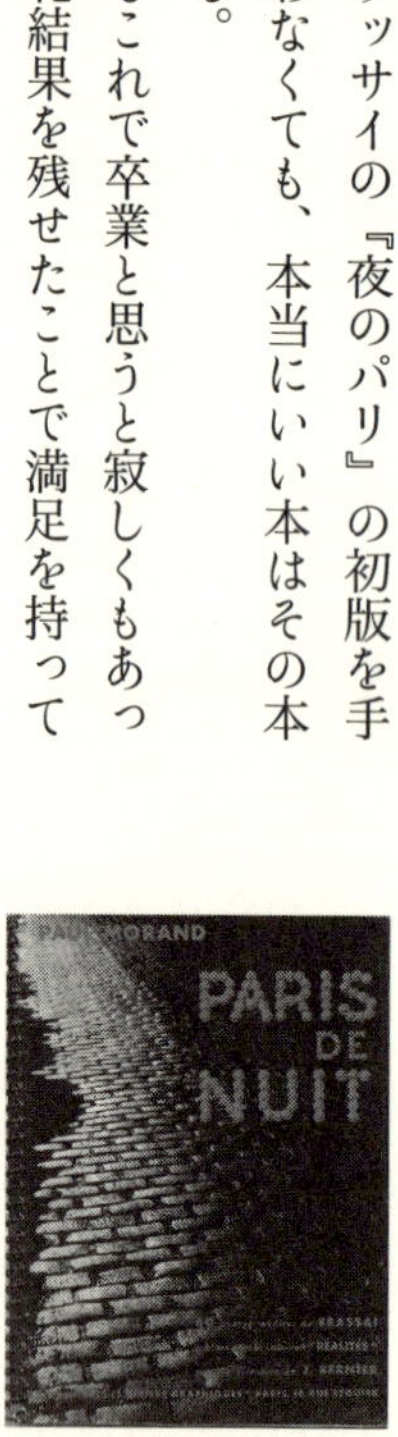

『PARIS DE NUIT』
Paul Morand, Brassaï（1932）

Ⅳ

フジ・ロック・フェスティバルと マガジンハウス「ROOTS&NEXT」

二〇〇四年七月十四日　旅の友

ロバート・ハリスさん宅へトランクをもらいにうかがう。ハリスさんが実際に旅に連れて行っていた年季の入った大きな皮製のトランクで、キャスターがなく今ではとても持ち歩けないから店のディスプレイにとプレゼントしてくれた。人工的なユーズド・テイストの物には決して出すことの出来ない雰囲気をまとわったこいつに、ヘンリー・ミラーの『北回帰線』なんかを詰めたら最高だ。

七月十五日　ワールド・マガジン・ギャラリー

文生堂の西村さんと銀座のマガジンハウス本社を訪ねる。九月に行うバックナンバー・フェアの打ち合わせ。歌舞伎座のすぐ裏、長きにわたって日本の若者文化を支えてきた情報発信地は、ビルの最上階までの吹き抜けが気持ち良い多目的スペースがあり、仕掛け方によっては、立体的におもしろいことができそうだ。イベントのフリー・ペーパー作成用に各創刊号の画像や、ロゴの清刷りを借りる。帰りの地下鉄、雑誌の一時代を築いてきた原本が手元にあると思うとドキドキした。

七月十六日　『あの夏』

経営員卒業後初の明治古典会は残念ながら収穫なし。

夕方青山ベルコモンズにて、空を撮り続ける写真家、ＨＡＢＵさんの個展のレセプション。ＨＡＢＵさんの親友ロバート・ハリスさんはもちろん、ご無沙汰していたコーディネーターの阿部さんや、元バックギャモン日本チャンピオンで以前よく教えてもらった永井さんら仲間が大集合。ＨＡＢＵさんはサラリーマン十年目に、出張先のオーストラリアの空に魅せられ、その翌年に退職し、オーストラリアに渡った。写真を撮りたいという夢を胸に独学で学び、現在までに三冊の写真集と数冊のポストカード集を出している。空が理想の色に染まる一瞬の為に、何時間も砂漠の中でカメラを構えるというＨＡＢＵさん。写真の中に浮かぶ雲たちは限りなく爽やかで、時に幻想的な表情を見せ、まさに天からの贈り物のようだ。ＨＡＢＵさんに出会ったのは約三年前。ちょうど一冊目の写真集が出る直前で、その時の出版記念会もこの会場だった。当時から気さくですてきな人だったが、今はより自信に満ち、輝いて見える。秋には新しい写真集も出るとのこと、楽しみだ。

七月十七日　新刊セレクトショップの終焉

昨夜入ってきたビックニュース。青山ブックセンターが全店閉店、破産申請。びっくりというよりショック。一番思い入れのある六本木店は、学生時代から夜遊びの合間の知的オアシスだったし、最近も深夜に知的刺激が欲しくなったときには車を飛ばして行

「HABU'S PHOTO GALLERY」
http://www.artfarm.co.jp/habu/

『あの夏』ＨＡＢＵ
（ソニー・マガジンズ　二〇〇三年）
初めて空や雲以外が被写体となった写真集。ＨＡＢＵさんのピュアで暖かい人柄が詰まった一冊。

った。最近でも植草甚一の『スクラップ・ブック』のデッドストックが出版当時のままの定価で買えたり、古書で一万円以上する土方巽の絶版本が定価の五千円で買えたり、唯一セドリができる貴重な新刊屋だったのに……。見た目の品揃えは似ていても、他のアート系の書店とは品揃えの「深さ」が違っていた。本の場合、セレクトショップは存在不可能で、大型のゼネラルショップしか生きられないのだろうか。

メールで青山ブックセンターの維持・再建署名が回ってきた。気持ちはわかるけど、署名している人たちは債務を肩代わりしてでも、再建運動する気があるのかなという疑問も残る。今回の件は書店のみならず、債権者である取次や、返品でシワ寄せを喰うかもしれない出版社にとっても大きな問題のはず。たとえ債務を解消できても、仕組み自体を変えない限り、同じことを繰り返すだけではないだろうか。要は出版・流通の仕組み自体にメスを入れなければならないだろうということ。大手術には大量の出血を伴うだろう（それは再販・委託制度等の慣行に依存し、保護の元でのみ存在しえた一部の中小・零細書店が中心となるはず）。すぐ流行に流され、本当に必要なものが何かわからなくなっている消費者と、それを煽るのに必死なマスコミの悪循環。今の消費社会自体が変わっていかない限り、同じことの繰り返しではないだろうか。

東京の書店事情がつまらなくなるのは確かだが、悲観的に考えるのは止めにしたい。まだまだ小さな動きだけど、インディペンデントなおもしろい動きもある。

今回の事件は、新刊書店業界、出版業界のみならず、一部古書業界にも波紋を呼んでいる。しかし、まだまだそれを口に出す古本屋はごく一部だ。こういう話をテーマに討論や勉強する場をもっと積極的に持っていくべきだと思う。

『植草甚一スクラップ・ブック』（晶文社）長い間品切れだったが、現在復刊中。

セドリ（競取）他店店頭などから価格の安い本を仕入れること。以前は、安い店で仕入れ、より高く買ってくれる専門店に転売することを職業とするセドリ屋も多くいたらしい。

七月十八〜十九日　ＳＵＩＫＡ大阪&京都ツアー

アルバム・リリース後初の関西ツアー。ＳＵＩＫＡはメンバーのうち三人が関西出身。明け方に東京を出発し、大阪・梅田と京都の「タワー・レコード」でのインストア・ライブ、京都のミューズ・カフェと二日間で三本のライブをこなすかなりのハード・スケジュール。

　インストアはライブハウスと違い、決して演奏環境がいいとは言えないが、どちらも人が集まり、程よい熱気に包まれた、いいテンションのパフォーマンスとなった。早くも熱心なファンが両方のライブにも来てくれたのがうれしい。初日の夜、お洒落なアジアン・テイストのカフェオーナーとは思えないほどノリのいいおばちゃん（ずっとＡＴＯＭのモノマネをしていた）がいい味を出していた寺町の「ミューズ・カフェ」は、あいにくの雨にもかかわらず、地元の友達を中心に人が集まり、二セットの演奏を両方とも聴いていってくれた。早朝からの移動、ライブ三セットをこなし、終る頃にはさすがにみなボロボロに疲れ、死んだように眠った。

　ライブ前、少し時間があったので寺町を散策すると、こだわりの品揃えで有名な「三月書房」を発見。まるで古書目録のようなＷＥＢをもつ風変わりな新刊書店は、店内外に一見頑固な古本屋と見間違うような硬派な空気をまとわっている。是非全ての書店人に一度見て欲しい店。

　翌朝、タカツキの学生時代の行き付けで、昨日のライブに来てくれた地元の詩人豊原エスちゃんのバイト先でもある「サンシャイン・カフェ」でモーニングを食べる。エスちゃんのキャラにぴったりの、さわやかで明るいオーガニック・カフェだ。昨日の「ミューズ・カフェ」といい、うわさ通り京都はカフェ天国のようだ。

インストア・ライブ
プロモーションの為にショップお店で行われるライブ。たいていは無料。

ミューズ・カフェ
(Mews cafe)
京都市中京区寺町通二条上ル要法寺前町717−1
(075−212−2911)

三月書房
京都市中京区寺町通二条上ル西側
(075−231−1924)
http://web.kyoto-inet.or.jp/people/sangatu/

豊原エス
詩集専門店「トヨエス」
http://kyoto.cool.ne.jp/esu/o.pj-hyoushi.htm

『歌いながら生きていく』
豊原エス（青幻舎 二〇〇三年）

サンシャイン・カフェ
京都市左京区吉田牛ノ宮町4
(075−761−9944)
http://sunshinecafe.cool.ne.jp

インストア・ライブ終了後、どうしても行きたかった「恵文社一乗寺店」に連れて行ってもらう。窓から差し込む光が気持ちよく想像よりずっと広い店だった。売場のあちらこちらにちょっとしたコーナーなどの仕掛けがあり、棚をじっくり見ていたら何日でも過ごせてしまいそうな品揃え。奥にはギャラリーもあり、人気グラフィックデザイナーの田名網恵一さんの個展をやっていて、本と連動した情報発信もしている。記念に絵本を一冊買い、レジの人に話しかけたら店長の堀部さんご本人だった。これだけの店なので、渋いおじさん店長だとばっかり思っていたら、想像よりはるかに若い人だったのでびっくり。挨拶をして、ＳＵＩＫＡのＣＤをプレゼントする。何時間でも居てしまいそうだけど、みんなのお腹も減ったので、後ろ髪引かれる思いで店を出る。是非またゆっくりと来たい。こういう旅先での素晴らしい本屋との出会いは、本屋としての日常に爽やかな陽光をもたらしてくれる。旅先では東京の速すぎる時間の流れの中では存在し得ないであろう、オアシスのような空間に出会えることがある。

恵文社一乗寺店
京都市左京区一乗寺払殿町10
(075-711-5919)
http://www.keibunsha-books.com

七月二十日　汗

東京は三十九・五度の観測記録を出す猛暑。そんな中、朝から古書組合南部支部の野球部の練習へ。今シーズンは雨天や、用事でなかなかグラウンドに行けず、今日が実に初の練習参加。じわじわウォームアップしながら、最後はバッティング・ピッチャーもこなした。ブランクがいつもより長かったので体が動くか心配だったが、思ったより動けて良かった。暑くてしんどかったけど、やはりスポーツでかく汗は心地よい。

昼は神戸から上京中のシネマ・スタイリスト、ｍｉｃとランチ・ミーティング。ラジオＤＪや舞台、年々アグレッシブになっていく向上意欲が素晴らしい。ｍｉｃ主催のフ

ｍｉｃオフィシャルサイト
http://www.kazumic.com

リー・ペーパーには時々寄稿させてもらっているが、今度はイベント等でもコラボレートできたらおもしろいのだけれど。

七月二十一日　未来のための文化

マガジンハウス本社にて打ち合わせ。徐々にバックナンバー・フェアのビジョンが見えてくる。会期の最終日にＳＵＩＫＡのライブをさせてもらうことになった。メンバーのｔｏｔｏは以前、マガジンハウスの編集部でアルバイトをしていたので、恩返しライブだ。

夜は久々に五十嵐書店の修さんと、玉英堂書店の斉藤良太さんと合同カタログ『Culture to Future』第二号の打ち合わせ。今回のテーマは「カフェ・カルチャー」。一九二〇〜三〇年代のパリ&東京での、カフェを中心に花開いた文化人のサロンをカタログ上で再現しようという試み。前回に比べて、本を収集するのに苦戦し、発行に手間取っているが、その分もいいものを作りたい。時々パリから届く、掲載されている本だけでなく、それ自体の装丁が魅力的なカタログにすごく刺激されている。今回はデザインや版型にも凝り、完全版下でフルカラーの入稿を目指したい。

合同古書カタログ『Culture to Future vol.1 〜the 60's トーキョー・アングラ・シーンの夜明け〜』

「何かはまだわからないけど、一緒におもしろいことをやろう！」

明治古典会の同僚、早稲田・五十嵐書店の修さん、神田・玉英堂書店の斉藤良太さ

五十嵐書店
国文、美術他。
東京都新宿区西早稲田3−20−1
(03−3202−8201)
http://www.oldbook.jp

玉英堂書店
近代文学、自筆もの、古典籍他。
東京都千代田区神田神保町1−1
(03−3294−8045)
http://www.gyokueido.com

『Culture to Future vol.1〜the 60s' トーキョー・アングラ・シーンの夜明け』（二〇〇三年）

んと毎週金曜の市会運営の終了後、飲みに行く度に話した。

それぞれ専門ジャンルは違うが、お互いに市場で落札したものを見せ合い、共通するラインをたどっていくと「一九六〇年代」で結びつくことがわかり、それをテーマに合同でカタログを作ろうということになった。

三人で何度も打ち合わせをし、どうせやるなら「今までになかったようなもの」、「今まで古書の世界を知らなかった同世代の若い人にも見てもらえるようなもの」を作ろうということで思考錯誤しつつ、二〇〇三年春に完成したのが、合同古書カタログ『Culture to Future vol.1 〜the 60's トーキョー・アングラ・シーンの夜明け〜』だ。タイトルは古書を通して「未来に残すべき文化を次世代に伝える」という目的で付けた。

自分たちも六〇年代を知らない世代。無理に背伸びせず、同世代にもわかりやすいように、等身大の視線で時代背景や作家ごとの説明を入れ、目次の代わりにそれぞれの作家の相関関係がわかるような人脈ＭＡＰを作成し、各作家のページに繋がるように構成した。予算の都合でフル・カラーは無理だったが、装丁などを眺めるだけでも楽しめるよう通常の古書目録より写真も多くした。完璧とは言えないが、自分たちが目指す方向への第一歩としては申し分ないものを作れたと思う。

そしてその結果はと言うと……。古書の売上は、合格ラインを超えた程度。しかし、カタログの評判は予想以上で、店頭ではもちろん、渋谷タワー・レコードの書籍売場でのコーナー展開でも、直接卸した本の中でもっとも売れたタイトルとなった。古書カタログが制作されて一年以上たっても売れるというのは異例のことだ。カタログ自体の販売に比べて、オーダーが増えないのは「読み物」として購入している人が多いのだろう。当初の「今までになかったような」という視点ではまずまずの成功だったと言える。あとは本来の在庫を売る為の「カタログ」機能をもっと強化していかなければならない。

三人で一つのテーマで編集作業をしていくのは、三つの視点に整合性を持たせなければならないので、通常の制作より遥かに大変だ。しかし、完成した時の喜びも三倍、いやそれ以上だと思う。山あり谷あり、目下二作目を製作中。

七月二十三日　ホンモノ

明治古典会。タイムリーに『POPEYE』、『BRUTUS』創刊号を落札。ちょうど初期の『POPEYE』をデータベース化しはじめた初日だった。先日落札した創刊から三四〇号までの揃い。ここまでのコレクションはそうそう手にすることがないだろうから、特集や表紙などの記録を取ることにした。柳原亮平のコラージュ&肉筆オリジナルも落札。冬の真っ暗な夜、白い雪がちらつく港と船。こんな渋い色合いは珍しいけど、落ち着いて和む配色、シンプルでくっきりしたラインは健在だ。

夕方、青山にある万年筆のブティック「書斎館」へずっと狙っていた万年筆を買いに行く。大切に長く使うものは、手に入れる時のシチュエーションも大事で、一種儀式的な要素もあるので、ディスカウント・ショップではなく、専門店で買うことにする（ちなみにディスカウント・ショップに流れてくる高級文具はメーカーのオフィシャル・ショップでは扱えないB級クォリティのものである可能性が高いので、ボール・ペンはともかく、ペン先の微妙な感触が命の万年筆は特に注意が必要）。希望のボディ・カラーで、好みのペン先の在庫がなかったので、はやる気持ちを押さえつつ取り寄せをお願い

書斎館
東京都港区南青山5-13-11
(03-3400-3377)
http://www.shosaikan.co.jp/

する。この待たされる時間がもどかしくも楽しい。

七月二十四日　ＳＵＩＫＡ品切れ！

渋谷タワー・レコードを視察。最後の一枚が目の前で売れ、品切れになる。土曜の夕方に欠品は正直痛い。ＣＣＣのバイヤー時代はこの機会損失をいかに無くすかを追求していただけに歯がゆい思いだ。ちょっと離れた別のレコード・ショップにはけっこう在庫があるのだが。七階タワー・ブックスのマネージャー、持田さんに今度、コーナー展開が決まった挨拶をしに行くと、さらにうれしいイベントの条件をいただく。出張フライング・ブックスということで、期間中、インストア・イベントも二回催す予定。初の試みはいつもワクワクする。

七月二十五日　ＳＵＩＫＡ夜話　第一夜＠ＳＰＵＭＡ

ＳＵＩＫＡがホストとなり、毎回ゲストを迎えていくカフェ・ライブ「ＳＵＩＫＡ夜話」の第一回。今回のゲストは同じ日にアルバムをリリースしたバンブー・スイングとＳＳＷＳでお馴染の詩人、ミキ君。

一番手のバンブー・スイングが所属するＲＤレコードのマネージャーはＣＣＣ元同期の小夏。在社時はほとんど接点がなかったが、退職後に今回のようにまったく違ったかかわり方でコラボレートが出来るのがうれしい。サックス、ギター、パーカッションの変則トリオによるライブは、ミニマルかつソウルフルな演奏で夏の夜にぴったりだった。

ＳＵＩＫＡ夜話の特徴は、バンドが入れ替わる転換時、メンバーが持ち回りで小話をすること。この日はタカツキが大好きな夏の海をテーマに話をした。独特の抑揚のつい

http://www.bambooswing.com/

「appearance」
Bamboo Swing（RD レコーズ　2004）

たリーディングをするミキを経て、ＳＵＩＫＡの出番。一般向けとしてはこれが本格的なＣＤリリース・ライブとなるので、メンバーも気合が入り、テーブルで食事をするオーディエンスの手を止めるほどの熱いパフォーマンスとなった。この日のライブ模様はＣＳの音楽番組で放送され、『ギャラクティカ』というＤＶＤマガジンになる予定。

七月二十八日　ムルギー・ランチ

マガジンハウスで打ち合わせ。ずっと行きたかった老舗インド料理の「ナイルレストラン」に西村さんを連れて行く。比較的老舗の多い銀座の街並みですら、最近は無機質なチェーン店の看板が増え寂しい限りだが、この店だけは相変わらず外観・内観ともにノスタルジックなのでうれしい。何しろ初めて家族で来た小学生の時に、親父の学生時代から変わってないと聞いたくらい古い。僕もいつか自分の子供に、ピリッとした辛さの中に甘みとコクがほどよくブレンドされたムルギー・ランチを食べさせるのだろうか。どうかこのまま変わらずにいて欲しい。

七月二十九日　決戦前夜

不安定な天気。台風が接近中らしい。テント、寝袋、ナイフにマグライト。フジ・ロックのキャンプ・インのための準備。久々のアウトドアに、うきうきしてくる。イベントの制作をやるようになったのは、四年前の野外フェスを渡り歩いた夏、フジ・ロックのアヴァロン・フィールドでスタッフをし、さいとういんこさんや小森岳史さんらポエトリー・リーディングの一行と出会い、その後の彼女らのイベントを手伝うようになってからだ。そう思うとフジ・ロックが僕のイベント制作のルーツと言えるかも知れない。

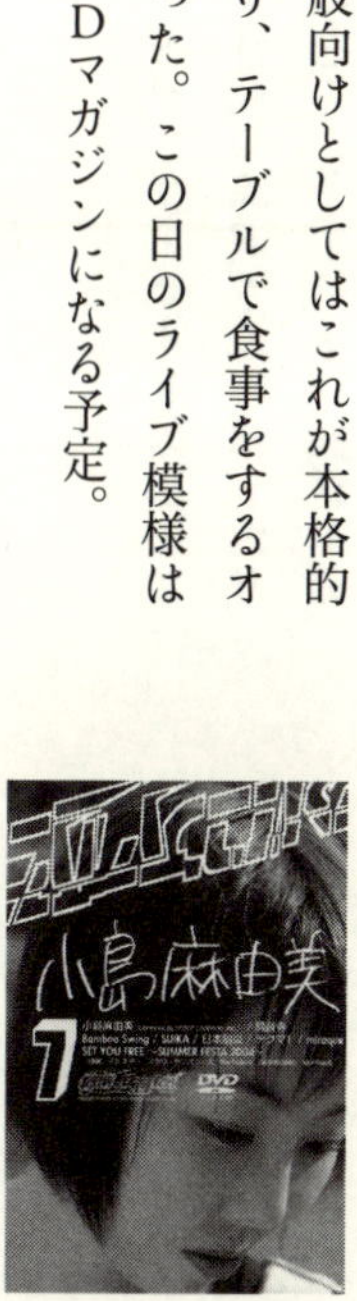

DVDマガジン
『ギャラクティカ』七号
（ＳＵＩＫＡ「宙飛古書店」収録）
http://www.galactika.jp/

ナイルレストラン
東京都中央区銀座4−10−7
(03−3541−8246)
http://www.pluto.dti.ne.jp/~kasai/nair/

あれから四年、当時はまさか出演者サイドでこのイベントにかかわるようになるとは思いもつかなかった。今回はどんな出会いがあるか楽しみだ。

七月三十〜三十一日　フジ・ロック・フェスティバル
一　雨の中のキャンプ〜SUIKA出演

前日の深夜、激しい雨に不安になりながら、ATOM、タカツキ、totoをピックアップし、フジ・ロック・フェスティバルの会場の新潟・苗場スキー場へ。残りの二人はツアー先の京都から直接合流の予定。

到着は深夜二時。さっそくICチップ入りリストバンドをもらい、必要なものだけを装備して、キャンプ・サイトへ。まだ前日なのに、既にテントでいっぱい。風雨の中、びっしりひしめき合うテントの光景は、不謹慎にも難民キャンプはこんな感じなのだろうかと思ってしまうような様相。できるだけテントが張りやすそうな斜面を探し、チャレンジ。強風と雨に苦戦しテントに潜り込めたのはほとんど四時だった。完璧な防水の代償として滑りやすくなっているテントの床と寝袋。テントの中で転がらないように、緊張しながら寝た為、よく眠れないまま迎えた朝。どうやら雨は止んでくれたようだ。

SUIKAの出番は初日の十五時半、アヴァロン・フィールド。二つのメイン・ステージの間の小高い丘の上にある、森に囲まれた気持ちのよいステージだ。入り口ゲートからまともに歩くと三十分近くかかるのが難点だが。

後発メンバーと合流する為、駐車場に向かおうとすると、キャンプ・サイトの出口に見慣れた後ろ姿、キャンプサイトの指導員をしている山と渓谷社の滝沢さんとばったり。なんとオフィシャル車でアヴァロンまで機材を運んでくれるとのこと！　重い機材をぬ

フジ・ロック・フェスティバル公式サイト
http://www.fujirockfestival.com/

かるみの中、三十分かけて運ぶのとは大違い。大感謝。

アヴァロンに到着し、さっそく本部テントに挨拶をしに行く。舞台監督はよく知った顔、店の洗面所のひょうたんスピーカーを作ってくれた青山さん。慣れないステージで、舞台監督が知り合いだと心強い。実際、舞台監督やＰＡとの相性で、パフォーマンスが観客に伝わる時、それがプラスにもマイナスにも作用する。セッティングまで時間があるので、各国料理の屋台や、ＮＰＯのテントを覗きつつ、ゆるゆる準備。ステージ前の端にＣＤとＴシャツの物販コーナーを設ける。客席の丘の上でフリー・ペーパー『バランス』発行人の稲田さんや、プロデューサーのエスケンさんも見てくれている。

セッティングも整い、開演。一曲目は「ＪＥＴ ＳＥＴ」。出だしのｔｏｔｏのフリー・スタイルも伸び伸び、冴えている。ＡＴＯＭとｔｏｔｏのフロント二人は特に「場」のエネルギーをパフォーマンスに載せるのが上手い。オーディエンスには外国人の姿もちらほらしていたが、近くにいた外国人女性は三曲目の「ガラム・マサラ」がお気に召したらしく、曲が終わったとたんにＣＤを買ってくれた。お客さん第一号。ノリのいい「マッシュルーム・マスマティックス」では、広いステージ上をＡＴＯＭが気持ちよさそうに跳ね回り、最後の「宙飛古書店」が始まると晴れ間が覗き、いっそうテンションが高まる。思い思いに座ったり、リズムに合わせて体を動かしたり、オーディエンスの楽しそうな表情がまぶしい。四年前、初めて現場に入った大きなイベントで、今の店のテーマソングを聴くのは感慨深かった。

演奏終了後、たくさんのオーディエンスが、ＣＤやＴシャツを見に物販コーナーに集まってくれる。その場で初めて観てくれた人に、評価されるのは本当にうれしい。しかも野外という条件の中、ＣＤを買ってくれるのは、よほどのことだと思う。余韻を引き

『バランス』二五号
表紙はグレイトフル・デッドの故ジェリー・ガルシア。

ずりながら、ずっと観ていてくれた滝沢さんに再びお願いし、機材とメンバーは駐車場へ。これで出演者としてのフジ・ロックは無事終了。緊張が解けたあとの三日間は羽を伸ばすだけ！

二　フェスの愉しみ

フジ・ロック・フェスティバルがこの苗場スキー場で開かれるようになってからもう既に七回目。例年のラインナップや、他の野外フェスティバルに比べて、渋めのアーティストが多く、インパクトが弱いという声が一般的だった今回だが、心配をよそに三日間で約十万人の集客とのこと。このイベントはコンサートを見に来るというよりお祭りを楽しむ感覚のリピーターが多いのが特徴だ。比較的良心的な値段で地元特産のうどんや、もち豚を始め、オーガニックのエスニック料理など、バラエティ豊かな食事を楽しむことも出来るし、ボランティア団体ＡＳＥＥＤのスタッフの尽力により徹底的に分別されるゴミ回収で、三日経っても気持ちよく地面に座ってコンサートを楽しむことができる。会場がきれいに保たれるのはフェスを楽しもうという観客一人一人の「想い」が現れている証拠だと思う。

今回からステージが増え七つになった。好きなアーティストのライブに合わせて移動しようとするのが普通かもしれないが、二十分以上かけて、雨の後の泥濘を移動するよりは、拠点となる会場を決めて、ゆっくりマイペースに楽しむのも一つの方法だ。個人的なお勧めは何と言っても「フィールド・オブ・ヘブン」。入り口から歩くと二、三十分はかかる最も奥に位置する会場だが、森に囲まれた気持ちの良い空間を取り囲むように「縄」「キヨズ・キッチン」「ルヴァン」など人気オーガニック・ショップのティピが

国際青年環境ＮＧＯ／Ａ ＳＥＥＤ ＪＡＰＡＮ
http://www.aseed.org/

えびす・縄
かまどで炊いた黒米のおにぎりは最高。季節ごとに替わる自家製のアイスクリームも要チェック。予約推奨。
東京都渋谷区東３−２０−１
（03−3400−7533）

キヨズ・キッチン
東京都港区麻布十番２−７−５
（03−5443−5757）　http://www.kiyos.jp/
二〇〇五年四月に代々木上原から移転。

立ち並ぶ。自然の中で食べるオーガニック・ランチ・プレートは格別の味わいだ。ショップのスタッフたち自身が、フェスを心から楽しんでいるのが表情からよくわかる。

当初は比較的若手の新進アーティストによるパフォーマンスが中心だったが、かつてメイン・ステージにも出演した大御所パティ・スミスが自ら希望して出演したステージでもあり、出演者も年々ゴージャスになっている。今年の目玉はシンプルでやさしいサウンドが人気のシンガー兼プロ・サーファーのジャック・ジョンソン。あいにくの雨の中だったが、大好きな「縄」のティピの横で、オーナーの菊地さんとのんびり聴くオーガニック・サウンドは、僕にとって今回のフェスの山場だった。

東京に居ても、都市の急速な時間の流れの中で、なかなか会うことが出来ない人たちと大自然の中で時間を共有できるのも、この祝祭空間の魅力だ。日常から一歩引いた場所での会話から閃いた企画が、おもしろいモノに発展することはよくある。このポジティブなエネルギーが集まったお祭りの流れを、イベントの期間だけで終わらせてしまうのはもったいない。是非とも日常の中に取り入れて行きたいものだ。

八月四日　コーヒーとインクの香り

夕方、タワー・ブックスで、コーナー展開の打ち合わせ。これまでイベント等でコラボレートしてきたアーティストの作品を中心に本、雑誌、ＣＤを揃える。今までのタワーでは扱っていなかったようなものが売れてくれるとおもしろいのだが。二階インディズ・コーナーでＳＵＩＫＡの状況をチェックし、その足で注文していた万年筆をとりに青山の書斎館へ。ウォーターマンの「カレン」のバイオレット・カラー。書き味はもちろん、無骨なデザインが多い万年筆には珍しくやわらかい曲線のフォルム、手にした時

ルヴァン
東京都渋谷区富ヶ谷2–43–13
(03–3468–9669)
http://ruvann.hp.infoseek.co.jp/
朝八時のオープン時に買うアツアツの焼きたてパンは、早起きした者だけが得られる至福。僕の場合、残業明けに買ってるのだけど……

ティピ
ネイティブ・アメリカンの移動用テント。天井が開閉できるので、中で火も焚ける。

「In Between Dreams」
Jack Johnson (2005)

のずっしりした存在感で選んだ一本。最近お気に入りのペンを走らす時間を取るのもままならない。せめてもとしばらくの間、夕暮れの書斎館のテラスでおいしいコーヒーと共にノートを広げる。

八月五日　ヒップ・ホップ・エンターテイナー

深夜、タカツキに誘われ「ロマンクルー」のライブ。円山町のクラブへ。ジャジーでソウルフルなトラックの上、ソングライティングもこなす実力派の「アリ・キック」、落ち着いた低いトーンが渋い「将絢」、ハイトーンでの煽りからビートボックスまでこなす「エムラスタ」、三人の個性派ラッパーが、ヒップホップでは珍しい三本のストレート・タイプのマイク・スタンドに言葉を乗せていく。曲も詩も素晴らしいが、何よりステージングが素晴らしい。ラップをしていない時のメンバーの動きまでもが作り込まれていて、実にオーディエンスを楽しませてくれる。まさにエンターテイナー。

タカツキがゲスト参加した「A Night in Bombay」はバーで過ごす時間をテーマにした渋い曲で、ウッドベースなし、ストレートスタンドの前でのパフォーマンスがなかなか新鮮だった。出たばっかりのCDを買い、エムラスタ君の決めセリフ「ハーイ、調子どう！」と一文添えてサインをもらって帰る。よく夜遊びした九〇年代後半に比べて、最近は平日の夜の街がやけに静かな気がして少しさみしかったが、今日は夏休みだからか、若者を中心に大入りで久々に楽しかった。

八月八日　次代のトラック・メーカー、デビュー

流通を手伝っているSONPUBの「PHOENIX BETAS」の発売日。まだ二十代半ば

ロマンクルー
http://romancrew.apple.fm/

「FLY HIGH」
Romancrew（tailgate 2004）

という若さにもかかわらず、自身でギター、ドラム、キーボードを操る多才なトラック・メーカーで、これからが楽しみなアーティスト。今回はゲストにサムライトループスのメンバーやATOMを迎え、満を持してリリースするファースト・アルバム。ラッパーたちは、ゲストとしてこのアルバムにラップを添えているわけだが、見方を変えるとSONPUBが彼らのこれまでと違った一面を引き出しているとも言える。また多くの若いトラック・メーカーと違い、盛り上げるための勢いだけではなく、じっくり聴かせる「引き」の部分も持っているのも特徴だと思う。ダンス・ミュージックとしてだけではなく、純粋にインスト・アルバムとして聴ける曲が多いのはその為だろう。この「新しい音」がシーンでどこまで盛り上がるかが楽しみだ。

八月十日　情報源

このところの毎週火曜の編集会議はもっぱら九月のアメリカ西海岸縦断ツアーに向けての準備。回るべき場所や、探すべき本を三人で摺り合わせ、短期間で効率的にリサーチできるように備える。ここで活きて来るのはガイドブックではなく、雑誌のバックナンバー。誰でも楽しめる無難なスポットが多い前者に対して、後者はその瞬間の旬なスポットを取り上げているので、その街の「現在《いま》」を知るには欠かせない情報なのだ。ただし、発行時期をチェックしないと既になくなっている店もあるので要注意。

八月十一日　フリー・ペーパー完成！

先月の後半からカトヨと突貫工事で作成したマガジンハウス・バックナンバー・フェアのフリー・ペーパーとポスターが無事完成。Ａ４を四つ折にし、ポストカード・サイ

「PHOINEIX BEATS」
SONPUB（n-records 2004）

『リラックス』
二〇〇一年六月号ウェスト・コースト特集で旬のショップ情報をチェック。

ズにして配布する。フル・カラーの表紙には目玉商品となる雑誌の写真を掲載、歴代の創刊号の表紙が並ぶだけで、それなりに見ごたえのある紙面になった。裏面は情報中心でマガジンハウスの歴史や、参加店のプロフィールを掲載。イベント・タイトルも「ROOTS＆NEXT」に決定し、これまで築いてきた雑誌文化の伝統を未来につなげていこうという意志が込められている。

八月十二日　古本屋による古本屋になる人の為の古本屋めぐり

名古屋時代の先輩、山守さんが上京し、古本屋めぐりのお手伝いをする。先日出たメタローグの『本屋さんになる！』に載っている店を中心に、まだ僕自身行ったことのない店もあるので仕事の合間に一緒に回る。

まず表参道へ向かい、「古書日月堂」に行く途中、「カウ・ブックス」の二号店に立ち寄る。閑静な裏通りの二階、カフェのフロント部分が書店スペースになっていて、基本的には中目黒店の内装を踏襲したクールな本棚に、オーナー松浦さんのこだわりセレクト本が並び、Tシャツやトートバッグなどオリジナル・グッズも販売している。マガジンハウスのバックナンバー・フェアの準備中ということもあり、自然と『POPEYE』等に目がいってしまう。表参道を奥に向かい、根津美術館の向かいの二階にある古書日月堂さんは即売会直前ということで、準備に忙しそう。邪魔をしないよう、軽く見学させてもらうことにする。店作りの際は、ここのオレンジにペイントされた書棚を参考にさせてもらった。店主の佐藤さんはいつもオープンにいろいろなことを教えてくれる、頼りになる先輩だ。

夜はタカツキも合流し、最近お気に入りの代々木上原の古本屋「ロス・パペロテス」

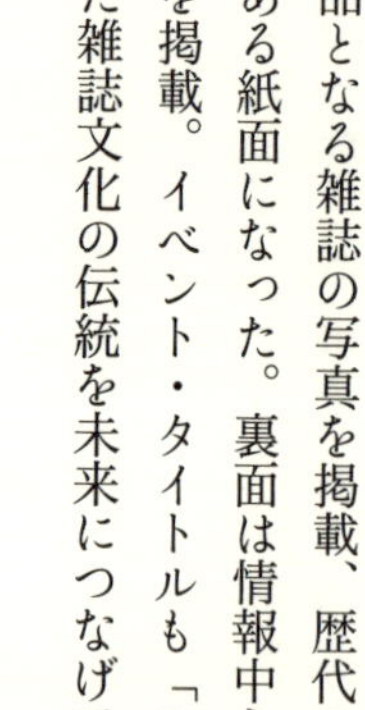

「ROOTS & NEXT」フリー・ペーパー

カウ・ブックス南青山店
東京都港区南青山3-13-14-2F
Dragonfly CAFE南青山
(03-3497-0807)
http://www.cowbooks.jp/

を覗く。ここは相変わらず、何気ない雑誌を丁寧に扱ってくれているのでうれしい。今回もまた最近買い損なった雑誌を中心に買い込んでしまった。たっぷりリサーチをした後は、笹塚の上海屋台料理でもっちりした餃子とビールで乾杯。

八月十三日　コーナー準備

午後、吉祥寺の新星堂ディスク・インにてインストア・ライブ。ここは友人の椎名君が働いているのでやりやすい反面、人が集まらないと申し訳ないので心配だったが、今年のイベントでは一、二となる集客だったようで一安心。

ライブ終了後、明日から始まるタワー・ブックスのコーナー設営の為渋谷へ。店内ディスプレイが業界でも突出したクオリティだけあって、先日入稿した看板の発色も素晴らしい。元データを使ったＣＤジャケットなどは、製品よりきれいなくらい。二十三時の閉店後まで作業をし、退出時に初めて使った非常階段からの見慣れない夜景がきれいだった。

> 「シブヤ系・メディア・ミックス書店」（『ブック・ナビ東京』メタローグ刊より）
>
> 活字離れが進むと言われる若者の聖地「シブヤ」は、実は新旧大型書店が林立する本好きの聖地でもある。数ある書店の中、消費にも文化にも貪欲で、常に日本のみならず海外からの注目も集めるこの街、最もシブヤ的だと言える「書店」は、日本一のレンタルショップ「シブヤ・ツタヤ」と、最大のレコード店タワー・レコード最上階にある「タワー・ブックス」だ。
>
> 本、ＤＶＤ、ＣＤ、ゲームとあらゆるメディアが集まった文化情報の集積基地とも

『ブック・ナビ東京』（メタローグ　二〇〇五年）

言える「シブヤ・ツタヤ」は、六階ブック・コーナーを昨年リニューアルし、人気カフェ「ワイアード」とコラボレート、木の什器で落ち着く空間に変わった。映画・芸能関係が充実しているので、雑誌でお気に入りの女優の関連作をチェックしてから、まだ無名時代の作品をレンタルしたり、名監督のフィルモ・グラフィーをおさらいしてから一番気になる一本を選ぶことも可能だ。サブ・カルチャーに強い店だけあって、書籍だけでなく五階のコミック・コーナーも充実しているので、気になるアニメやゲームの原作も併せてチェックするのもいい。

深夜二時までの営業もうれしく、個人的には独特の雰囲気を持つ客しかいなくなり、ある種の連帯感すら漂う終電後の時間帯が一番好きだ。面倒くさがらずに、エレベーターやエスカレーターを駆使し、気の済むまで何度も各フロアを往復するのが正しい使い方かもしれない。アイテムの枠を超えてカルチャー情報をサーフィンできるメディア・ミックス型書店だ。

一方、アマゾン・ドット・コムの登場以前、日本の洋書価格体系に風穴を開けた「タワー・ブックス」。国内でももっとも充実していると言える海外雑誌や、最新の写真集はもちろんのこと、グラフィティ等ストリート・カルチャー関連のビジュアル・ブックの品揃えは他の追随を許さない。ペーパー・バックを中心に文学作品等、活字ものも充実しており、気に入った海外作家の未訳の小説にチャレンジするのもいい。

海外の作品だけでなく、自費出版に近い形で出版される「ＺＩＮＥ」（ジン）と称される小冊子類を取り上げたり、日本の最先端を行くイラストレーターを先取りし、ライブ・ペインティングなどのイベントと複合で情報発信もしている。探しているものはなくても、ＣＤを買いに行った際には必ず立ち寄りたい所。必ず何か見つかるから。

七階以外にもクラシック、ジャズ等各フロアにある書籍コーナーもジャンルに特化した品揃えで、これだけでも全フロア併せると相当な品揃えだ。音楽関係書はこちらで探すのが正しい。

知的欲求を満たしたい人にとっては、本やビデオやＣＤは相関する情報メディアであって、インスピレーションが閃く瞬間に、一つの場所でその全てが手に入るのは理想のカタチだ。

なんて言ったものの、旅好きの僕がここに通う本当の理由は、この店の空気、アメリカの本屋と同じ、インクや紙が発する独特の匂いが好きで、気軽に旅行気分を味わえるからかもしれない。

八月十五日　Wリリースに向けて

スプラッシュ・ワーズのパートナー、さいとういんこさんが結婚し、近所に引っ越してきたので、世田谷の茶そばの隠れた名店「いな垣」でお祝いの食事会。近くの商店街のおすすめスポットなどを案内する。

いな垣
東京都世田谷区松原4−20−1
(03−3328−4914)

夕方から店で打ち合わせ二件。カトヨと秋の渡米計画のスケジュール調整と、小林大吾と今年の秋から冬にかけてスプラッシュ・ワーズからリリース予定の詩集の相談。ポケット詩集シリーズの小さな版型で、いかに魅力を引き出せるかが勝負になる。今回イメージしている何篇かの詩の原稿や、最近力を入れているトラックに合わせたリーディングのＣＤを聴かせてもらう。インターネット上で作品の一部を発表しているものの、印刷された詩集としては第一弾になるので、今後の創作の中での位置づけや、既に進めているＣＤ制作との絡み方など、お互いに思いつくイメージを口に出しながら最良の方法を探っていく。

そして、ＣＤと詩集とを完璧にリンクさせるのではなく、微妙にずらして絡めていく作戦が決まる。たとえば、本編が詩集にテキストで収録され、続編がリーディング作品としてＣＤに収録されるなど。文字組み等も含め、新たなチャレンジをしていきたい。

八月十八日　研究素材になる

今日は友人の紹介でイスラエル人の東大大学院生・エレズさんの研究の為、一日一緒に行動することになった。人の一日の行動と動線についての研究論文で、サンプルとなる人の一日を写真に納めていく。そのサンプルを務めることになったのだ。

朝、家の前で落ち合い、電車で出勤。秋の神田青空古本まつりに合わせて出版される古書店ガイドの取材。ライターの濱野さんは以前から知っている方なので、友人に店を案内するかのようにすんなり終了。タワー・ブックスに店頭配布用のフライヤーの原稿を届ける。遅れて入ってきたタイトルも揃い、コーナーもだいぶ充実してきた。

夕方、パルコの地下にあるフジ・ロック・フェスティバルのオフィシャル・ショップ「岩盤」に委託品の精算に伺う。担当の山田さんはとても気さくで、気持ちのよい対応をしてくれる。ちゃっかり、パルコ店でもＳＵＩＫＡのＣＤの委託販売をお願いする。

店に戻ると常連の友人、サクライがきて、久々に店の屋上でひと息入れる。最新の高層ビルの谷間に、物干し竿や、植木鉢等生活感溢れる低層の建物とネオンが混在する、映画「ブレードランナー」に出てきそうな景色で、心地よい風が抜けるお気に入りの場所。閉店間際、タワー・ブックスの持田さん御一行が来店。ビールを飲みながらお店や

岩盤
ロック系の輸入版が充実。
東京都渋谷区宇田川町32-13
PARCO QUATTRO（03-3477-5701）
http://www.ganban.net

本の話で盛り上がる。実は初めてのご来店だったようだ。

カズタケが日曜のタワー・ブックスのインストア用に、来場者全員に配布するノベルティ用ミックスCDと、CD購入特典の未発表リミックスCDの音源を持ってくる。前者はアルバムに収録されている曲だけを使い、五分ほどにその魅力を凝縮させたものだけど、アルバムをすでに持っている人でも楽しめるものになった。後者は原曲を素材におもいっきり遊んだ四曲入り。カズタケとタカツキがそれぞれ二曲ずつミックスを担当し、聴いたとたん思わず笑みがこぼれるほどのいじり様。おまけにするにはもったいないくらいの出来だ。

いつもよりちょっと早く家の門を開けたところで、研究取材は終了。深夜、電車のなくなったエレズさんを車で送る。エレズはしきりにＳＵＩＫＡを誉めてくれた。違う母国語を持つ人にも気に入ってもらえるのはうれしい。

八月十九日　ニューマシーン

ネット通販で買った新しいノート・パソコンが届く。自宅で使っているノート・パソコンは六年前に買ったウィンドウズ95。まだまだ使えるのだが、バッテリーの寿命で外出に向かないのと、メモリ不足で大きな画像を扱えないので、秋のアメリカ西海岸出張前に同じシャープの新機種を投入。約一キロという軽量な上に、キーボードのストロークが深くしっかりしていて、無線ＬＡＮ標準装備。しかし、長年使っているパソコンと同じ環境を作ろうとすると、ソフトのインストール等、かなりの手間がかかる。また、データの転送も大容量時代ゆえに非常に時間がかかる。

夕方、宇田川町で仕入。今度のマガジンハウス・バックナンバー・フェアの告知を見て、連絡をくれたそうだ。『BRUTUS』の初期のバックナンバーを中心に譲ってもらう。フライング・ブックスをとても気に入ってくれていて、冷たいジュースをご馳走になりながら話をすると、共通の知人がいることがわかり、その人がかなりマニアックなアーティストということもあって大いに盛り上がった。今回事務所を移転するそうなので、ここでの会話もこれが最初で最後かと思うと、別れ際少しジーンと来た。

八月二十日

明治古典会。河出書房のケルアックの『路上』初版の入った口を落とす。これだけビート・ジェネレーション関係のものを集めていてもまだ見たこともない本があるものだ。夜は名古屋上社時代の部下が転勤で上京したので歓迎会の予定だったが、本人は残業と体調不良のため欠席。元店長の堂前さん、元スタッフ二人と飲み会。五年近く経っても変わらず飲めるのは楽しい。

ヒップ・ホップ雑誌『BLAST』でSUIKAのロング・インタビューが掲載される。流通を担当しているSONPUBとサムライトループスもディスクレビューで絶賛されている。いい調子だ。

八月二十二日　SUIKA史上最大のインストア・ライブ大作戦

タワー・ブックス・インストア・ライブ当日。十二時、メンバーとヘルプの友人が店に集合し、代々木公園や公園通りにチラシ撒きにでる。千枚刷ったチラシは来場者全員がもらえるミックスCDの引換券になっている。はじめはみな「千枚なんて意外と少ないな」などと話していたが、実際これがなかなか減らない。そんな中、以前路上で自作

『路上』ジャック・ケルアック
福田実訳（河出書房　一九五九年）
日本での初版はアメリカから遅れること二年。

のテープを三千本売ったというＡＴＯＭは俄然張り切って、そのフットワークの軽さと、実力をいかんなく発揮していた。代々木公園ではジャニーズのイベントがあるらしく、大勢の女性がいたが、こちらの営業にはほとんどが厳しい反応……。それぞれ思い思いのパフォーマンスをしている人たちで学園祭状態の代々木公園はおもしろかった。彼らにとって、ここでのパフォーマンスが自己満足の域を超えた時、何かが変わるのだろう。街の中でチラシを撒いていると、本拠地の渋谷だというのに、ほぼ百パーセントに近い人がＳＵＩＫＡの名前すら知らない。と言うことはまだまだ潜在ニーズはあるということだ。

食事をとり、十六時にタワー・ブックスに入る。メンバーが機材をセッティングしている間、別働隊が一階でさらにチラシを撒く。はたして何人が来てくれるだろうか。開演十五分くらい前になると徐々に人が集まってきて、五分前には五十人以上が集まった。定刻どおり「ＪＥＴ　ＳＥＴ」でスタート、いつもの曲順どおりに進行していくにつれて、人が集まってきて、本棚の後ろにも並び始める。前の二十人くらいはフロアに直接座ってもらう。本屋でヒップ・ホップを体育座りで聴いている若者たちの光景がおもしろい。タワー・ブックスのマネージャー、持田さんのカウントではほぼ八十人とのこと。今日パリから成田に着いてすぐ駆けつけてくれたフランス人の友達の姿や、今度アルバムをリリースするサムライトループスのメンバーなど知っている顔もちらほら。盛り上げ系の「マッシュルーム・マスマティックス」では、前の体育座りの人たちも体を動かしてくれていたのがうれしい。書店で聞く竹取物語「バンブー・ムーン」は、はまり過ぎなくらい。そして「宙飛古書店」で華やかかつ和やかに終了。結局最終的にノベルティのＣＤは百枚以上はけた。混乱もなく無事全員に渡せて、ほっと一息。当日のみの購入特典のリミックスCDを付けたCDの販売結果は十枚ほど。やはり発売から一ヵ月半のハンデは大きいのか。

身内でノベルティを受け取ってない人や、離れて観ていた人たちも含めると、SUIKA史上最大のインストア・ライブ大作戦の集客結果は百二十〜百三十人といったところ。フロアの逆端の方から観てくれている人もいて、本棚の裏からも演奏を観てくれている人の気配が感じられ、フロア全体をライブに巻き込むことが出来た瞬間の一体感はなんとも言えず温かかった。そして何より観てくれている人たちの目がきらきらしているのが眩しく、CD売上以上の何かを得られたと実感できるライブだった。マネージャーの持田さんの計らいで楽屋にて軽い打ち上げをし、タワー・ブックスのインストアの動員記録（それまでは約七十人が最高とのこと）を大幅にクリアした結果に満足しつつ、一同ほろ酔いで店を後にした。

八月二十三日　革命的書店内装

中央市会。『それいゆ』は中原淳一の表紙が人気で価格が高騰している雑誌の一つだが、今日はそれよりさらに入手困難になっている『ジュニアそれいゆ』が一箱出品されていた。いつもより一回り高い札を入れたが、まるで歯が立たず。かわりに宇野亜喜良さんやスズキコージさんの若かりし日のイラストが魅力的な七〇年代の絵本雑誌等を落札する。

開札待ち時間に古書会館のすぐ近くに新しく出来た「KEIZO BOOKS」を訪ねる。神保町の表通りにあった老舗、松村書店の番頭だった森さんがこの七月に出したお店。その内装に度肝を抜かれる。奥の突き当りの壁には和テイストの壁紙が貼られ、

KEIZO BOOKS
東京都千代田区神田小川町3-16
(03-3291-7170)
http://www.keizobooks.com/

フローリングのデッキの上にフランスの歴史的グラフィック誌『イラストラシオン』の皮装の合本が積み上げられ、その周囲には植栽と明るいブラウンの石が敷き詰められている。まるでＬＬビーンあたりのアウトドアショップのウィンドウを見ているかのよう。

シンプルな木製の書棚は、大判洋書の重量を加味しつつ、頑強かつローコストになるよう工夫されている。太いムク材と思われた支柱部分は薄い合板を筒状にしたもの。一メートル以上はありそうな広い柱間隔でも、棚板がまったくゆがんでいない。他にも真っ白いロール・スクリーン一枚で簡単に覆えるストック棚、パーテーションに巡らされたパターンや、広いカウンター上に装飾されているバーなど、デコレーションの随所に工夫が凝らされている。

何より驚き、感動したのは照明の使い方。本に直接照明をまったく当てず、本棚の裏側にある蛍光灯の壁からの反射光や、ファブリックごしのやわらかい灯りが中心。最近蛍光灯を避けて白熱灯などを使う書店を見ることが多いが、このように敢えて蛍光灯をアレンジした使い方は初めて見る。森さんの姫御さんのデザインとのことで、女性らしいきめ細かな視点で、照明や、書棚以外のスペースを実にうまく視覚的に使っている。久々に刺激的な内装の店に出会え、うれしい気分になった。

八月二十五日　好調！

タワー・ブックスで展開中のコーナーの様子を見に行く。毎月二十五日は、学生時代からほぼ欠かさず揃えている貴重な情報源、フリーペーパー『ｂｏｕｎｃｅ』の発行日（悔やまれるのは、過去一回だけ海外放浪中で逃したこと）。さっそく最新号を手に取る。今回は流通を手伝っている「ｎレコーズ」から九月九日に発売するサムライトループス

「bounce」
毎月二五日発行。常に一歩先の音楽情報を知ることができる、貴重な情報源。

のセカンドアルバムがレビューで大々的に取り上げられ、ＳＵＩＫＡも併せて取り上げられている。サムライトループスの新作は、七月からの関連作のリリース・ラッシュの影響か、フルアルバムなのに税込千五百円という価格戦略が功を奏したのか、ここまででかなりいい受注状況。初回プレス枚数を超えるオーダーが入りそうで、急きょ追加プレスをかけた程。リーダーである盟友タカツキの苦労が実りうれしい。

夕方、パリから来たコーディネーターのＳＡＥと打ち合わせ。新たにフライ・ン・スピン・レコーズで、「トリップ・ティック」というグループを中心に、フレンチ・アンダーグラウンドヒップホップを日本国内で流通させようというプロジェクト。ＳＡＥはフランスのサイトでフライング・ブックスの紹介もしてくれている。いくつかサンプル音源ＣＤを聴かせてもらい、お互いの役割分担とリサーチ項目の確認を取る。更にフランスでのＳＵＩＫＡの流通とＤＶＤ制作のオファーをもらう。来週代々木公園で行われるイベント、Ｂボーイ・パークの撮影の為、パリからカメラマンも到着するので、今度のマガジンハウスでのＳＵＩＫＡのライブを収録することになった。テンポよく話が展開し、東京とパリの距離を感じさせない、いいコラボレーションができそうだ。こういうオンリー・ワンのプロジェクトが生まれた時、そしてそれが胎動しているのを感じる瞬間はゾクゾクした快感が脳内を走る。

閉店間際、友人のマイケルが顔を出す。ＮＹのコロンビア大大学院から留学してきたクレバーなイスラエル人はおもしろいことを言っていた。「ここに来る途中、ずっと『時間』を具象することについて考えた。あなただったら『時間』をどう表現しますか？」そういえば彼のメールアドレスは「aidnojikan（間の時間）」。日本人でも使わない、印象深い表現だ。

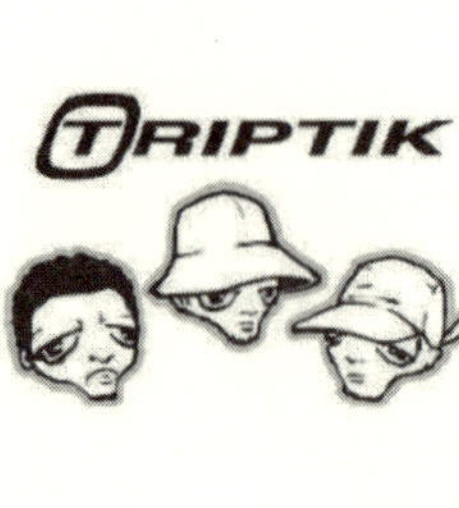

TRIPTIK
フランスのアンダーグラウンド・シーンで人気を誇る、ラッパーのダバスとブラックボウル、ＤＪのドリクセによるユニット。
http://www.triptik.net/

That's Nip Hop
フランスで日本のヒップ・ホップ・シーンを紹介しているサイト。フライング・ブックスも紹介されている。
http://www.thatsniphop.com

八月二十六日　即売展設営

早朝から「東急東横店大古本市」と神田古書会館の即売会「ぐろりや会」と設営のダブルヘッダー。東急は夏と冬に年二回、ぐろりや会は年六回、そして二年に一回くらいの確率で日程が被る。そうするとスタッフをフル動員してやっと乗り切ることになる。一年で一番たくさんの本を運ぶ日だ。東急用で約二百束（一束は三十〜五十冊）、ぐろりや会で七十〜八十束の本をトラックで運び、翌日からの販売のために陳列をする。陳列以外にも、共同で発行する古書目録の注文品を整理し、受注者の名前順に本を棚に並べたり、陳列した本のうち全集や、額等にプライスカードを付ける作業がある。お客さんも一度に大量の本を見ることになるので、本が探しやすくなるよう、陳列に手間をかければかけるほど、売上にも跳ね返ってくる。最近はみないろいろ工夫をし、アクリルのひな壇や、籐のカゴを使ってお洒落にディスプレイしていて、いろいろ参考になる。

八月二十七日　時間

明治古典会。安土堂さんにお願いしていたカタログのコピーをいただく。一八七二年（明治五年）、新橋横浜間に日本で初めての鉄道が開通した当時の写真と解説。さらに当時の模様を描いた浮世絵の資料も同封していただいた。これらは、一昨日マイケルとの「時間」についての話のなかで、彼が「日本において時間の概念は鉄道が出現したことによって大きく発展した」と言っていたので、安土堂さんの目録に日本で初めての鉄道の写真が載っていたのを思い出しお願いしたもの。マイケルによると鉄道の出現まで「分」という概念は必要なかったらしい。たしかに鉄道は時間に対して正確だ。バスにしろ飛行機にしろ多少の時間のズレは当たり前だというのに。そうなると今の学校の時

『安土堂書店』
東京都目黒区自由が丘2−8−12−10
3（03−5731−8608）
http://azuchi.cocolog-nifty.com/

間割にしても、テレビ番組についてもすべての時間割の原点には鉄道の出現というものがあることになる。

今度のマガジンハウス・バックナンバー・フェア用の『ＢＲＵＴＵＳ』数百冊を年代ごとに仕分け、一気に値段をつける。八〇年代の雑誌はいまだ評価が定まっていなく、まさに現在評価が進行中なので、一気に値付けしないとバラつきが出てしまう可能性がある。大変だけど、値付けはまとめてやってしまうに限る。引っ越し等で本棚の整理をしたことがある人にはわかると思うが、やはり気になるタイトルの号はページをパラパラめくってしまう。特に八〇年代前半の雑誌はこだわりの強い特集が多く、今読んでも十分おもしろい。珍しい「ヘミングウェイ」の特集や、「メキシコ」や「キューバ」の号はもちろん、意外なのが、今ではガイドとしてはすっかり役に立たないＮＹやロサンゼルスの特集。当時の日本の若者がアメリカンカルチャーのどんなところに注目していたかが、一目瞭然でおもしろい。今の東京のシーンの原点がここにあるのだ。

八月二十八日　即売展撤収

深夜にタカツキの家に取りに行ったサムライトループスの新作ＣＤ千枚を流通取次の原楽器さんに直接納品に伺う。段ボール十箱で、約五千円のコスト削減。その足で、神田古書会館のぐろりや会の撤収に。本が不足気味の東急古本市に本をまわすため、いつもより多い人員で一気に片付け、車に積み込む。

すかさず渋谷に移動し、週末の夕方、モヤイ像前でゲリラ的に台車山積み三台分の本の搬入を決行する。本を補充し、東急の閉店まで売場整える。会期はあと四日あるが、休日の明日が実質最後の山場となる。事前準備は出来る限りやっておきたい。

『ＢＲＵＴＵＳ』創刊号（一九八〇年）

夜、店に戻り、今夜は『ＰＯＰＥＹＥ』のバックナンバー数百冊を年代別に仕分ける。こういう時、可動式什器が役に立つ。広いオープンスペースを作り、フロア全体を使って、雑誌を年代順に並べていくのだ。七六年に創刊された『ＰＯＰＥＹＥ』は『ＢＲＵＴＵＳ』よりタイトル数も多く、分類したところまでで本日の作業は終了。明日は定休日なので、広げた雑誌はそのまま、値付けは持ち越し。

八月二十九日　現場の声

定休日。マガジンハウスのフェアの商品準備と、東急古本市の為、渋谷へ。

東急では文生堂の西村さん、マガジンハウスの柴田さんとお茶をしながら軽く打ち合わせ。柴田さんの編集者時代のエピソードなどをうかがう。バブルの頃は雑誌にも予算があり、勢いがあり楽しそうに思えた。

ＷＥＢプロデューサーの井坂が遊びに来て、久々にお茶をしながら話す。Ｉモード等モバイル技術が出現し、急速に広まっていった数年前より、ＩＴ技術の進歩とマーケットの動きはスピードが緩まってきたようだ。古本のオンライン・ショッピングも変動の時期が来ているのかも知れない。ＩＴやＷＥＢ業界の動向も定期的にチェックしなければ。サラリーマン時代に比べると、新聞での情報程度になっていて、業界の「生の声」に触れる機会がめっきり減ってきている。

店に戻り、すべての『ＰＯＰＥＹＥ』の値付けを終える。

八月三十日　さっそく

来週末のマガジンハウス・バックナンバー・フェアの記事が、朝刊に掲載された。思

『ＰＯＰＥＹＥ』創刊号
（一九七六年）カリフォルニア特集
当時の日本でサーフィンやスケート・ボードを取り上げている雑誌は他に見ない。編集者が足で調べた生々しい情報が満載。

っていたより大きな記事でラッキーだ。九州の人から『ＢＲＵＴＵＳ』のバックナンバーを売りたいとの連絡が入る。

九月五日　『SPOKEN WORDS SICK session 4』＠タワー・ブックス

タワー・ブックスのフライング・ブックス・コーナー展開に併せたインストア・イベント第二弾。イベントごと出張してしまおうということで、店で続けているイベント「SPOKEN WORDS SICK」の続編。九日に控えたサムライトループスのアルバム「ことばの音楽」のプロモーションを兼ね、サムライトループスからタカツキをはじめ三組のソロ・パフォーマンスをしてもらい、その間にスプラッシュ・ワーズから二人の詩人の朗読を挟むサンドイッチ構成。ラップもポエトリーも分け隔てなく、同じ「言葉を使ったパフォーマンス」として紹介したかった。

　トップ・バッター、七月にソロ・アルバム「sessions」をリリースしたばかりのＹ.Ｏ.Ｇ.は、ＤＪのカトウケイタが紡ぐマッキントッシュのラップ・トップ・コンピューターとターンテーブルからのトラックに乗せ、元気のいいラップを披露。不慣れな本屋の空間でも気後れすることなく、一曲目から全員を立たせ、盛り上げるあたりはさすがだ。ＮＹのカフェ等での即興などを経て、場慣れしているだけのことはある。一転、詩人のカワグチタケシさんが、じっくりしっとり言葉の世界を創り出す。二週前に同会場でライブをしたＳＵＩＫＡへのオマージュも含めるあたりが心にくい。ゴスペルも歌うラッパーＺＯＭとＺＯＥのサイフォン・コードが絶妙なハーモニーを聴かせ、さいとういんこさんが平和へのメッセージを詠み上げる。トリはサムライトループスのリーダー、タカツキ。最後に今回の新しいＣＤに収録されている「Defect to Venezuela」をＹ.Ｏ.Ｇ.と

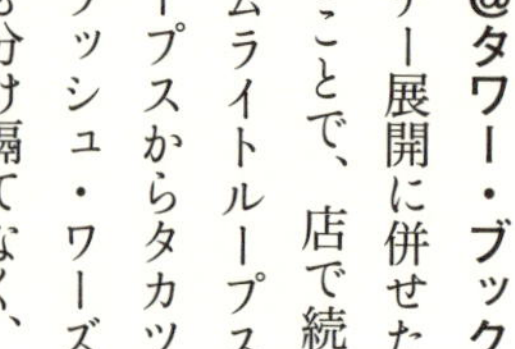

サムライトループス（ＳＭＲＹＴＲＰＳ）
タカツキ、ＹＯＧ、メテオ、ＺＯＭ、ＺＯＥ、ＳＥＭＭＹ、キャッチーな曲の上で絡み合う、個性豊かな六人のラッパーたち。いい意味で力の抜けたゆるさが魅力のユニットは、ヒップ・ホップ・ファン以外にも幅広く支持されている。
http://sound.jp/nrecords/

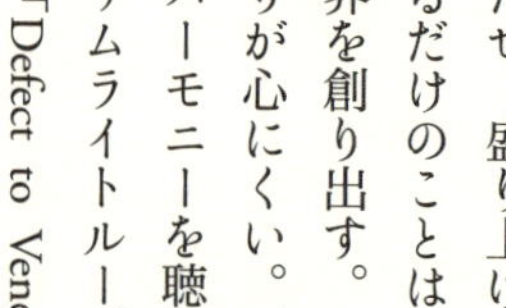

「ことばの音楽」SMRYTRPS
(n-records 2004)

サイフォンが加わり四人でセッションし、彼らしく賑やかで楽しい幕となった。
今回も開演前からすでにかなりの立ち見が出るほどの人が集まり、大成功のイベントとすることが出来た。今日来てくれた人の中に、ポエトリー・リーディングやラップを初めて聴いたという人はどれくらいいただろうか。これがきっかけで、パフォーマンスを始める人がいてくれたら尚更すてきなのだけど。

九月八日　追い込み

朝、九州から大きなダンボール六箱分の『ＢＲＵＴＵＳ』創刊から三百九十五冊揃が届く。フェアの中では最も大きいセットで目玉商品になるので、夕方からのバックナンバー・フェアの設営に間に合うよう、急いでコンディションをチェックする。密閉できるジップロック式ビニールに入っており、全て新品のようなコンディションで、巻抜けもない素晴らしいコレクションだ。フェアでちゃんと誰かの手に渡ってくれるといいのだが。

二〇年代後半の『平凡』から最近の『ＲＥＬＡＸ』まで、マガジンハウスの雑誌だけで、ステーション・ワゴンは満載になる。ウェイトオーバーだと極端に車高が低くなるので、フジ・ロック帰りに高速道路でパンクして以来、ついタイヤの振動に神経質になってしまう。

集合時間ぴったりに銀座のマガジンハウスに到着すると、西村さんも既に到着しており、早速作業を開始する。導線や配置を決めたり、ディスプレイを考えながら結局、二十一時まで作業は続いた。新橋の青空古本市で慣らしている西村さんは、何の変哲もないワゴンを、あっという間に見栄えのする売り場にしてしまう。僕ももっとアウェーの

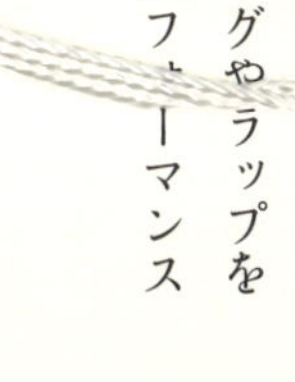

「sessions」Y.O.G
(n-records 2004)

http://www.yog-web.com/

カトウケイタ
サムライトループスの三代目ＤＪ。二〇〇五年夏リリース予定のサード・アルバムの作曲は彼とY.O.G.が中心となる予定。
http://sound.jp/web1689/

サイフォン・コード
http://www.siphoncode.com/

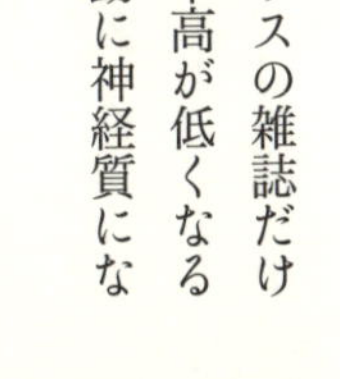

「カワグチタケシ詩集」
（スプラッシュ・ワーズ　二〇〇二年）

イベントに強くならなくては。準備は万端、あとは明日、お客さんが来てくれるかどうかだ。マガジンハウス、古書店側、どちらにとっても初めての試みなので、まったく予想がつかない。

九月九〜十一日　「ROOTS&NEXT」

初日朝、取材が入るので開場時間より早めにマガジンハウスに入る。記者に会場の説明をしているうちに、少しずつ人が集まり始める。初めは社員の人なのか、お客さんなのか見分けが付かなかったが、どうやらお客さんのようなのでほっとする。最終的に十一時の開場時間には二十人近くのお客さんの行列ができた。今の雑誌の購読層を考えると若い人が中心になるかと思ったが、『an・an』創刊や、『平凡パンチ』のリアルタイム世代と見られる年輩の人も多かったのが意外だった。反面、マガジンハウスの雑誌と文化をテーマに研究しに来たという学生もいて、老若男女幅広い層に来てもらえたのがうれしい。

　売れ行きは安いものより、値段もしっかりしている創刊号や、珍しい特集の号の人気が高く、特に『オリーブ』、『POPEYE』。創刊号初期の『an・an』などは、あっという間に品切れになってしまった。デザイン事務所が、『BRUTUS』と『POPEYE』の大揃い総数約七百五十冊を購入してくれてひと安心。売れ残っても置き場に困るので、店に持ち帰りたくなかった。マガジンハウス社内の人たちが見に来てくれるのもうれしかった。石崎社長は自分が編集した号を見て「こういうのを見てると、胸がキュンとなるね」という名言を残していってくれたほど。他にもマガジンハウスの創世記を作ってきたベテランのライターや編集者が予想以上に多く来てくれた。今回は販売

「ROOTS & NEXT」ポスター
（報告と次回以降のお知らせ）
http://www.flying-books.com/magazinehouse.htm

だけではなく、歴代創刊号の表紙のパネル展示もしており、戦後の雑誌と文化の足跡を振り返る試みとしても意味のあるイベントにできたと思う。

　予期せぬボーナスは資料室に入れたこと。顔料インクで印刷されている『平凡』の創刊号をはじめ、見たこともないお宝の山、山、山。雑誌で使われた歴史的な写真のプリントもきちんと被写体の名前ごと、ジャンルごとに管理されている。いいものはやはりあるべきところにはあるものだと実感。ここだったら数週間は飽きずにこもれそうだ。

　最終日、イベントの締めくくりはＳＵＩＫＡのライブ。書店でのライブまではわかるけれど、出版社でライブをしたヒップホップ・ユニットは彼らが初めてだろう。吹き抜けの空間は開放感たっぷりで、ライブをするのにも、観るにも快適な会場だ。ワールド・マガジン・ギャラリーの名にふさわしく、ＮＹ、パリ、イスラエルなど国際色豊かな友人たちが集まり、このライブ映像はパリに持ち帰られることにもなった。

九月十三日　出発前夜

明日の旅立ちの準備へラストスパート。マガジンハウスで売れた雑誌の納品、国際免許の申請、タワー・ブックスのコーナーの引き継ぎ、などなど。相変わらず出発前はバタバタで徹夜になってしまう。早く飛行機で眠りたい。

　「六感を使って楽しむ精神の旅」（『nana.tv　＃005』二〇〇四・一より）

「読む」ではなく「見る」本。外国の言葉は読めなくても、表紙や中の写真を眺めるだけで、ドキドキしてきたり、暖かい気持ちになれる本。これはフライング・ブックスのセレクション・テーマの一つで、写真集もそんな存在です。

『an・an』創刊号（一九七〇年）当初はＥＬＬＥジャポンの提携誌だった。堀内誠一によるアートワークは今見てもかっこいい。

『olive』創刊号（一九八二年）

日頃、「本を読む＝精神的な旅に出る」と考えています。僕は旅が大好きなのですが、店の仕事などもありなかなか時間がとれないのが現状で、そんな時は大自然や動物の写真集を眺めることによって、次の旅へのイマジネーションを膨らましたりしています。そんな「読書」という旅のいいところは、空間的な移動だけではなく、時間的な移動も可能というところです。行ってみたい場所の中には、時の流れの中で変わってしまって、もはや行くことが不可能な場所もあるのですが、それを可能にしてくれるのも写真集です。二十世紀初頭の華やぐパリにはアジェやラルティーグが連れて行ってくれますし、一九五〇年代のモスクワやローマをウィリアム・クラインと旅するのもすてきな時間の過ごし方ですよね。ロバート・フランク、森山大道らの時代のカオスを内包したかのようなザラついた写真たち。彼らが切り取った都市たちは、その緊張した空気感までをも見る側に伝えてくれます。

また、古い写真集にはこんな楽しみ方もあります。

古い本や雑誌は紙や印刷のインクも現在とは少し違うようで、独特の質感があり、同じ色でも違って見えるものがあります。特に一番シンプルな色、「黒」に違いを感じることが多いです。昔の写真集の多くは深く、吸い込まれるような暗さがあって、そこに魅力を感じるのですが、最近のリプリント版は大体、この魅力的な影を明るく修正してしまう傾向があるようです。初版では見えにくかった部分が見えてはいるのですが、何か潜んですらいそうな暗闇のエネルギーは逆に弱まってしまっている気がします。ですので、特に好きな写真集は初期のエディションのものと、新しいものとを見比べてみるのがいいかもしれませんね。

また意外かもしれないのですが、古い本の独特の匂いも好きです。特に海外の本はこれが強いのですが、これも紙とインクに違いがあるのでしょう。これにおいしいコーヒーと、さりげないＢＧＭでもあれば、もう言うことなしです。五感すべてを駆使して写真集を楽しむと、きっとそれを通り越して、あなたの第六感を覚醒させてくれる一冊が見つかることでしょう！

『CHELSIA　HOTEL』Claudio Edinger　一九八三年

　ウォーホルやバロウズも住人だったＮＹの名物ホテルの風景を切り取った写真集。デヴィッド・リンチの映画を思わせる様な個性豊かな住人たちのストレンジな生活風景は、八〇年代初旬に撮られたものながら、ＳＦの世界に紛れ込んでしまったような気すらしてくる。

『PHOTOGRAPHIE』Tomi Ungerer　一九九一年

　シニカルでエロティックなイラストレーター、アンゲラーの唯一の写真集。あのイラストの世界がそのまま実写になっているようなものや、その独自の視点で切り取った日常の風景、荒いタッチのアーティスティックなものまで、イラストだけではわからないアンゲラーの世界が覗ける。

『search for a stone』Bruno Munari　一九七二年

　イタリアの人気グラフィック・デザイナー、ムナーリによる、ただの石ばかりを集めた風変わりな一冊。そこら辺で集めてきたような何の変哲もない石たちもムナーリの想像力にかかるとジャングルの模様だったり、海の波間になったり。思わず笑みがこぼれる一冊。

『CHELSIA HOTEL』

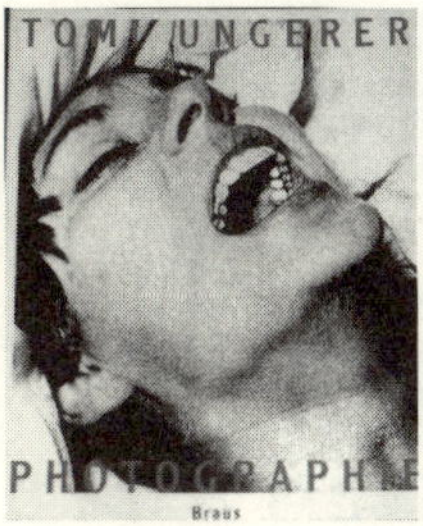

『PHOTOGRAPHIE』

「世界で最も偉大なるジャンキーとポルノの帝王の物語」（二〇〇二年『古書月報』より）

男色でジャンキー（麻薬中毒者）、おまけに妻殺し。異端のアメリカ作家と、パリの前衛出版の問題児との出会いによって創られた二十世紀アメリカ文学の傑作、ウィリアム・バロウズのオリンピア・プレス版『裸のランチ』。通常、消耗品的に読まれるペーパー・バックにカバーがつくことは稀だが、この本には当時バロウズの〝恋人〟でもあった画家のブライアン・ガイシンの書道のようなアートワークによるカバーが施され、この点にアメリカの出版社にはないエスプリが感じられる。カバーを外すと、シリーズで統一された深い緑に白と黒で縁取られた装丁の裏表紙に「NOT TO BE SOLD IN U.S.A.&U.K.」の文字が。パリで作られたのに、英語で書かれ、しかも英米で売るなというなんとも風変わりな本である。

良家に生まれ、ハーバード大卒という肩書きがありながら、麻薬に溺れ、挙げ句の果てに、過失とは言え妻を射殺し、保釈中のメキシコからモロッコに逃亡した異色の作家、ウィリアム・バロウズは、第二次大戦後の高度成長期に物質主義、大量消費主義の価値観からドロップアウトしていった、五〇年代のアメリカ文学の潮流、ビート・ジェネレーション（その後のヒッピー運動、カウンターカルチャーの原型）の代表作家でありながら、人間の内面的な充足を求めて禅やインド思想に傾倒していった他の代表的な作家ギンズバーグやケルアックらとは作風も経歴も違い、その存在は最も異端的である。

一方、オリンピア・プレスのモーリス・ジロディアスは、ポルノ本を量産する傍ら、もうひとつの看板商品である「トラヴェラーズ・カンパニオン・シリーズ」で当時、

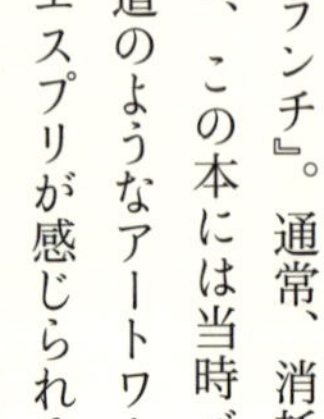

『The Naked Lunch』
William Burroughs
(Olympia Press 1959)

アメリカやイギリスで出版するのが難しかった作家たちの作品を世に放っていった。一九五三年設立時に、ヘンリ・ミラーの『プレクサス』とともに、サド、アポリネール、バタイユの翻訳を出版し、のちにフランス当局により発禁処分となる『O嬢の物語』やナボコフの『ロリータ』が生まれた。これらのシリーズは旅行者をはじめ、当時ヨーロッパに駐留していたアメリカ兵や船乗りに人気を誇り、こっそり持ち込まれたロンドンやニューヨークの地下本クラブでは何倍もの値段で取引されたそうだ。

そして一九五九年、モロッコでポール・ボウルズとの日々を送っていたバロウズの『裸のランチ』の原稿がギンズバーグらの協力によってパリのジロディアスの元に届き、シリーズに二十世紀最大のドラッグ文学作品『裸のランチ』が加えられる。その後六〇年代に入り『ソフトマシーン』『爆発した切符』と計三冊のペーパーバックがオリンピアから出版された。

ジロディアスは通常このシリーズの本を各五千部作ったという。たかが日本で言うところの文庫本だけれど、今の大量生産、大量消費される本にはない、書き手、作り手の情熱とこだわりが感じられるこのシリーズをすべて並べてみたいものだ。

『The Soft Machine』
William Burroughs
(Olympia Press 1961)

V

ブック・トリップ・イン・アメリカ

二〇〇四年九月十四日　三年ぶりのアメリカ

前回は三年前、9・11のテロの一週間後にサンフランシスコとシアトルを訪れた。どちらもすごく寒く、着いてすぐにひどい風邪をひき散々な旅だった。

今回は七月から店のスタッフとなったごし君と、フリーペーパー『IMPACT』発行人のカトヨと三人の旅。ごし君は『IMPACT』のライターでもある。本の仕入れに加え、現在彼らと製作中のビート・ジェネレーションに関する書誌兼ブックカタログ（以下、『ビート・カタログ』仮称）の為の取材でもある。

出発前の疲労もあり、ぐっすり寝ている間にシアトル・タコマ空港に到着。ここ急に厳しくなった入国審査に時間をとられる。海の向こうの戦争が引き起こす緊迫感が遠く離れたこの空港にも満ちている。荷物引取りの際も、無愛想な警備員にしつこく質問を受け、おみやげの中まで開けられた。大勢の人のプライドを傷つけ、時間を無駄にさせているのも戦争の被害のひとつだと思う。

滞在予定の叔父の家に連絡を入れ、バスで市内へ。ダウンタウンからフェリーで三十分ほどの街、ポウルスボーを目指す。フェリーが来るまでの時間、船着場の横のテラスで、個人的にはシアトル最大の名物、アイバーズのクラムチャウダーを食べる。これをなくしてシアトルは語れない。

九月十五日　セカンド・ハンズ

叔母の晴美さんとシアトル北西にあるポート・タウンゼントへ。古いレンガ造りの建物が残るかわいい港町で、映画「愛と青春の旅だち」の舞台になった。観光地だが二軒の古本屋があり、見たこともないような掘り出し物に出会えることもあるので侮れない。前回は月刊誌だった頃の『ホール・アース・カタログ』を手に入れた（後日、ワタリウム美術館の「バックミンスター・フラー展」で展示されたもの）。

裏通りに車を止め、手始めにお気に入りの車のアンティークショップを訪ねるが、あいにく休みで、さっそく隣の古本屋に入ることになる。ボーイスカウトものや、歴史ものに強い店で、壁に立て掛けたボートを本棚に使っているのがかわいらしい。今回の買い付け第一号、表紙のアートワークが素晴らしい三〇年代の『フォーチュン誌』を数点買う。一冊は戦時中の日本特集。次にメイン・ストリートの古本屋を訪ねる。間口は狭いが、奥にひたすら深い店内。お宝は入り口すぐのショーケースに入っているが、実はその裏のごちゃごちゃしたカゴの中がおもしろい。なんと、三〇年代のロシアバレエ団のアメリカ公演パンフを見つけた。当時一世を風靡したロシアバレエ団のパンフはパリなどでも高値で取引されており、なかなか手に入らない代物だ。その他、ビート関係の初版を数点手に入れる。

田舎の古書店のいいところは、コンディションのよい本が多いこと。英語で古本のこ

Ivar's
絶品のクラム・チャウダーは冷蔵パックもあるのでお土産に。サーモンやオイスターなど各種フィッシュ・アンド・チップもおいしい。
http://www.ivars.net

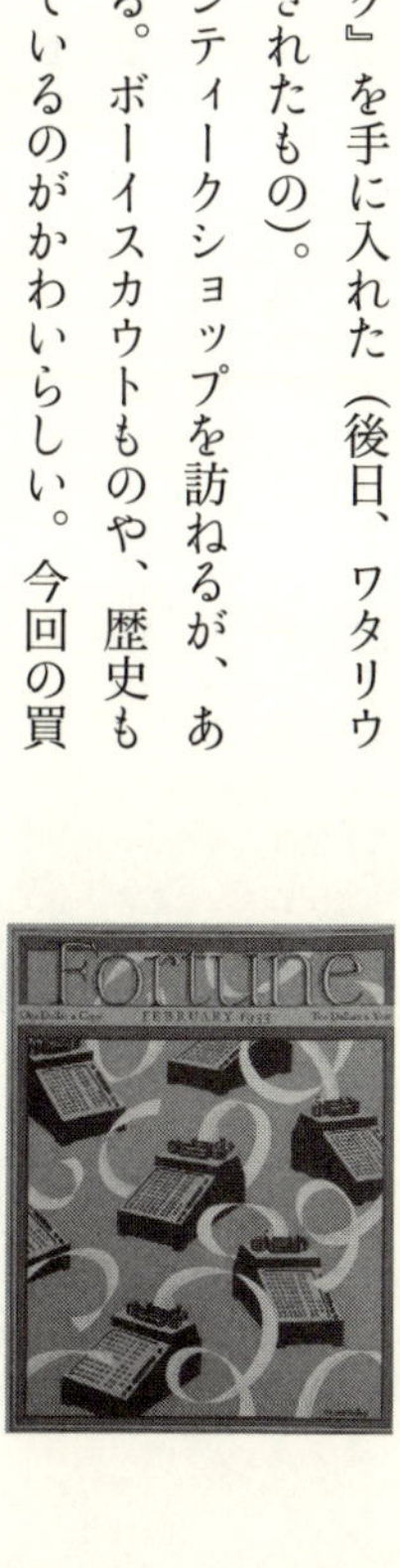

『Fortune』一九三三年二月号

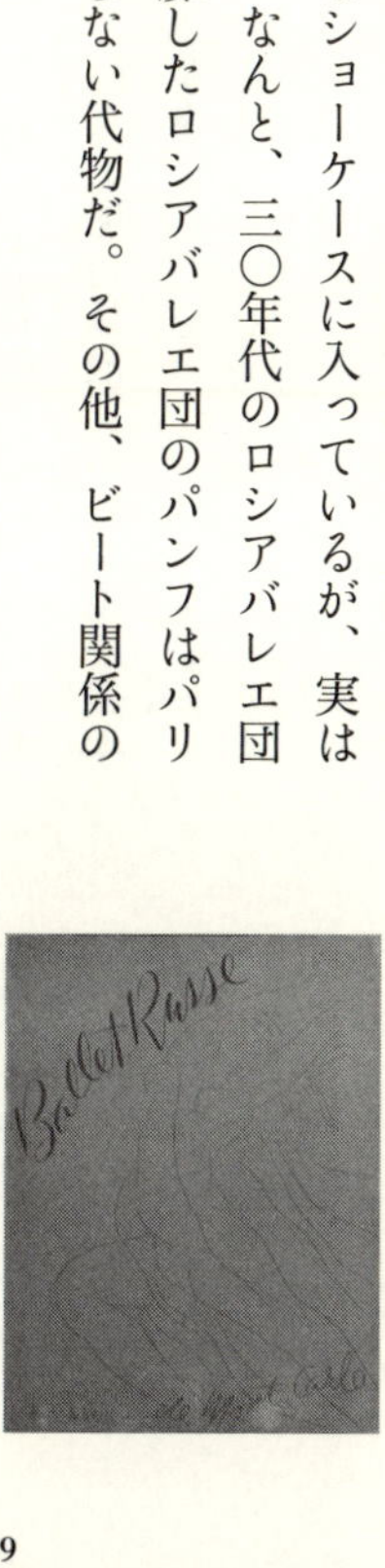

『Ballet Russe』（一九三九年）マティスによる表紙

とを「セカンド・ハンズ・ブックス」という。これは二人目の手に渡るからだが、都会で見つかる古本は古書店を何度か流通したものも多く、実際はサード（三人目）、フォース（四人目）ハンズかそれ以上であることも多い。田舎の場合は最初の持ち主が長年大事に持っていて、初めて古書店に出たと思われる本が多いのだ。

九月十六日　寒い！

天気が悪く寒い。東海岸に来ているハリケーンの影響で、今年はどこも異常気象のようだ。ダウンタウンに着くなり真先に上着を買いに行く。ダウンタウンの古本屋を数軒覗くが、めぼしいものは見つからない。お気に入りのセレクトショップや、スポーツ・ウェアのショップを覗きつつ、地元の人も観光客も集まるパイクプレイス市営市場へ。ランチは市場の魚屋に併設されたフィッシュ・アンド・チップス屋の極上のイタリアン・シーフード・シチュー。魚介がたっぷり入ったピリッと辛い、熱々のトマトシチューが体を温めてくれる。やけど気味の舌をスターバックス一号店のアイスティーで冷ましつつ、ダウンタウンから少し離れた、知る人ぞ知るアンティークモールへ向かう。その中にある膨大な在庫の絵本屋が目的だったのだが、残念なことにモール自体がクローズしていた。窓から覗くと、がらんともぬけの殻となってしまった店内に、からっぽのガラスのショーケースだけが物悲しげに取り残されていた。

雨が降ってきたので、そのまま坂道を登り、アウトドアショップのREI本店で傘を購入。ここはロック・クライミングのトレーニングを体験出来たり、敷地にマウンテン・バイクのテスト用トレイル（山道）があったり、買物をしなくても楽しめる仕掛けがたくさんあり、一見の価値がある。

REI
シアトル本店のロッククライミング練習場は以前日本にあったものと比べ物にならないくらい大きい。他にもエディ・バウアーなどシアトル発祥のアウトドア・ブランドは多い。
http://www.rei.com/

シアトルの情報発信地キャピトルヒルへ向かうが、雨足が強くなってきたので、途中の「ハーフ・プライス・ブックス」というチェーンの古書店に入る。ラッキーなことにセールをやっていて全品二十パーセントオフだ。巨匠フランク・ロイド・ライトの建築が立体的に飛び出すポップ・アップ・ブックとピーター・マックスの絵本を入手。

　アメリカにはあまりお気に入りのレコード・ショップがないのだが、キャピトルヒルには例外が二軒あった。訪れるとたいてい何か見つかるのだが、その両方ともが潰れていた。雨の中、商店街の最終地点まで歩いたのに、つくづくついていない。

　猫たちが店内を自由に闊歩し、深夜まで営業している街の憩いの場的な「トゥワイス・ソールド・テールズ」は入ると食べ物の匂いがする。相変わらず不思議な空間だが、なかなかおもしろい本がある。ここではギンズバーグのサイン入り詩集を入手。帰り道、再び雨足が強くなってきたので、アーティストのサロン的カフェ、「バウハウス」に入る。無料で開放されているワイヤレスのインターネットサービスもあり、でかいラップトップを持ち込んで何かを一心に書く人、本を読む人、議論しあっている人、みな思い思いの時間を過ごしている。インターネットの普及していないころから変わらないボヘミアンな空気にほっとする。

　夜はとこのキャロルの誕生日祝い。ジョークでバービーのポストカードと日本から持ってきたコギャル雑誌をプレゼント。もう二十三歳だけど。アメリカで生まれ育った彼女には日本のユース・カルチャーはどういう風に映るのだろう。妹のエミリーもつい先日誕生日だったので、懐かしいフェイクの板チョコ型ミラーが付録の日本のギャル系雑誌をプレゼントする。

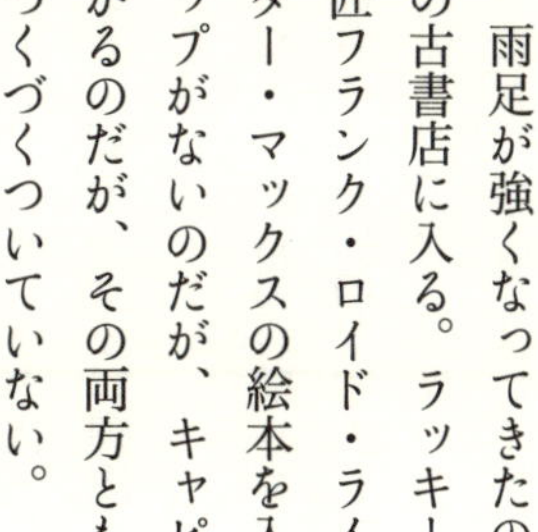

「THOUGHT」
Swami Sivananda, Peter Max (1970)

Twice Sold Tales
シアトルに三軒ある。
http://www.twicesoldtales.com/

Bauhaus Books & Coffee
301 E Pine St Seattle

九月十七日　念願のボール・パーク

ちょっと早起きして、ダウンタウンからバスで二十分ほどのワシントン州立大学（通称UW）地区へ。ここにもお気に入りのショップがいくつかある。まず、以前雑誌を大量に買った「Uトレーディング・カード・ショップ」へ向かう。しかし、あるはずの住所に店がない。日本を出る前にメールを入れたが、返事がないので心配していたのだが。残念。

途中、大きな新古書店を覗き、メイン・ストリートへ。ここでもなじみの店が一軒クローズしていた。かわりにポートランドの巨大古書店、「パウエル」の出店が準備されているらしく、大きなスペースに買取カウンターだけが設置され、本を売りに来た人が三列ほど整然と並んでいた。アメリカでも大きな資本に独立系書店が淘汰されていく構図はかわらないようだ。ここでも店内を猫が闊歩する、「トゥワイス・ソールド・テールズ」の支店は、通りの向かい側に移転して広くきれいになっていた。特に買うものはなく、挨拶だけして店を出る。もう一軒の名物書店、「メイガス」も健在だ。

シアトル郊外の図書館で働いている友人のクリスティンと、大学のみやげものなどを売っている書店で待ち合わせランチに。前回彼女とシアトルであったのはまだ彼女がUWの学生だったころだ。クリスティンのボーイフレンドの案内でタイ料理屋へ。UWは留学生も多く、各国のエスニック料理が安く食べられる。

午後、ダウンタウンへ戻る途中、まだ行ったことのなかった古書店兼レコード店「フィリッピ」へ。やわらかいしゃべり方の上品なおばあちゃんが店内を案内してくれ、奥の部屋ではおじさんとおばさんがベンチで雑誌を読みふけっている。探しているタイトルを伝えるとそのおばさんが説明をし始める。どうやらお客さんではなくて、お店の人

パウエルの出店
後日、出店ではなく、一時的な買取カウンターのみの設置ということが判明。

Magus Books
大学の校門のすぐ前。
1408NE 42st Seattle

Fillipi Books & Record Shop
1351 Olive way Seattle

のよう。こんなゆるさもアメリカの古本屋さんの魅力だ。三軒分の壁を抜いたと思われる、図書館のように広い店内は、二階や中二階が立体的になっていてまるで迷路のよう。膨大にある年代もののレコードや古書はとても全部は見られないので、的を絞って雑誌を数冊購入。会計をしながら、日本に友達がいるというおばあちゃんとおしゃべりを楽しむ。

別れを告げダウンタウンへ。今夜は三年前、テロの影響で見逃した雪辱のマリナーズ戦だ。まだ時間があるので、以前ヌーディスト・コミューンの雑誌などがあったアンティークショップへ。地下の穴倉のような店はあきらかに以前より在庫が減っており、新しいものが入った形跡がない。明らかに店は老衰期に入ってしまっている。少し寂しい気持ちになりながら店を後にする。

以前覗いたが敷居が高くて何を見てよいかわからず、すぐに出てしまった「ウェゼル&リーバーマン」に立ち寄る。勇気を出して入るとまだ稀覯本を見慣れてなかった三年前よりは本を見られるようになっていた。美術書ばかりかと思っていたが意外と文学書もあり、店の人に話しかけるといろいろ出してきてくれる。シアトルで六〇年代に発行されていたサイケデリック地下新聞『HELIX』の百二十五部中百十二部が揃ったコレクションを見せてもらう。まだ若そうに見えるマークとマイケルは気さくないい奴で、ゲーリー・スナイダーが来日した時の話などで盛り上がり、スプラッシュ・ワーズのゲーリーの序文が入ったナーガさんの詩集を見せると大変気に入ってくれたので、プレゼントする。自分が手がけたこの小さな本が、海外でも喜んでもらえるとは思っても見なかった。国籍や言語は違うが、同じ「テイスト」を持った人と知り合い、友情が芽生える瞬間は、本当に世界はひとつなのだと強く感じる瞬間だ。

Wessel and Lieberman Booksellers
208 First Ave Seattle
http://www.wlbooks.com/

『HELIX』
シアトル・ローカルのサイケデリック新聞。『サンフランシスコ・オラクル』や『イースト・ビレッジ・アザー』など、六〇年代後半から七〇年代前半にかけて各都市で若者たちの手によるアンダーグランド・プレスが盛り上がった。

興奮冷めやらぬまま、世界で好きな書店の三本指に入る「エリオット・ベイ」の地下のカフェで渇きを癒し、古書コーナーで見つけたジャック・ケルアックがまだジョン・ケルアックだったころの処女小説『タウン・アンド・シティ』に後ろ髪引かれながらも、プレイボールが近いのでセフィコ・フィールドへ向かう。
ビールを買ってライトスタンドへ急ぐと、野球狂の叔父のヒロさんはとっくに着いていて、打撃練習を見ていた。地区優勝した三年前と違って今年のマリナーズは絶望的最下位の上に、今日の相手は強敵オークランド・アスレチックス。約八十年ぶりの年間安打数新記録がかかったイチローの人気は予想以上で、イチローが打席に入った時の球場全体が一体となったイチローコールには思わず鳥肌が立った。ゲームはイチローの二安打を含め、打線のつながりを見せマリナーズが快勝した。前に来たときも感じたが、球場が一体となった連帯感や盛り上がりは日本のプロ野球観戦にはないものだ。こちらは大の大人がホームランボールを取るためにグローブを持って観戦するのも珍しいことでないし、歌も贔屓のチームに関係なくみなで一緒に歌う。球場は子供だけでなく、大人にも夢を与えるボール・パークなのだ。

九月十八日　パスポートを持って食い倒れ旅行

まだ薄暗いうちに起床し、カナダのバンクーバーまで日帰り旅行。スーパーで食料を買い込んで、二時間ほどでカナダ国境へ。さらに三十分ほど走ると、香港からの移民が入り急速に発展中のリッチモンドに着く。ここでは本格的なスタイルの飲茶が手ごろな値段で食べられる。予定していた人気店「麒麟」は二時間待ち。空腹を紛らわせる為、近くに新しく出来たモールで時間をつぶす。なんとここでの一番人気は日本の百円ショ

Elliot Bay Bookstore
101 South Main st Seattle
http://www.elliottbaybook.com/

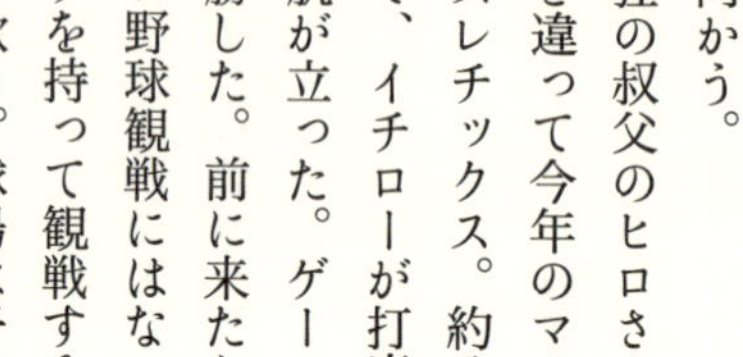

マリナーズ対宿敵アスレチックス戦のチケット

（麒麟）KIRIN SEAFOOD RESTAURANT
2nd Floor, Three West Centre
7900 Westminster Highway
Richmond, B.C.　Canada
(604-303-8833) 予約推奨
http://www.kirinrestaurant.com

ップ「ダイソー」。みな夢中になって日本語のラベルのついた商品をかごに入れている。念願の大きな円卓でヒロさん家族と、ごし君、カトヨと総勢七人で、いままで食べたこともないような本場の飲茶をたらふく食べる。夕食までの時間、ダウンタウンにあるトーテムポールの聳え立つ広大な公園、スタンレーパークを車で一周し、若者に人気の繁華街ロブソン・ストリートを散策する。ここではアメリカのオリンピック代表チームのユニフォームにも選ばれたカナダのオリジナルブランド「ルーツ」が人気のようだ。たしかにベーシックで飽きのこない洗練されたデザインのものが多い。記念にパーカーを購入。バンクーバーの名物シーフードを、ということですし屋で少し早めの夕食を取り、帰路につく。叔母のはるみさんが驚異的な運転で高速をぶっ飛ばし、フェリーにすべり込みセーフ。七年振りのカナダ、ご馳走尽くしのデイ・トリップだった。たまには本に触れない休日もいい。

スタンレー・パーク
ダウンタウンから歩いて行ける、原生林のある海辺の広大な公園。水族館のシャチ・ショウがおすすめ。イルカと違って巨大で大迫力。前で見たい人は要傘。

ROOTS
シンプルなデザインが評判で、アメリカのオリンピック代表チームのウェアにも選ばれた。
http://www.roots.com/

九月十九日　西海岸で最も大きい書店

早朝、眠い頭をすっかり冷え込んだ外気で覚ましつつエアポートへ。シアトル滞在六日目にしてやっと、フリーウェイ沿いの深い木々の間、湾の向こう朝日に輝くマウント・レイニアーを拝むことが出来た。空港に着くと、ボディチェックに長蛇の列。靴も脱がされ、セキュリティゲートをくぐる。思いも寄らないところで時間をとられ、ゲートへ向けて走るはめに。以前は空港内のカフェで一息入れたり、本屋を覗いたりしたものだが、ぴりぴり緊張した空気の中、普段より三十分以上余計に時間をとられるようでは、ゆっくりする気も起きない。テロ&開戦以後、空港内のショップは大打撃だろう。

あわててゲートに駆け込むと乗るはずの飛行機が見当たらない。まさかと思ったが、みな徒歩でグレイハウンドバスより一回り小さいプロペラ機に向かっている。機内は横に三席しかとれないせまさで、たった一人のスチュワーデスさんが飲み物をサーブしてくれる。心もとない飛行機でも良かったことは、飛行高度が低いので真っ白な雲海から神々しく頭を出すマウント・レイニアーを近くから拝めたこと。約四十分でポートランドの空港に着く。各都市間のバスのチケットを買うより、今回の周遊券の方がコストが安いのは間違いないが、シアトル・ポートランド間に関してはチェック・インにかかる時間を考えるとバスを使ったほうが早いようだ。

荷物を受け取り、公共交通機関のお手本とも言われている、窓が広く快適な電車でダウンタウンに向かう。きちんと滞在するのは初めての街なので、とても楽しみだ。チェック・インを済まして、まずは腹ごしらえ。ノブ・ヒルのインド料理店は、オーガニック・フードにうるさい街らしくヘルシーでボリュームたっぷり。体力をすっかり回復したところで、西海岸最大の書店「パウエル」へ。

日本のビート詩人ナナオサカキも勧める、西海岸の本好きで知らない人はいないであろうこの書店は、なんと街の一ブロック全体を占めている。毎日九時から二十三時まで開いているが、まずは営業時間が十九時までのレア・ブック・ルームに足を運ぶ。この書店でやみくもに本を探そうとしたら、それこそ一週間くらいは必要になるだろう。あらかじめ、狙いを絞るに越したことはない。今回はあらかじめお土産でもらった店内マップがあったので、いくつかにテーマを絞っておいた。

そこだけで一軒の書店と言えるくらいの広さがあるレア・ブック・ルームに入るとさっそく正面の文学の棚に向かう。天井までアルファベット順に整然と並んだ本棚にケルアックらのレアブックが並ぶが、コンディションのあまり良くないものしか残っていな

マウント・レイニアー
標高四三九五メートル、カスケード山脈で最も高い。かつて移民してきた日系人には「タコマ富士」として親しまれた。

Powell's City of Books
1005 W Burnside Portland
http://www.powells.com

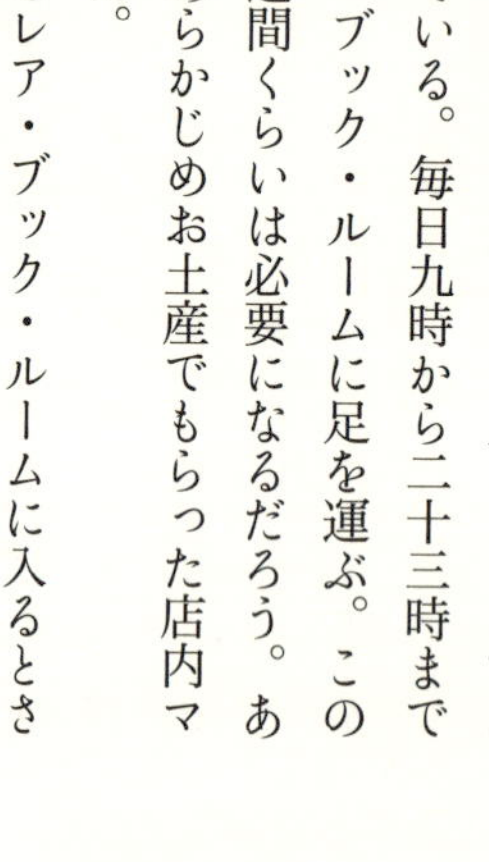

い。カバーのない『ダルマ・バムズ』初版や、『路上』の初期のプリントのものがある。値段もそれなりに手ごろだが、やはりカバーがないと華がないので、とりあえず見送る。バロウズは初版本もあるがそれなりにいい値段だ。いくつかの本を手に取ると、値段やコンディションの書いてある札の裏にアマゾン・ドットコム等で有名なお店の価格が比較して記入してある。当然ほぼ同じか、安い値段設定をしている。うーん、研究熱心というか、これではネット通販で買っているのとかわらない気もする。いまいち冴えないまま、中程の鍵のかかった段に目を向けると、初めて見るリチャード・ブローティガンのサイン本を発見。もちろん値段もとびきりなので、じっくり眺めて心に焼きつけてから、そっと棚に戻しておいた。

お店番をしている女の子に、探しているバロウズの小説やスナイダーの詩集を伝えると、ランディが詳しいから会えという。どんな人なのか楽しみ。リトルマガジンの話をすると、他にも近所の雑誌を扱うショップを数軒教えてくれる。こういう現場で入る現在進行形の情報が一番おもしろい。そうこうしているうちにランディが戻ってきて、あっという間に探しているジャンルの本を積み上げてくれる。しばらくの間、本を眺めながらおしゃべりをし、明日の昼にもう一度会う約束をする。

あまりに一度に大量の本を見過ぎて、消耗してきたので、気分転換に外へ。いい本は強いパワーを放っているので、見るこちらの方もエネルギーを要する。疲れてくると、集中力が落ち、見落としが出てきてしまう。いい本を見るときは出来るだけ精神、体力共にコンディションを整え、適度に休憩を入れながら見るのがコツだ。

人通りの少ない路地裏で小さなお祭りをやっており、いかにもポートランドらしいグランジ風ロック・バンドががなり声を上げている。そんな裏通りに「パウエル」の女の子に教えてもらったお店はあった。ＺＩＮＥと呼ばれる、自主制作小冊子を壁一面に揃えている。店主はそうしたＺＩＮＥを保存しようとする運動を長年続けているとのこと。心から支持したい動きだが、残念ながら店主には会えなかった。その二軒先にはエロティックなＺＩＮＥや古いポルノ雑誌を集めたマニアックな店があり、本棚には一部日本のコミックやアラーキーの写真集などもあった。大型店の近くに、インディペンデントで良質な店があるのは、その地域の文化の為にも良いことだと思う。経済と文化のバランスが大事だ。

街の中心を散策し、カフェで一息入れてから再び「パウエル」に戻り探索の続き。写真集のコーナー、文学のコーナー、絵本のコーナー、あまりに広すぎて迷子になってしまうほど。選んだ本は四階のストックルームにしばらく預けることができる。各セクションで選んだ本はそこに運んでもらい、とりあえず明日もう一度チェックすることに。二十三時の閉店間近になり、お腹も減ったので帰ることにする。今回の宿泊は久々にユースホステルのドミトリー。ポートランドのユースはこじんまりしているが、清潔で居心地がよい。フリーのワイヤレスＬＡＮが入っていて、ラップトップと端子をもっていれば誰でも無料でインターネットが使い放題というあたりはさすがアメリカだ。

九月二十日　買い物天国

昨夜ダイニングで深夜まで話しこんでしまい、ちょっと寝坊。まさかポートランドで、一度も観たことのない日本で人気の韓国テレビドラマ「冬のソナタ」の話を韓国の人と話すことになるとは思ってもみなかった。

「パウエル」に戻って、古書探索の続き。きりがないので午後二時までと時間を決める。

手始めに、天井まで高く聳える棚に収められた文学系のリトルマガジンを物色。薄くて背がないものが多く、探すのに苦労する。しかしそんな中に、まだ見たこともないようなおもしろい雑誌が潜んでいることがあるのだ。六〇年代の硬派な文学雑誌をいくつか選ぶ。レア・ブック・ルームのランディのところに顔を出し、各階の本を取りまとめ、いよいよお会計。マネージャーが、四階のストックルームから商品陳列用のブックカートに載せたまま一階のレジまで運んでくれ、しばらく時間がかかると言うので、店内のカフェで時間をつぶす。ついでにシアトルで買った本も持ち込み、一緒に発送をお願いした。もちろんその分の送料を支払うのだが、梱包もしっかりしてくれるし、プロに任せてしまったほうがはるかに楽だ。レジから明細の報告が来て、すべての支払いを済ませた時は心からほっとした。無意識にすごく集中していたようだ。

午後は、のんびり市内を散策。消費税のないポートランドでは、買い物をしない手はない。ポートランド発祥のナイキ本店で念願の野球スパイクを格安で購入。海外のほうが、日本に居る時よりむしろゆっくりショッピングできるのは、普段あまり余裕がないということなのだろう。ちょっと生活を見直すべきかもしれない。アウトドアショップでは素晴らしい編集のスノーボードブランドのカタログを何点かもらう。こういう異業種からブックカタログ作りの意欲が刺激される。

アメリカの大きな都市では、たいてい中心地に広場があり、市民の憩いの場になっている。ポートランドのパイオニア・スクウェアも老若男女、みな思い思いの時を過ごしている。ここには「パウエル」の旅をテーマにした支店があり、新旧の書籍と便利なグッズなどが置いてある。地図なども幅広く揃えてあり、実用性、趣味性ともに素晴らしいお店だ。旅用のノートを購入し、広場に座っていると、フィリー・チーズ・ステーキ

『NEXUS』一九六五年三月号
パウエルでみつけたリトルマガジン

「option snowboards」のカタログ

・サンドの香ばしい匂いが漂ってくる、さっそく屋台へ向かいLサイズを一つ買い三人で頬張る。アメリカの食事は美味しくないという人が多いが、こういう大衆的な食べ物は質量ともに世界トップクラスだと思う。
　この二日間の大量買い付けでさすが精魂使い果たし、夜は早めにベッドに潜る。

九月二十一日　自由の空気、そして自由な本屋たち

「本好きはみんな二、三ドル出してしおりを買うのだから、日本で一ドル札をしおりとして三百円で売ったら大金持ちになれるじゃん！」とケラケラ笑いながら話す、陽気な兄ちゃんの横で小一時間、サンフランシスコに到着。
　ユニオン・スクウェアのユースホステルにチェック・インし、さっそく地下鉄でバークレーへ。六〇年代の反戦運動発祥の地、今なおその自由な空気が残るテレグラフ通りへ向かう。訪ねる予定だった古本屋がなくなっていたが、気を取り直して遅めのランチ。コリアン・レストランの味噌汁やキムチがついた焼肉ランチは安くてうまい。肉はやはりアジア的な味付けの方が洋風のステーキソースよりうまいと思うが、長年親しんだ味が口に合うだけだろうか。慣れた味に気持ちも安らぎ、すっかり体力も回復。
　準備万端でテレグラフ通りのマンモス古書店「モーズ」に挑む。まだ右も左もわからない頃、初めての本格的な買い付けをし、帰り際に地元の名産地ナパ・バレーのワインをいただいた想い出深い店だ。当時、ケルアックが序文を添えたロバート・フランクの名作『アメリカ人』の初版を、閉店時間ぎりぎりまで悩みながら手に入れた店で、その本にカバーはなかったけど、そんなことはまったく気にせず大切に持ち帰ったものだった。まずは営業時間の短い最上階のレア・ブック・ルームへ。レイアウトが若干変わっ

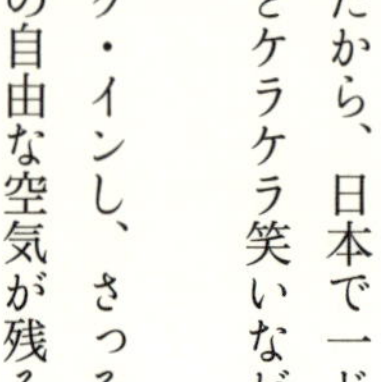

『ＢＲＵＴＵＳ』五二五号
カウ・ブックスの松浦弥太郎さんによる完璧なサンフランシスコの古本屋ガイドが掲載。

Moe's Books
2476 Telegraph Ave Berkeley
http://www.moesbooks.com

たようだが、年代もののショー・ケースの中にビート作家の署名本を見つける。大きなショー・ケースの下の薄い冊子の束が気になり、一通りチェック。『Green Flag』を見つける。十八時の閉店時間ぎりぎりまで過ごし、下のフロアへ。地下を含めて四フロア、ジャンルごと、アルファベット順にきちんと管理され、二十三時まで営業している。今回、写真集の掘り出し物は見つけられなかったが、ビート作家の安い本を購入。日本までの送料をたずねると思ったより安いので、発送をお願いする。真向かいの「シェイクスピア」でバーゲン本をいくつか購入し、それも一緒に発送してもらうことにした。その足で人気のマンモス・レコード店「アメーバ」でディスプレイに使いたくなるようなかっこいいジャケのスポークン・ワーズのレコードを購入。欲しかったジャム・バンドのポスターは高いのであきらめる。

　駅までの帰り道、真っ青な空が夕陽のオレンジと交わる見事なグラデーションを眺めていると、ピーター・マックスらサイケデリック・アーティストたちの独特な色使いも少し納得できた気がした。カリフォルニアを実感する景色だ。

　地下鉄でダウンタウンに戻り、ビート・ジェネレーション関連書の出版記念トーク・セッションをやっている「シティ・ライツ」へ急ぐ。

　予想より早く終了したイベントにはぎりぎり間に合わず残念。空いている店内でセレクトされた本とともにゆっくりした時間の流れを満喫する。

　この書店兼出版社の主人で、ビート詩人のローレンス・ファーリンゲティに再会するのも旅の目的の一つ。以前はゲーリー・スナイダーの紹介で連絡を取り、彼のオフィスに招いてもらったが、今回はメールを入れても返事が来ないので心配だった。片づけをしていた店員さんに聞くとどうやら健在のようで、一安心。八十歳過ぎの現役詩人なの

『Green Flag』
一九六九年にシティライツから『Journal for the Protection of All beings』の第三号として発行された。

AMOEBA MUSIC
2455 Telegraph Ave. Berkeley
http://www.amoebamusic.com

だ。ファーリンゲティが店に来るであろう時間を聞き、あらためて出直すことにする。

そもそも本屋を始める前から一貫して追い続けている、ビート・ジェネレーションとの出会いは、学生時代に暇つぶしに図書館で手に取った日本版『エスクァイア・マガジン』のビート特集。巻頭はファーリンゲティのインタビューだった。眼光鋭い老詩人・書店主の話は、そこら辺のパンク・ミュージシャンより尖がっていて、最高にかっこよかった。だから有名なケルアックやバロウズよりも、僕自身にとってのビートはファーリンゲティであり、シティ・ライツなのだ。そして、かつてのシティ・ライツが発行していた格安ポケット詩集のシリーズの現代版を目指し、数年前にインディーズ詩集出版・スプラッシュ・ワーズを始め、昨年自分なりの現代版シティ・ライツ書店を目指してフライング・ブックスを作った。三年前、きっかけとなった『エスクァイア・マガジン』を持って、シティ・ライツのオフィスでファーリンゲティと過ごした時間は、レジェンド（伝説）と自分が生きているリアルな時間の流れがシンクロした、生涯忘れられないであろう瞬間だった。その時、「日本のシティ・ライツを創りたい」と伝えた。今回はその店を作った報告と、ゲーリーの序文を付したナーガさんの詩集を渡したかったのだ。昨年がちょうど五十周年で、前の通りを埋め尽くすほどの人に祝福されているシティ・ライツ書店のポストカードがあった。半世紀に渡って、体制に迎合せず、常にインディペンデントな情報を発信し続けることの大変さは計り知れない。フライング・ブックスもそんな骨のある書店を目指したい。

九月二十二日　古本漬けの十二時間

午前中、ユニオン・スクウェア近くの、ブック・ディーラーが何軒か入ったビルを訪

City Lights Books
261 Columbus Ave. San Francisco
http://www.citylights.com

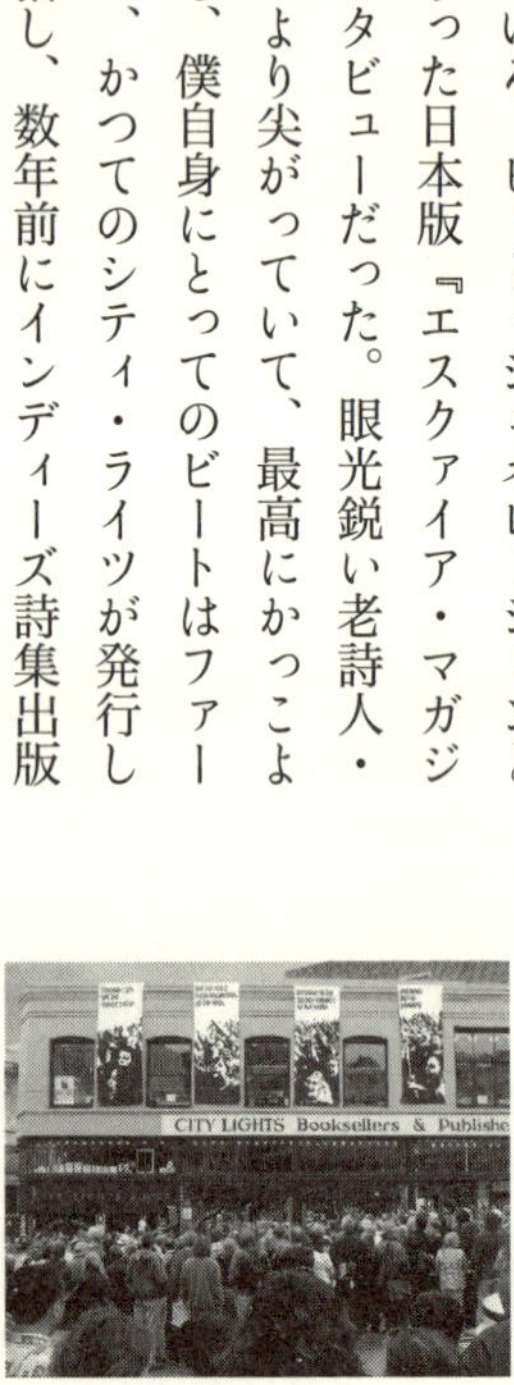

シティライツ五十周年のセレブレーション。(2003)

ローレンス・ファーリンゲティ
(1919〜)
詩人、画家、書店&出版社経営者。NY生まれ。五一年にサンフランシスコへ移り、半世紀以上に渡り、自らの作品はもちろん、出版人としてギンズバーグら多くの詩人の作品を世に出している。かつて思潮社から詩集が出ていたが、二〇〇四年現在日本語で読める作品はない。

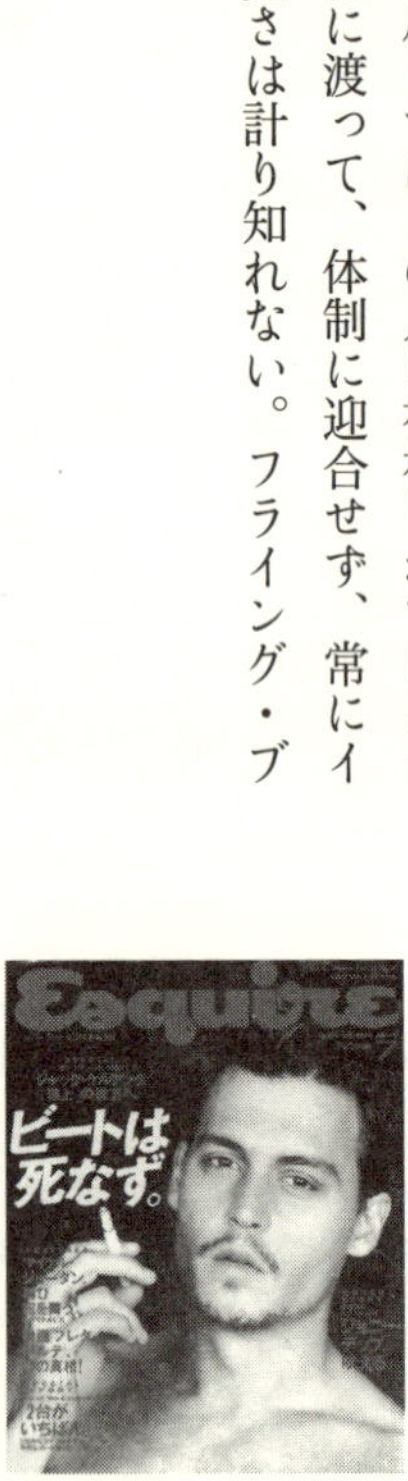

『エスクァイア・マガジン日本語版』一九九五年七月号

ねる。エレベーターから降りると以前と様子が違う。空き部屋が多いし、目当てだったディーラーが見当たらない。とりあえず一番近い部屋に入り尋ねると、ほとんどが移転するかリタイアしたそうで、一番訪ねたかったディーラーは最近引退したとのこと。残念。残った二軒と写真のギャラリーを回る。「８７１ファイン・アーツ」の書籍売場で六〇年代のサンフランシスコのカフェ・ソサイエティを撮った薄い写真集と、当時ロサンゼルスで発行されていたというサイケデリック新聞『ＬＡオラクル』を購入。ギャラリー直営だけあってさすがにセレクションが素晴らしい。十九世紀の本や、ウィリアム・ブレイクのオリジナル版画等を扱う「ジョン・ウィンドル」さんの所では、アンティークの書棚の端にひっそりと座っている、およそこの店には場違いとも言える、ビート・ジェネレーション、いや現代アメリカ文学の代表作、『路上』の初版を見つける。カバーの状態は完璧ではないが、出会うことすらあきらめていた名作との対面に一気にボルテージが上がる。当然値段も価値に比例するので即決は難しく、とりあえずまた来ると告げ、ビルを後にした。

名物の「タッズ・ステーキ」のランチで気合を入れ、午後は市内の書店を回る。午前中訪ねたビルから移転し、通りに店を構えた「トーマス・ゴールドワッサー」ではシアトルで見たケルアックの処女作『タウン・アンド・シティ』の献呈署名入りが目の飛び出るような値段で売られていた。初めて生で見るケルアックの署名だ。大好きだった絵本専門店「ストール」がレストランに変わってしまってショック。店主のやさしいおばあちゃんは今どこで何をしているのだろうか。気を取り直して、お気に入り書店の三本指に入るペーパーバック専門店「カヨ」を目指す。通りにせり出したレトロ・テイストの看板が目に入ってきた瞬間、期待で胸が高まる。決して広い店ではないが、高い天

49 Geary St.
かつてはもっと多くの書店が入居していたが、現在はJohn Windle 871 Fine Arts Bookstore, The Brick Row Book Shopのみ。

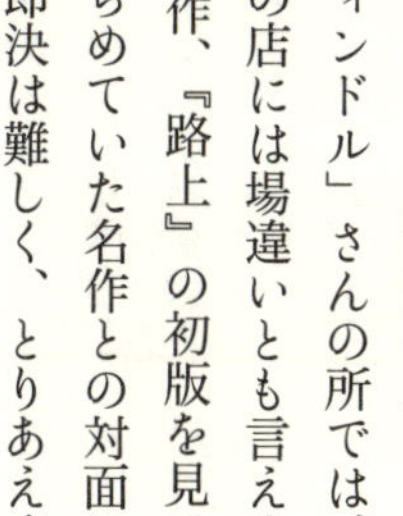

『So. Calif. Oracle』
ロサンゼルスで発行されていたため通称は「ＬＡオラクル」。低予算の為、少ない色数でいかにサイケデリック感を出すか工夫された。

Tad's Steak House
120 Powell St. San Francisco
http://www.tads-steakhouse.com/

井から降り注ぐカリフォルニアの日差しで明るい店内、それに反してアンニュイなBGM、チープなペーパー・バッグも素晴らしいアートに生まれ変わる粋なディスプレイ、それらすべてがシンクロし、最高に居心地のいい空間を形成している。装丁がかわいらしい古いペーパーバックを数冊選ぶ。やはりみんなここが好きなようで、ちょうど雑誌の取材でこちらに来ていたカウ・ブックスの松浦さんや、日本人の男の子たちと出会う。

　最後は素晴らしいコレクションを誇る大型古書店「エー・コーン」。さすがにいいものを持っているが、値段も高い。そしてちょっとショックだったのが、大きなカウンターの中ではレジ担当の子以外、四、五人のスタッフみながコンピューターに向かって本のデータを入力しており、ケースの本を見せてくれと頼んでも、とても事務的な対応だったこと。もはや店の客よりも、インターネットの方が大事ということなのだろうか。本を見ている時も、真横にずっと張り付かれるので、ゆっくり見ることも出来ないし、こちらが入力作業の邪魔をしているようで、恐縮してしまう無愛想さ。かつての名書店ももはやインターネット用の倉庫になってしまったのか。

　ここで別動とし、ごし君とミッション地区へ向かう。今なお、エキサイティングでカオスな空気漂うこの地区に初めて足を踏み入れたのはまだ学生の時。「シティ・ライツ」で見かけた手書きのマップには書店、ギャラリー、レコードショップがすべてイラストで描かれていた。それを発行していたのは地元の古書店「マンザニータ」。衝動に駆られ、バスの乗り方もわからないまま、ひたすらその地区を目指したのだった。三年前、かつてカナダから国境を越えて反戦レジスタンス活動を行っていたという「マンザニータ」の店主に再会しに行くと、ちょうど一年ほど前に店はクローズしたとのことだった。しかし、個性豊かな新しい書店も誕生しており、各国の料理店が立ち並ぶ通りは

http://www.kayobooks.com/

Kayo Books
814 Post St. San Francisco

Acorn Books
1436 Polk St.San Francisco
http://www.acornbooks.com/

喧騒に満ちている。スプラッシュ・ワーズを作るきっかけとなった、七十五セントの定価の刷り込まれたギンズバーグの『吠える』の三刷を書店店頭のセール箱で見つけたのもミッションだ。

こぎれいなニューエイジショップのような「フォレスト」、音が鳴るかわからないようなピアノに本が積まれ、猫がダンボールの中で本と一緒に丸まって眠る、ゆるい空気がながれる「アバンダン」、ジュークボックスや流木が置かれ、スタッフが本を（たぶん）ジャンルごとに放りなげながら整理し、店主がソファに埋もれて本を読みふけり、レジには人がいない「アドビ」。ミッションの本屋はどこも適度に散らかった広いスペースに自由な空気が満ち溢れ、ボヘミアン・サロン的で、まるで友人の部屋を訪ねた気分にさせられる。

フォーと甘いベトナム式コーヒーで一休みし、ミッションで一番好きな「ドッグイヤー」へ。カウンターでは店の人が常連らしい酔っ払いの相手をしている。もうひと息で九十八冊コンプリートを達成する『エヴァーグリーン・レビュー』を物色していると、ごし君がミルトン・グレイサーとシーモア・クエストがアート・ディレクション、ソール・バスやソール・ベローが編集メンバーに名を連ねる豪華雑誌『オーディエンス』を見つけてくる。しかも安い。でかした、ごし君。閉店間際だったので、持ち帰ることのできる量を手際よく買いバスへ。さすがに朝十時から夜二十二時まで、十二時間たっぷり本屋めぐりをするとくたくただ。

九月二十三日　念願の再会

再びシティ・ライツを目指す。ファーリンゲティが来るという十一時半前を目指して

Forest Books
3080 16th St. San Francisco

Dog Eared Books
1173 Valencia St.　San Francisco

『audience』創刊号（一九七〇年）

出発する前に、ホテルの前のスターバックスで作戦会議。時間をとってもらえる保証はないので、『ビート・カタログ』（仮称）の編集コンセプトと、英文での質問事項を数点に絞り込み、短時間でインタビューを済ませられるよう準備する。

予定より少し早く着き、あとはファーリンゲティが来ることを祈って待つばかり。さすがに八十歳を越えた今では、来たり来なかったりらしい。時間になっても来ないので、半ばあきらめかけた頃、木の階段をゆっくり上る、重たい靴の音が聞こえてきた。やはりファーリンゲティだ。だいぶ耳が遠くなったようで、こちらも必死になって、店や詩集の説明をする。あいにく風邪をひいているらしく、だいぶ辛そうなので、今日のところはインタビューを諦め持ってきた詩集やフリーペーパーを渡すだけにする。代わりに新しい詩集にサインをし、プレゼントしてくれた。用意した質問は切り出せなかったが、伝説的なシティ・ライツ二階の通称「ポエトリー・ルーム」で、直接話ができただけでも十分満足だ。

斜め向かいの「ブラック・オーク」で、先日見繕って置いた本を中心に数冊購入。店を出たところで、昨日「カヨ」にいた日本の若者二人と路上でばったり再会し、連絡先を交換しあう。

ファーリンゲティに会ってすがすがしい気持ちになっている上に、抜けるような青空が気持ちいいので、地下鉄駅まで遠回りをし、ベイブリッジを一望できる海岸沿いを散歩する。

二回目のバークレー。まずは腹ごしらえ、駅前のマクドナルドへ。まっしろなパンツにストライプのシャツがお洒落な黒人のおじいちゃんが姿勢よくハンバーガーを食べていたり、アジア系のおばあちゃんがソフトクリームを手に、うれしそうに通りに出て行

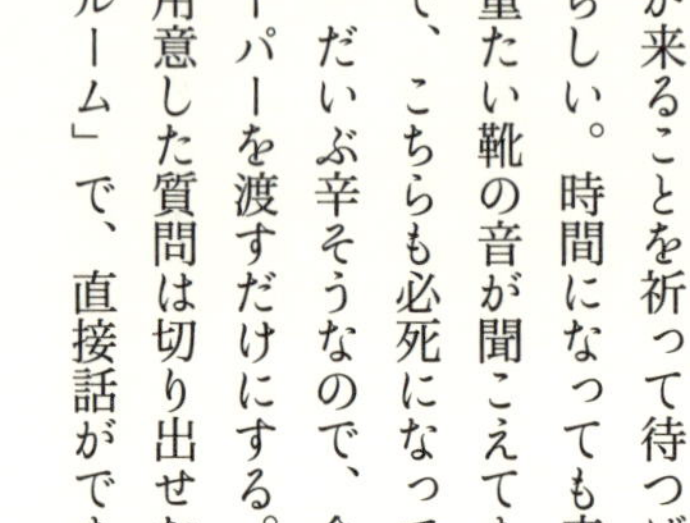

『San Francisco Poems』
ファーリンゲティがサイン入りでプレゼントしてくれた。

Black Oak Books
540 Broadway St. San Francisco

ったり。こっちのマックは老若男女が集まる大衆食堂的存在のようだ。

以前行ったことのある、「セレンディピティ」へ向かう。記憶違いで歩くにはかなり遠く、辿り着くまでに日本じゃ絶対飲みきれないようなLサイズのコーラが空っぽになる。なんとか到着し本棚に向かう前に、店員のナンシーさんにここを紹介してくれたシアトルのマークたちがよろしく言っていたことを伝えると、とても喜んでくれる。店主のピーターさんは二日前にオーストラリアに発ってしまったらしく不在とのこと。広くて迷子になりそうな店内なので、的を絞り、三人ばらばらに棚を見ていく。予想していなかった掘り出し物は、ケルアックの限定刷りのブロード・シートやギンズバーグのオリジナル・プリント。初めて見る代物だ。手は届かないが、限定三十部のケルアックの署名本を拝ませてもらう。この店の質量ともに圧倒的なパワーにごし君とカトヨは戦意喪失気味。確かに凄すぎて何から見ていいかわからなくなるのも無理はない。もう一つの大きな収穫は、ゲーリーが日本に居た頃のコミューン「部族」関連の資料が二点ほど見つかったこと。一冊は、昨年うちでもリーディングをしたサイケデリック・アーティストのポンさん編集のものだ。ここに来ると、すべてのビート関連本を網羅しようなんて気はなくなってしまうが、せめて日本のカウンター・カルチャー関連だけは完璧に押さえておきたい。閉店時間になり、再会を約束し、別れを告げる。さわやかで気持ちよく、親切、セレンディピティは最高だ。

満足感と疲労感を引きずりバスでテレグラフ通りへ。ここで二人と別れ、精神的満腹感が和らぐまで、一人でぼけっとすることにする。アメリカ最大の書店チェーン、「バーンズ・アンド・ノーブル」のバークレー店には珍しくカフェが併設されていないので、キンコースでインターネットをする。。なんと自分のラップトップを持ち込めば、一定

Serendipity Books
1201 University Ave. Berkeley

ブロード・シート（ブロード・サイド）
詩を印刷したポスター。絵が添えられたり、和紙に刷られたり、凝ったものが多い。

『In transit』 The Gary Snyder Issue (Toad Press 1969)
カバーはナナオサカキとゲーリー・スナイダー夫妻

時間無料で回線を使わせてもらえるのだ。一通りメールを済ませ、店の前の公衆電話で現地の友人と話していると、目の前を昼ばったり出会った日本人のヨシ君たちが通る。再々会。三回ともぜんぜん違う場所なのに。バロウズを取り上げた有名な雑誌『ＲＥサーチ』編集部に居候している彼らとテレグラフ通りを回った。

夜、雑誌の仕事でサンフランシスコに来ている、フォトグラファーの若木信吾さんと連絡が取れ、ユニオンスクウェアで会うことになる。若木さんには十日後にフライング・ブックスのイベントに出てもらうことになっている。昔ながらのダイナーで薄いコーヒーを飲みながら暫しおしゃべり。最近自身で創刊したドキュメンタリー雑誌『ヤングトゥリー・プレス』のことなどを聞く。「人の真似ではなく、自分の中から出てくるものを追求。センスも多少は必要だが、それよりも根性があるやつが残る」。そうやってがんばってきた若木さんが言うだけに、リアリティがあって心に響いた。すごくナチュラルなスタンスの人だ。サンフランシスコで会えて本当に良かった。

九月二十四日　同志

地下鉄でシリコンバレーへ。終点のミルブレーで、最近サンフランシスコに戻ったばかりのキュレーターの当麻さんに迎えに来ていただき、当麻さんの古巣、フライング・ブックスの物流をお願いしているベイモードの杉本社長を訪ねる。最近移転した新しいオフィスと最新のシステムを見学させてもらい、洋書の流通、シリコンバレーの就職事情などを伺う。杉本さんとの出会いは、大学の卒業旅行中に会社見学をさせてもらった時。サラリーマン卒業後の旅で再会し、以来洋古書の物流でお世話になっている。

ボリュームたっぷりのランチを平らげ、裏庭に野生の鹿が出るという当麻さんの家を

『RE SEARCH #4/5』（1982）
バロウズ再評価のきっかけとなった。

『ヤングトゥリー・プレス』
創刊号（二〇〇四年）
ドキュメンタリー・スタイル・マガジン。ほとんどのテキストがカメラマン自身の手によるもの。
http://www.youngtreepress.net

Bay Mode Inc
http://www.baymode.com

訪ねる。当麻さんとは数年前、当時マネージャーをされていたベイモードで知り合い、その後日本でもお世話になっていた。美術だけでなく詩や本にも詳しい。蔵書を一通り見せてもらった後、車で再びバークレーに連れて行ってもらう。初めて歩くというテレグラフ通りの書店を流し、「セレンディピティ」に顔を出す。本好きの当麻さんは大喜びで、ナンシーさんに就職活動している。

知人に紹介されたリトルマガジンを集めているというジェフを訪ねる。道に迷いながらなんとかたどり着くと、事務所の前で待っていてくれた。看板もなく、狭い間口の事務所に入る。どこに本があるのかなと思っていると、奥に事務所の何倍もある、でかい倉庫が。それだけでびっくりなのに、さらにもう一つ奥に大きな倉庫があり、見たこともないような量の新旧文芸雑誌が整然と並んでいる。雑誌のコレクションももちろん素晴らしいのだが、何より感動したのは、活版印刷機と部屋に漂うインクの香り。ショップ・カードやグリーティング・カード等、紙選びのセンスもいい作品を見せてもらう。なんとジェフの名刺はお菓子の空き箱の裏に印刷したもの。ともすれば日本より効率が重視されるアメリカで、いまだに一見非効率とも言える印刷手法を、遊び心を添えて使っている人に出会えたのは奇跡に近い。

楽しい時間はあっという間に過ぎてしまう。ジェフとガールフレンドのアンドレアに別れを告げ、外に出た頃にはすっかり夕ぐれになっていた。昨日の「セレンディピティ」に続き、自分の概念を超える店や人に出会うと、自分の未熟さを実感させられる反面、まだまだ知らない世界が広がっていることを実感し、すがすがしい満足感に満たされる。これも旅で得られる収穫の一つであり、日常生活での糧となるものだ。冷め切らない興奮を引きずりながら、ベイブリッジの渋滞の中、サンフランシスコの最高の夜景

ジェフの工房で作られたポストカード

を眺めつつ帰る。

九月二十五日　パリ・トゥ・サンフランシスコ、一年後の出会い

サンフランシスコの最終日、はりきって早めに起床。今日はそれぞれ別行動の日。昨夜の霧で、快晴なのにすっかり冷え込む。憧れのアメリカン・ブレックファースト、シロップたっぷりのパンケーキとコーヒーを食べようと思ったが、土曜なので、ユニオンスクウェア周辺のダイナーは観光客でどこもいっぱい。日本人だけでなく、アメリカ人も人気店に並ぶのが好きなようだ。朝食は諦めて、代わりにどうしても諦めきれないジョン・ウィンドルさんのところの『路上』初版の予約をしにいく。決して安いものではないが、このお店にとっては専門外なので相場よりだいぶ手ごろだし、ジョンさんはさらに特別のオファーをしてくれた。ここで手に入れないと一生後悔しそうなので、一カ月以内に支払うことを約束し、取り置いてもらう。ジョンさんは、物腰のやわらかい親切なおじさんだ。『路上』の写真を撮っていいかと聞くと「もちろん、それはもう君のものだよ」だって。まだお金を払ってないのに、「持って帰るかい？」とまで言う。持ち歩くのも怖いので、後から送ってもらうことにした。

ジョンさんに紹介されたカタログ販売専門のマイケルさんの所は遠そうなので、バスに乗って早めに向かう。ジョンさんとは以前勤めていた古書店で、一緒にカタログを作った仲だそうだ。なかなかアポイントが取れないそうだが、ジョンさんだけでなく、セレンディピティのナンシーさんからも連絡を入れてくれ、「彼に会うべきだ」と言ってくれていたらしい。人と人の出会いと繋がりが心に染みる。

バスに乗ったのは正解。かなり急な丘を二つ越えるので、とても歩いていられない。

『On The Road』
Jack Kerouac（1957）

サンフランシスコは起伏が激しい地形なので、地図だけでは移動時間が計れない。アポイントまでちょっと余裕があるので、一つ手前で降りて、カフェで濃いラテとマフィンを食べる。糖分とカフェインで頭をシャキッとさせないと、予測不可能なお宝と出会った時、その場で的確なジャッジが出来ない。丘の頂上、ヨットの白い帆が眩しい、真っ青な海が眼下に広がる、閑静な住宅街の一軒家の一室がマイケルさんの「フラッシュバック・ブックス」。予めチェックしていた『サンフランシスコ・オラクル』のコンプリートは、三年前のデータだったそうだ……。マイケルさんは新しいカタログが出たばかりなのに、月曜からヨーロッパにバカンスだそうで、発送作業にてんてこまい。電話同様早口で落ち着きがないけど、倉庫からいろいろ出してきてくれては「ほかに必要なものはなんだ」とずっと言っている。そんな一度にたくさん見られないので、忙しいのだから自分のことをしてくれていいのに、とてもいい人だ。それでも三十年以上前のものとは思えないコンディションの『LAオラクル』、『サンフランシスコ・オラクル』のもっとも重要な「ヒューマン・ビー・イン」の号や、マイケルさん自身が十年前に作ったという現代のオラクル的サイケデリック新聞を見せてもらう。印刷はサンフランシスコ・オラクルと同じ印刷所だそうだ。

　運命的な出会いとはこういうことだろうか。去年のちょうど今頃パリを訪れた際、憧れの書店「シェイクスピア・アンド・カンパニー」を訪ね、九十歳を超えるオーナーのジョージに「泊まっていけ」と案内され、かつてヘンリー・ミラーも泊まったという部屋で一晩過ごした。そこでルーム・メイトになった美人オーストラリア人アーティストのリアが、キャンドルの灯りごしに深夜まで熱心に読んでいたのが、女性のシャーマニズムとドラッグについての本『Shaman Woman, Mainline Lady』。その本の著者こそが、

Flashback Books
http://www.flashbackbooks.com
（ただしデータは数年前から更新されていないとのこと。二〇〇五年四月現在）

『Lysergic World』（1993）
LSD発明五十周年を記念して作られたサイケデリック・ニュースペーパー。

シェイクスピア・アンド・カンパニー書店
一九五一年にアメリカから来たジョージ・ホイットマンがパリ、セーヌ河畔にオープン。有名なシルヴィア・ビーチの同名書店兼出版社とは別だが、パリのシティライツ書店とも言える重要な店。
37 Rue De La Bucherie Paris
http://www.shakespeareco.org/

このマイケルさんと奥さんのシンディさんだったのだ。新品のハードカバーを数冊分けてもらいこの話をすると二人はとても喜んでくれ、心のこもったメッセージとサインを入れてくれた。

あっという間に、マイケルさんと奥さんが家を出る時間になった。別れを告げて、バスに乗る。ホテルに一度戻り、荷物を置いてから、再びポルクストリートの「エー・コーン」へ。シティ・ライツ創設の元となった雑誌『シティ・ライツ』をもう一度見に行く。今回サンフランシスコで出会った逸品の一つで、もう一度拝まないことには後ろ髪引かれる本だけど今回はパス。しっかりと目に焼きつけて店を出る。抜けるような青空を、ものすごい勢いで白い霧が駆け抜け、どんどん気温が下がってくるのを感じる。たまらずシアトルで買った上着を羽織る。

シティ・ライツのあるノースビーチで書籍用の写真素材を小一時間ほど撮り、外まで人が溢れるほど賑わっている名物カフェ「トリエステ」に入る。スターバックスじゃない、紙のカップ以外のコーヒーが飲みたくなった。ここはブルー・ベリー・チーズケーキも絶品。濃厚な味と甘さに疲れも一気に吹き飛ぶ。土曜の午後は、ほとんどが地元の人らしく、顔なじみ同志も多いようで、賑わっている。ちょっと前にはサタデー・アフタヌーン・コンサートなるものがあったようで、簡単なPA機材が出されていた。アーティスト風の若者たちは気にせず、ライブ用に動かされたテーブルに合席で座っている。適度な薄暗さ、高い天井、適当なBGMの中、新聞や本を読む人、家族で休憩する人、ヘッドフォンをし、ひたすらコンピューターに向かう人、それぞれの時間を過ごしていて、その自由な空気がいい。老若男女が集い、思い思いの時間を過ごしている、まさに「街のみんなのカフェ」といった風情だ。コーヒーも美味しいうえに、フリーでワイヤ

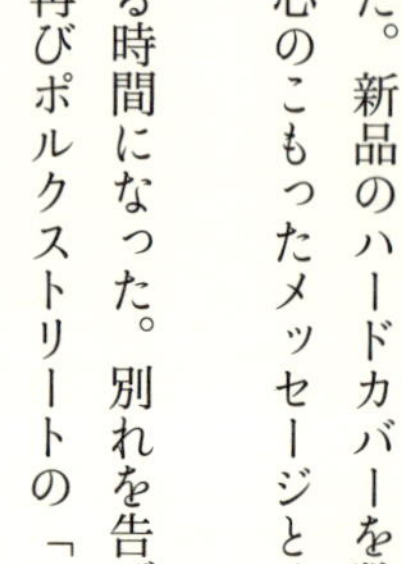

『Shaman Woman, Mainline Lady: Women's Writings on the Drug Experience』
Cynthia Palmer& Michael Horowitz
（1982）

Caffe Trieste
609 Vallejo Ave San Francisco
http://caffetrieste.com/

レスのインターネットにアクセスできる。こんなカフェが日本にもあったらいいのに。思わず三時間も居てしまった。

帰りがけ、チャイナタウンの匂いにつられて、晩御飯を食べて帰る。

九月二十六日　不良兄ちゃんの今を輝く古本屋

明け方、空港へ向かう道中、火事による道路閉鎖が三件もあった。サンフランシスコの週末はワイルドだ。そう言えば昨晩のノースビーチ周辺の盛り上がりは、渋谷に負けず劣らずだった。

ロサンゼルス空港まで友人のクレイグに迎えに来てもらう。ここまででだいぶ仕事が捗ったので、最後にこのエンターテイメントの街はヴァケーション・モードで過ごすことにする。早速大好きな南カリフォルニアのローカル・チェーン「コーヒー・ビーン」に連れて行ってもらう。ここのココアパウダーをたっぷり入れたフローズンのカフェ・モカ「アイス・ブレンデッド」は他のどの店も比較にならないくらい美味い。ロス生まれロス育ちのシャーロン&シンディ姉妹とマイちゃん、昨冬ロスに移ったマサキら新旧の友人たちが合流。地元の人気メキシカン「ティトーズ・タコ」でランチ。安くてボリュームたっぷり、何よりフレッシュなサルサソースが最高。外のベンチに座ってみなで頬張る。いくら空いているからって、他の店先のベンチに座るのはどうかと思っていると、「日本人は小さくて、お店から見えないから大丈夫」だそうだ。

食後、サンタモニカ・プロムナードに連れて行ってもらう。タイミングが合わず、まだ一度も入ったことのない書店「アルカナ」に向かう。ウォーホルのポップ・アップ、サム・ハスキンス、ベルメールとそうそうたる品揃えだが、超一流の立地だけに値段も

The Coffee Bean & Tea Leaf
アメリカでは南カリフォルニアなどの一部にしかないが、アジアではソウルや上海、シンガポールなどにも出店中。日本への出店が最も望まれるコーヒー・チェーン。
http://www.coffeebean.com/

Tito's Taco
11222 Washington Place Culver City
ロサンゼルス周辺に数店ある。
http://www.titostacos.com/

超一流。まったく手が出せず退却。有名なサンタモニカ桟橋へ向かう。古びた遊園地が観光客で賑わうこの場所はいつも何も考えずに楽しめる。

　ふと横のビーチに目を向けるとたくさんの小さな墓標と、星条旗で包まれた棺がひとつ。墓標はイラク戦争に散った兵士の数だけあるそうだ。だとしたら、戦争の巻き添えでなくなったイラクの女性や子供たちの数はどうなるのだろう。自国の犠牲者にしか目を向けず、傷つけた犠牲者については蓋をする。国内外の観光客が毎日大勢やってくる、もっとも有名と言える観光地での、自己中心甚だしいパフォーマンスには寒気がした。ここに来ているみなはどう感じているのだろう。正義のヒーロー、アメリカはこの墓標の仇、悪の敵を打つべく徹底して戦争を続けていくべきだと考えるのか、それともこの白々しいパフォーマンスを見て、狂気が横行する現実に気がつくのか。

　伝説のスケートボード・チーム、ドッグタウンのオリジナル・メンバーが経営するショップのあるベニスビーチのアボットキニー通りへ。道が閉鎖されているので、途中で車から降りると、露店やパフォーマンスで賑わっている。この商店街の二十周年記念のお祭りだ。「ボード・ギャラリー」のレイは誰もが羨望するスケーターでありながらとても気さくで、店内は見たこともないようなアンティークのスケートボードや、エアートリックを決める往年のレイの写真が壁面を飾り、イームズのイスがディスプレイされている。センスのいい不良親爺の店だ。この商店街は何軒かあるヘアサロンが流行の中心になっているらしく、それぞれ店の前に本格的なＤＪブースを組み、爆音を店内、店外かまわず鳴らしている。中に入るまでそこがヘアサロンと気づかないほどの人が缶やビンを片手に盛り上がっている。

　サンバをやっているメインステージ横に倉庫のような書店兼ギャラリーの「イー・ク

Arcana
1229 Third st. Promenade
Santa Monica

board gallery
surf • snow • skate • sit

Board Gallery
1639 Abott Kinney Bl. Venice

オーター」があった。七月にオープンしたばかりの店内はまだ本の数こそ多くないものの品揃えのセンスがいい。奥のレア・ブック・コーナーをマネージャーに見せてもらう。ノリが良く、書店というよりは流行りのクラブのマネージャーといったイメージのマイケルは、女性たちの相手で忙しそうだ。顔が広く、いろいろな業界のことを知っていて、本はもちろん、ファション、映画等の話題でも盛り上がった。来春日本にも来るそうで、再会を約束する。フライドチキンを食べながら店番をする店員さんにびびりつつ、ビート関連の詩集を購入。ちゃんと念入りに手を拭いてからレジを打ってくれてほっとした。この旅で初めて「今」を輝いている古本屋に出会った気がする。すてきな古本屋は多数あるし、そこに「輝かしい過去」は詰まっているが、今、何かを生み出そうとする猥雑なまでのエネルギーを放っていたのはこの店が初めて。是非一緒に「今を、そしてこれからを輝くべきエキサイティングなもの」を創っていきたいものだ。

すっかり日も暮れてきて、手羽先で有名な名古屋の風来坊のロス支店やデリバリーのピザを買い込み、マサキの家で、親戚のスミさん夫婦、ルームメイトで旧友のトモちゃんも加わりホームパーティー。シャーロンは明日が誕生日なので、こっそり大きなショートケーキを購入し、サプライズでお祝いも。宴は真夜中まで続いた。

九月二十七日　LA三昧

マサキとトモちゃんも加わり、来年三十周年を迎えるスミさんの自動車修理工場を訪ねる。その足でシルバーレイクにある、出るたびにすぐ品切れ、手に入れるのが困難という伝説的フリーマガジン『ヴァイス』が運営するショップに行く。雑誌の紙面ほどの過激さはないが、センスのいい洋服屋だ。薦め上手なファンキーなお姉さんのほめ殺し

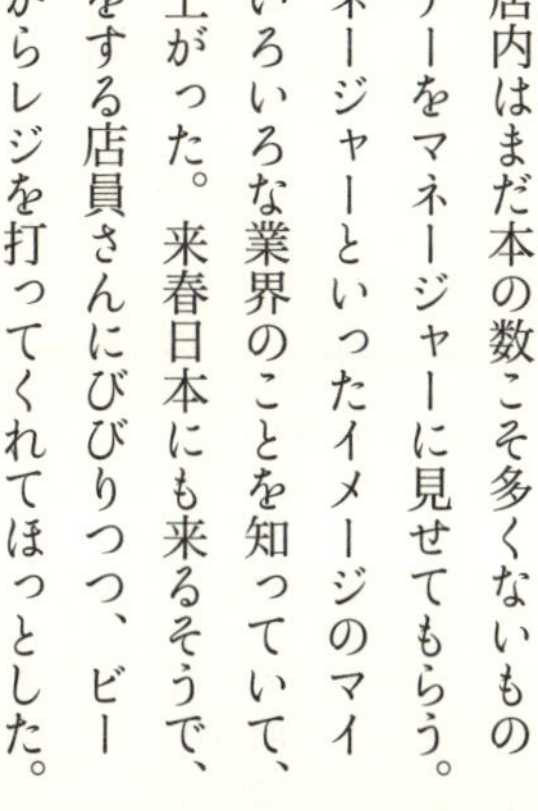

Equator Books
1103 Abott Kinney Bl. Venice
http://www.equatorbooks.com/

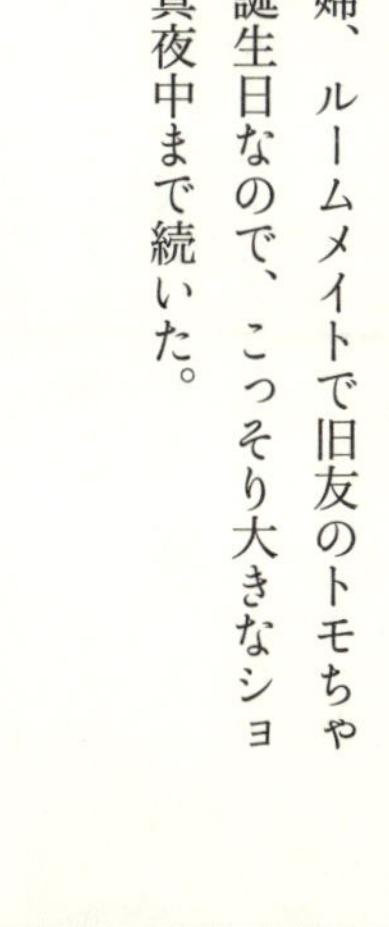

『VICE MAGAZINE』
フリー・ペーパーとは思えないボリュームとクオリティ。日本語版もある。どうしても手に入れたいと言う人は定期購読が確実。
http://viceland.com
ヴァイス・ショップＬＡ
3938 Sunset Blvd. Los Angeles

にあいシャツを一枚購入。

ランチは圧倒的なボリュームのハンバーガーをリーズナブルに食べられる有名な「トミーズ・バーガー」。日本のモスバーガーのルーツでもあるこの店に初めて連れてきてもらったのは中学生の時。寿司を食べに行く前だというのに、あまりのおいしさに二つも平らげてしまった。当時は大きな駐車場に建つ小さくてボロボロなバーガースタンドだったが、現在は同じ店とは気づかなかったくらい小奇麗なファースト・フード・ショップに変わってしまった。でもジューシーなミートソースが滴るバーガーは健在。昨日の「ティトーズ」やこの「トミーズ」のような地元の人に長年愛され続けている店を知らずしてアメリカの味は語れない。マサキの働いているヘアサロンがあり、最近盛り上がっているお洒落スポット、サード・ストリートへ。目当ての本屋は臨時休業中でウィンドウから店内を覗いただけだったが、旅の本ばかり集めた、小さくかわいらしい書店「トラベラーズ・ブックケース」や、航空機内を模した内装がクールな旅行グッズ屋など、楽しい店が多かった。

サンセット・ブルバードで深夜までやっている人気書店「ブック・スープ」へ向かう途中、細い路地の奥にある「ミステリー・ピア・ブックス」を覗く。アガサ・クリスティあたりの作家を扱うありがちなミステリー専門店と思いきや、ロビン・ウィリアムズらハリウッド・セレブも通うとんでもない店だった。ウォーホルのサイン本や、ショーン・コネリーのサイン入り007の原作本などがゴロゴロしている。そしてその日入荷したばかりだという、今回の旅で最も衝撃的なものを見ることになる。リチャード・アヴェドンが撮影したアレン・ギンズバーグとボーイフレンド、ピーター・オルロフスキーのヌードのポジ（裏にはアヴェドンの印入り）のパネル。これだけでもすごいのに、

Tommy's Burger
2575 W. Beverly Blvd. Los Angeles 一号店。今ではロサンゼルス周辺に約二五店ある。モス・バーガーの創業者、故櫻田慧さんは証券マン時代にここのハンバーガーを食べ創業に至った。
http://www.originaltommys.com

Book Soup
二三時までの深夜営業がうれしい。イベントも頻繁に行われている。
8818 Sunset Blvd.　W. Hollywood
http://www.booksoup.com

Mystery Pier Books
8826 Sunset Blvd. W. Hollywood

裏にはその写真を使った小冊子が入っていて、そこにはなんと別の写真家の名前が入っている。その写真家がアヴェドンの写真を自分の作品として盗用した証拠の品なのだ。見てはいけないものを見てしまったことに一同大興奮のまま、店を後にした。

作家との対談の為にロサンゼルスに到着した新元さんから連絡が入り、夕食を一緒にとるためにハリウッドまで迎えに行く。まるでホラー映画に出てきそうなくらい果てしなく続く廊下のホテルの一室で、できたてほやほやの紙芝居「ここだけ雨が降っている」第四話の原稿を朗読していただく。なんとも贅沢なひととき。この紙芝居は六日後にはフライング・ブックスで上演されるもの。

「ブック・スープ」のとなりの店で食事をするが、イタリアンなのに、アルコールを一切置いていない店だった。ＮＹではなくＬＡで、新元さんとお酒なしで食事するなんて、ありえないシチュエーションが重なった不思議なディナーだ。特にお酒なしはこれが最初で最後になるだろう。トモちゃんと新元さんは久々の再会。

みんなで本や雑誌の話から、アメリカでの生活の話まで盛り上がる。食後に、深夜まで開いているブック・スープで新元さんお薦めのグラフィック・ノベルを教えてもらうなど、雑誌の企画にしたくなるような旅の最後を飾るにふさわしい、楽しく充実した夜だった。

九月二十八日

朝、スミさんがお土産を持ってきてくれて、目を覚ます。仕事があるマサキの変わりにトモちゃんが空港まで送ってくれる。カーステレオから流れるジミー・クリフと、パーム・ツリーの隙間、灰色の空を飛ぶジェット機の音が旅の終わりの名残惜しさを煽る。

もう少し旅を続けるカトヨと、トモちゃんに別れと再会の約束をし、空港のカウンターへ向かった。

Ⅵ　写真帖『Rew・ind』と『ビート・カタログ』

二〇〇四年九月三十日　一新会大市

幸い思ったより疲れもなく時差ボケも感じない。

　どちらかというと誰もが欲しがる有名な本よりは、まだ相場のないような本のほうが好きなのだが、各会で一年に一度開かれる大市では出品目録を作成する都合上、得体の知れないものよりは、ある程度名前の通った本が出品されることが多い。目玉商品だった細江英公のオリジナルプリントは及ばずも、一番欲しかった亀倉雄策の『世界のトレード・マークとシンボル』とアンディ・ウォーホルの幻のポップアップ絵本『アンディ・ウォーホルズ・インデックス』が入った、デザイン関係本の大山を落札。日本で最初のビート関連本でギンズバーグ限定詩集『咆哮』の入った詩集の束も。下見なしのぶっつけ本番の入札にしては上出来だった。

十月一日　言葉の審判

夕方、パルコへスズキコージさんのライブペインティングを覗きに行く。やっぱり思

『Warhol's Index』
(Random House 1967)
ウォーホルらしいウィットに富んだ仕掛け満載の絵本は、壊れやすく入手が困難。

『咆哮』
アレン・ギンズバーグ　古沢安二郎訳
（那須書房　一九六一年　限定五百部）

ったとおり……焼酎を飲みながら、直接絵の具を手につけて豪快にペインティングしている。バックで演奏しているアコーディオンとバイオリンのジプシー・デュオのファンキーでプリミティブな演奏がかっこいい。コージさんのタバコ休憩中、裏口の階段で久々にゆっくり近況報告をした。

十月二日　南の島のスーパー・ビジネスマン

元ＣＣＣの同僚で来日中のインドネシアの友人、イサベラ&チャンドラ姉弟をコージさんのペインティングや、コーナー展開中のタワー・ブックスに案内する。マネージャーの持田さんにも帰国のご挨拶。社交ダンスの先生で、敏腕ビジネスマンでもあるイサベラたちは、ジョグジャカルタでファーストフードのフランチャイズを始め、参考になる店を見たがっているので、代官山のフレッシュネス・バーガーへ案内する。彼女らは材木屋、オンラインゲームのゲームセンターなど、ここ数年会う度に新しいビジネスを始めている。けっしてガツガツしているわけではなく、純粋に新しくておもしろいものを求め、それを実現していくのだからすごいパワーだと思う。

十月四日　プロの梱包

帰国してから何故か今までにないほど早寝早起きだ。どう計算してもアメリカの時差と関係ないので不思議。

中央市。細江英公の写真集を二冊落札。

アメリカで買い付けた荷物の一部が届く。海外からの荷物を開梱するときはいつもわくわくする。ポートランドから送ってもらった七箱。いままで見たこともないようなプ

スズキコージの Rolling Cohzizuking 展
（2004年10月ロゴスギャラリー）

ロの梱包に感心させられる。ダンボール板と、ビニールラップしか使っていないのに、完璧なプロテクションだ。本を買い付けるだけでなく、こういうところもどんどん取り入れていきたい。

十月五日

冷たい雨が続く。アメリカでお世話になった人たちにひたすらメールを打つ。

十月七日　デザインの祭典

十二月に予定している古書組合南部支部三十五周年の記念式典の打ち合わせで五反田の市場へ。月の輪書林さんと記念の写真帖（以下、『南部写真帖』）について内容を詰める。そのまま市場近くの中華屋で、月の輪さん、天誠書林さん、田園りぶらりあの下さんと一緒に食事をしながら、編集方針について相談をする。全体的なページ構成や、散りばめる予定のエッセイの執筆陣等、ビールの空き瓶の数に比例しテンポよく決まっていく。この夏から古書組合本部の機関誌部長になった天誠さんから、業界紙『古書月報』の新企画についての相談がある。最近、再建された青山ブックセンターと、丸の内に新規出店した丸善を取材することが決定。何人かで取材し、その後、座談会で意見交換をすることになった。ほかの人の意見を聞けるのが楽しみ。古書店と言えども、出版および新刊書店業界にも常にアンテナを張っていく必要がある。ヒントは自分の住む世界の外にころがっていることが多い。

今日から五日間、デザインのお祭り「東京デザイナーズブロック」が青山一帯で開かれる。フライング・ブックスが世の中に出たのは二年前のこのお祭りの時。それ以来、

月の輪書林
もはや一つの作品と言えるほどの古書目録が有名な先輩古書店主の高橋徹さん。僕がこの仕事を始めるに当たって真っ先に読んだ著書は古本好きのバイブル的存在。
東京都大田区東矢口1-16-20
（03-3734-2696）要予約

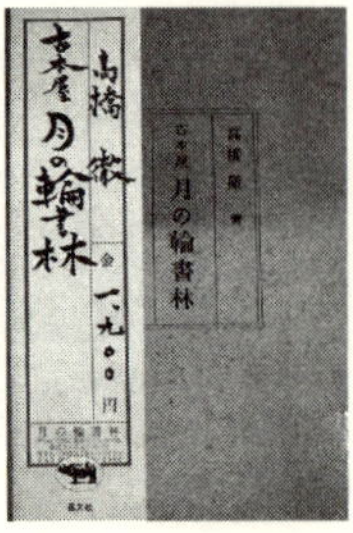

『古本屋　月の輪書林』
高橋徹（晶文社　一九九八年）

東京デザイナーズ・ブロック公式サイト
http://www.tokyodesignersblock.com

主催しているイデーの友人たちとはいろいろなコラボレートをさせてもらっている。このイベントは参加の各団体が工夫を凝らしたパーティーを開いており、歩いて回れる範囲で、いくつもの会場をハシゴできるのがおもしろい。また、日ごろ会っていない意外な人とばったり再会出来るのも魅力だ。

ショップの大半が友達になっている「スプートニク・パッド」を覗き、カメラマンのじゅんさんと合流し、日ごろお世話になっている雑誌『ＰＥＮ』のパーティーが開かれている国連大学の中庭に顔を出す。編集部の尾崎さんと会ったと同時に、エディター兼バーのオーナー、猪蔵さんにも出会い三人のトーク・セッションが始まる。副編集長の小舘さんとビール片手にアメリカ文化論を語っていると、スプートニクのデザイナー、ケーシーさんが顔を出し、電話をしに席を外したところで、なんとうちで詩集を出したナーガさんの娘婿、ブラジル人のマンデラさんとばったり。まさかカポエラの先生とデザイナーのイベントで出会うとは。連れのブラジル人アーティストとじゅんさんはＮＹでの古い知り合いで、予期せぬ異国での再会に大盛り上がり。民族音楽とダンスの鳴り響く中庭で、おいしい酒とブラジリアン・バーベキューを片手に、無国籍な楽しいひと時を過ごす。

尾崎さんも連れ出し、メイン会場の一つ、紀伊国屋跡地のエキシビションを覗きに行く。このイベントの主催のイデーは毎回、都会の中では一瞬しか存在しない空地をうまく見つけ、短期間で華やかな祝祭空間を作ってしまう。そしてイベント終了後あっという間にもとの空地に戻り、翌年にはその上にビルが建てられている。まるで夢の中でしか存在しなかったかのように。徹夜でがんばっているイデーの友人に挨拶し、メイン・パーティーの開かれているスパイラルへ。入り口で、おおよそこの大きなイベントの代

ＩＤＥＥ
東京都港区南青山6―1―16　http://idee.jp
(03―3409―6581)

ＳＰＵＴＮＩＫ　ＰＡＤ
二〇〇五年夏に移転予定。
http://www.gosputnik.com

カポエラ
ブラジルの伝統的な格闘舞踏

表者とは思えないほどラフな格好のイデー社長、黒崎さんとばったり。このイベントのエネルギーの核は、どんなに会社が大きくなろうとも、決して失われることのない黒崎さんの「遊び心」にあると言っても過言ではないだろう。若い人に夢とチャンスを与え、どんな人にも気さくな対応をしてくれる素晴らしい人だ。

今年のテーマは「1968レボリューション」。ショートボードが発明されたこの年にちなんで、歴代の名シェーパーたちによるサーフボードの展示が賑やかな、国際色豊かなパーティー。また、年々クオリティが上がっていくアートワークが素晴らしい公式ガイドブックは、インテリアや建築に興味がなくても一見の価値がある。最近は商業雑誌よりも、こういうこだわりのあるフリーの印刷媒体におもしろいものが多い。

十月八日　梯子

神田の明治古典会と、五反田の南部支部の入札会をはしご。明治古典会ではギンズバーグの一九六五年に初めて翻訳・発行された詩集を手に入れる。フランス装の上品な装丁で、なんと翻訳の詩人・諏訪優の署名入だった。五反田では六〇年代デザイン洋書の束に入札する。

十月九日　SOS!

観測史上最大という台風が関東を直撃。夕方からその対応に追われ、仕事どころではない。渋谷は坂だらけで、低い地域では下水管が処理しきれずにビルの地下に漏れ出すことがあるのだ。ラジオで出歩かないように言っているだけあって、来客もめっきり。直撃中の十七時頃は完全に店を閉め、過ぎ去ったのは十九時過ぎ、もはや人通りもない

『TDBオフィシャル・ブックレット』二〇〇四年版

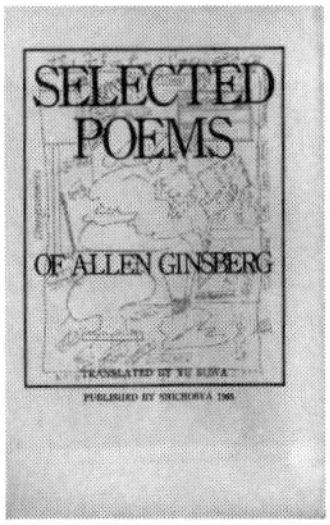

『アレン・ギンズバーグ詩集』諏訪優訳・編（思潮社　一九六五年）

のでそのまま店じまい。その後は事務作業がはかどった。

十月十一日　数百枚に詰まった歴史

夕方、月の輪さんが来店し、『南部写真帖』の打ち合わせ。南部組合員の方からお借りした写真は数百枚にも及び、そのどれもが約半世紀に渡る東京南部地区の古本屋の歴史が詰まった貴重な資料なので、限られた誌面に掲載するものを選ぶのは至難の作業だ。第一案として、月の輪さんのピックアップしたものを見せてもらい、数日後の打ち合わせまでにこちらでも選んだものを決定し、すり合わせることに。写真選定はいくらでも時間がかかってしまいそうなので、短期集中で一気に直感で選んでいくことにする。一般販売の可能性もあるので、中の人物よりも、写真そのものの持つ力を基準に。

十月十三日　怪我の功名

閉店後、明日帰国のカトヨは不在だが、ごし君と久々に『ビート・カタログ』（仮称）の編集ミーティング。アメリカに行ったことによって、編集方針に影響が出ている。数千もの圧倒的な量の本を見てきたことによって、あまりに広すぎて絞り込みが難しかったブック・データへのスタンスの取り方がおぼろげながら見えてきた。今までデータ化されていないものが、多岐に渡って発行されており、すべてを包括するなど不可能だとわかったので、テーマを絞り込み、独自の視点で編集していくことにする。

十月十四日　初彷徨舎

月の輪さんと彷徨舎で『南部写真帖』の編集打ち合わせ。彷徨舎は古本の雑誌『彷書月刊』を発行している出版社。編集に加わっていただく皆川さんに相談すると、圧倒的に予算が不足していることが判明。写真帖を一部千円で一般にも販売し、その分の売上を見越して予算に上乗せすることにする。表紙、裏表紙、目次、各章の扉のデータはデザイナーのカトヨと僕のチームで制作し、残りのレイアウトを皆川さんと月の輪さんが担当することが決まる。戦後間もない頃からの街と古本屋の風景、市場の風景を中心に作成する。縦組みの本の編集にかかわるのは初めてで、デザインのテイストも、伝統的な要素や懐かしさと、新しさをうまくミックスしなければならない。今回の作業は大変そうだが、出版社との制作進行も含めてよい勉強になりそうだ。

十月十五日　新作始動中

明治古典会。特にこれと言った収穫もなく、早々に引き上げ七〇年代のサイケデリック・サーフィン映画「クリスタル・ボイジャー」の試写会へ。ピンク・フロイドの演奏と、当時最先端だった水中撮影による波のチューブの内側の映像は、究極のヒーリング・ジャム・セッションだ。

帰りに「書斎館」に立ち寄ると、店員さんは以前買った万年筆のことをちゃんと覚えてくれている。珍しいものを買ったわけではないので、正直びっくり。この店の人気の理由は万年筆ブームでも品揃えでもなくこういう気配りなのだろう。

深夜、タカツキの家でフライ・ン・スピン・レコーズから年明けにＣＤを出すことになった小林大吾のレコーディング。雑誌『ＢＬＡＳＴ』等で活躍中のライター古川さんとタカツキがプロデューサー。今までにないポエトリー・リーディングＣＤになるだろう。ほとんどのトラックをヒップ・ホップ・マニアでもある大吾自身が作っていて、そ

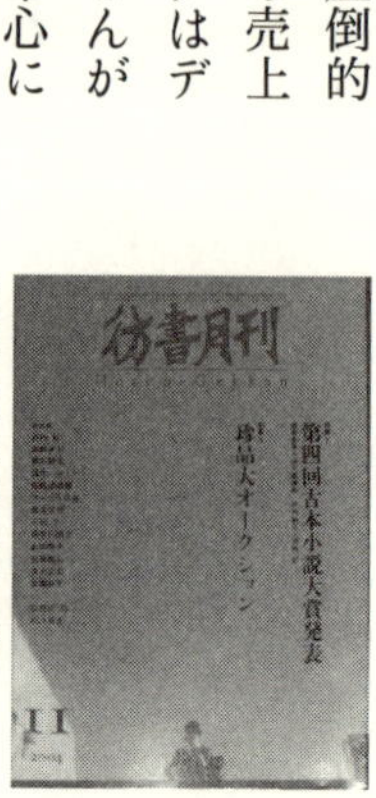

『彷書月刊』巻末に古書目録付
http://www3.tky.3web.ne.jp/~honnoumi/

のどれもが素晴らしく、インスト集も出したくなるほどの出来映え。今日のレコーディング曲は、ピアノの切ないメロディがループする、哀愁漂うラブソング。サビのフレーズが泣かせる。「営団地下鉄江戸川橋駅、Ａ１出口で見かけた生まれつき後ろ足の片方がない猫はすれ違う四本足を『多過ぎやしないか？』と不思議そうにながめる。」

十月十八日　ロックからおでんまで

いつもよりちょっと早めに神田に行き、古書会館で行われているイベント型古書即売会「アンダーグラウンド・ブックカフェ」を覗く。月曜の午前中のわりにはお客さんも入っている。三回目を迎えるこのイベントは、回を追うごとに成熟してきている様子だ。宇野亜喜良さんが今回に合わせて書き下ろしたイラストの入りの風呂敷を購入。もったいなくて使えなさそう。

中央市の入札を済ませ、店で坪内祐三さんと、福田和也さんの雑誌用の対談。昼からカウンターでワイングラスを傾けてのトークは、ザ・フーやクラッシュらロックの話から、おでんだねのディテイルに渡るまで多岐に富んでいておもしろい。次のロケ地に向かう為、一時間ほどで切り上げになった。続きが気になる。誌面になるのが楽しみだ。

十月二十二日　見分け方

明治古典会。ギンズバーグの絶版本を含むアメリカ現代詩の三本口と、海外雑誌を落札。地下の催事場で開かれている洋書の即売会を覗きにいく。裏表紙の諏訪之瀬島のコミューンで家族と微笑む写真が印象的なゲーリー・スナイダーのペーパーバックを発見。棚を整理していた下井草書房さんに、英米文学の初版の見分け方について教えていただ

アンダーグラウンド・ブックカフェ
http://underg.cocolog-nifty.com/tikasitu/

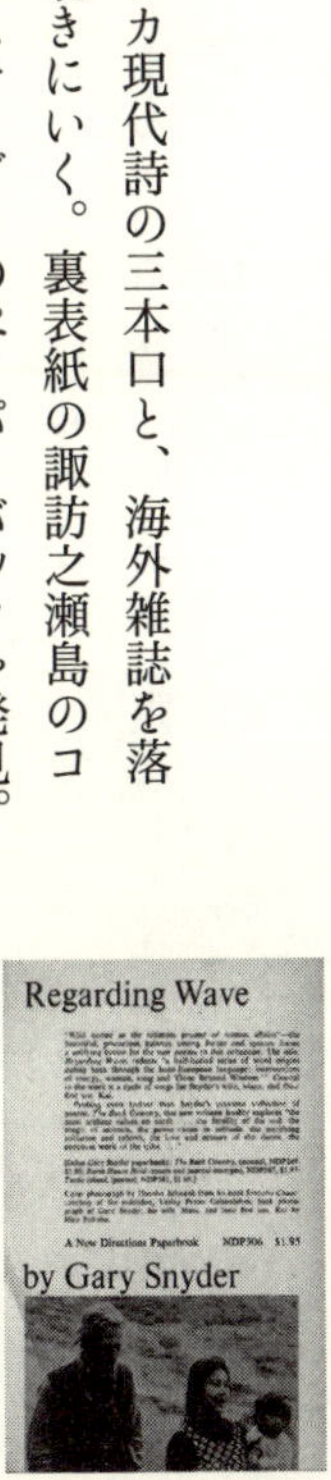

『Regarding Wave』Gary Snyder（1970）の裏表紙。ゲーリーと前妻の上原マサ。諏訪之瀬島の写真。

く。海外の本は、日本の奥付と違い必ず「何版」とか、「何刷」と明記しないので、非常にわかりづらい。特に気をつけなければならないのが、「ファースト・エディション」とあっても、それが初刷りとは限らず、その中でも「ファースト・プリンティング」や「セカンド・プリンティング」などが存在することもある。一番正確なのは大抵が限定発行で入手困難といわれる各作家の「書誌」を手に入れることなのだ。

十月二十三日　最高に輝いているバンド

ＣＣＣ同期のウェディング・パーティー。新郎の滝沢功太は入社前からの友人、新婦のめぐみさんは六本木の店舗勤務で、最近レーベルの方でお世話になっている。六本木のライブ・バーを借り切り、百五十人が集まった盛大なパーティーはソロ二人、バンド二組とライブづくし。しかもその全員が社員メンバー。新郎がギターを手に歌い倒し、新婦がドレス姿でキーボードを弾いたバンドは圧巻で、誰が見てもこのカップルが最高に輝いていた瞬間だった。この数年の間に一部上場企業となり、ずいぶんフォーマルな会社になった気がしていたが、ドレス・アップした人も、カジュアルな人も入り乱れてフロアで盛り上がり、変わらずクレイジーでアット・ホームな面を見ることができ、懐かしさが込み上げて来た。

深夜、渋谷に戻りロバート・ハリスさんのイベント「エグザイルス・ナイト」に向かう。今日はＣＤ発売時、推薦コメントをもらったＳＵＩＫＡの恩返しライブ。ＤＪプレイ中心のクラブでのライブは初めてなので、どうなることかと思ったが、予想以上にはまった。ＳＵＩＫＡの演奏に合わせフロアで踊る人たちを見るのは新鮮で、知り合いの子たちからも「楽しいから、これからのライブもダンスフロアを作ってよ」という声が

「エグザイルス・ナイト」フライヤー

出るくらいの盛り上がりだった。ＣＤを買ってくれたアメリカ人から「ＳＵＩＫＡはオリジナルだから、アメリカでも絶対成功するよ」と言われたのは特にうれしかった。

十月二十四日　連日

連日の結婚式。神田・悠久堂書店の、調子はいいけどしっかり者の諏訪雅也君と麻衣子ちゃん。大御所の古本屋さんが六本木ヒルズに勢ぞろいした結婚式から、若手の古本屋が大勢集まり余興で盛り上がった西麻布のワイン・バーでの二次、三次会まで十時間以上飲みっぱなしの一日だった。さすがに最後はへろへろに。

十月二十六日

久々に『ビート・カタログ』（仮称）の編集ミーティング。だいぶ間が空いたので、もう一度スケジューリングし直し。しょっちゅうスケジュールの話になり、なかなか具体的な内容に進まないので、気を引き締めて取り組んで行きたい。

十月二十七日　予算、無事通る

彷徨舎で『南部写真帖』の打ち合わせ。デザイナーのカトヨが初参加。正式タイトルも決定。『Rewind ◀◀1969◀◀2004▶　東京古書組合南部支部創立35周年記念写真帖』。歴史を振り返る「巻き戻し」という意味の英語と、誰もがラジカセ等で見たことがあるであろう「巻き戻し」記号と現在進行形の意味での「再生」記号を使い、堅いサブ・タイトルをフォローするグラフィック的要素の強いタイトルとした。

見積もりの結果も出て、Ａ４変形で正方形の版型の予算が通りほっとする。紙質等も

悠久堂書店
山岳、料理、美術他。
東京都千代田区神田神保町１−３
（03−3291−0773）
http://www.book-kanda.or.jp/kosyo/10 11/

順次決まり、なんとなく完成図が見えてきた。本文は縦組みだが、日本語と英語で二種類の各章タイトルを併記し、内容と違和感のない程度に、今までになかった新しい要素も盛り込む予定。デザインはできるだけシンプルにし、フォントや余白の使い方を工夫していきたい。

十月二十八日　編プロのパーティー

イラストレーターの山崎さん、新元さんら立体文学チームが示し合わせたかのように偶然の来店。山崎さんから紙芝居「ここだけ雨が降っている」のWEB用の素材を受け取る。新元さんとは来年一月予定の次回についての軽い打ち合わせ。入れ違いでタワー・ブックスの持田さんが土曜日の新元さんのイベントの告知物と、先日終了したフライング・ブックス・コーナーの看板を持ってきてくれる。

J-WAVE等で活躍中の渡辺祐さんの編集プロダクション「ドゥ・ザ・モンキー」の十五周年記念イベントで「Oイースト」へ。編集プロダクションなのにライブハウスで記念パーティーとは、祐さんもおもしろいことをやるものだ。二十時過ぎ、若者がどこからともなく集まり盛り上がる円山町、新しく出来たライブハウスに入ると、ラジオを生で見ているかのような安斎肇さんと祐さんのトークの真っ最中。その後メインのスチャダラパーのライブ。日本語ラップの草分け的存在だが、ライブを見るのは初めて。二人のラップのバランスや掛け合いの絶妙さ、お祝いのMCから曲に入る展開等、想像以上にかっこよかった。いまや国民的ビート・ボクサーのアフラ君や、ロマンクルーのエムラスタ君にも久々会い、編プロというより音楽業界のパーティーのようだった。

ヒューマン・ビート・ボックス
口でドラムやベース音、レコードのスクラッチ音などを出すテクニック。

十月二十九日

神田の一大イベント、青空古本市開催期間でスタッフが少ないので、朝から明治古典会の運営のお手伝い。明治、大正の文学書四カーゴの仕分け等をする。久々の現場作業は楽しかったが、入札では収穫なし。

十月三十日　翻訳家の音楽対談

夕方、タワー・ブックスで新元さんと、エドワード・ゴーリーの絵本やポール・オースターの翻訳で知られる人気翻訳家の柴田元幸さんの対談。タワーらしく、今回の対談テーマは「ビートルズ」。お互いに嫌いな曲について徹底的に話したり、ジミ・ヘンドリクスや子供によるカバーの風変わりな曲を流したり、音楽評論家とは違った視点での話がおもしろかった。今後シリーズで続けていくそうなので楽しみだ。個人的にはローリング・ストーンズあたりが聞きたい。知り合いの編集者さんたちと、一緒に終演後控え室での打ち上げに同席させてもらう。パーテーションで仕切られた部屋で、紙コップのビール、東大の教授でもある柴田さんの音頭で乾杯と、まるで卒業式の大学研究室のようで楽しかった。控え室でのグラフィック・ノベルの翻訳化についての対談は興味深かった。日本にも根付いて欲しい新しいジャンルだ。それには一冊ごとの短期的投資採算性より、タイトル数を揃え、ジャンルとして地位を確立すべきだが、今の日本の出版事情では難しいのかもしれない。

　深夜、歌舞伎町までホワイトマンのイシコさんの車に乗せてもらいＳＵＩＫＡのライブへ。今回はカレッジ・チャートを運営している学生たちの主催で、二つのライブハウスで同時開催、どちらへも行き来自由というユニークなイベント。あいにくの雨だった

「The World of Edward Gorey」(Abrams 1996)
不気味だけど憎めないキャラが多く登場するゴーリーの絵本は、限定出版のものや、変名で書かれたものもあり、集めるのが難しい。

が、若者を中心に熱気に満ちた会場でＳＵＩＫＡも熱いパフォーマンスを展開した。後ろから聞こえてくる「これ、ちょっとかっこよくない！」の黄色い声に、心の中で「でしょ！」と返事。雨の中二軒を行ったり来たりで運営は大変そうだけど、学生の子達が一生懸命やっている姿に好感が持てるイベントだった。メンバーたちもみな学園祭の頃を想い出していたようだ。

十一月二日　パリのアーティスト・ソサイエティに想いを馳せて

アメリカでは、このところ気になって仕方がなかった大統領選挙の投票日。その影響を考えると、日本人にも多少の投票権があってもいいくらいだ。

夕方、葉山の芸術祭で知り合った、ギャラリーを営むすてきなマダム、谷吉さんがうらわ美術館の坂本さんとご来店。いくつか蔵書の挿画本を見せていただく。五月革命の時、リアルタイムで滞在していたという坂本さんたちと、パリのモンパルナスやモンマルトルとそこに集ったアーティストたちの話で盛り上がる。昨年現地で買い付けた挿画本を見てもらうが、目の肥えた人に見てもらうのは緊張する。坂本さんはロシア・アヴァンギャルドの本に興味を持って下さった様子。コーヒーと本、ウィットに富んだ素敵な会話、豊かなひと時を過ごさせてもらった。うらわ美術館は今度、オノ・ヨーコらが参加した芸術運動「フルクサス」の展示会をやるようで、招待券をいただいた。うちの店でも人気ジャンルなので楽しみだ。

夜、「ユトレヒト」の江口さんがご来店。行ってきたばかりのシカゴの話などを聞かせてもらう。定例の『ビート・カタログ』（仮称）編集ミーティングは、大きく四つに分けた章それぞれの具体的な内容についてのディスカッション。昨晩作成し、予めメール

カレッジ・チャート
http://www.crj-tokyo.net/

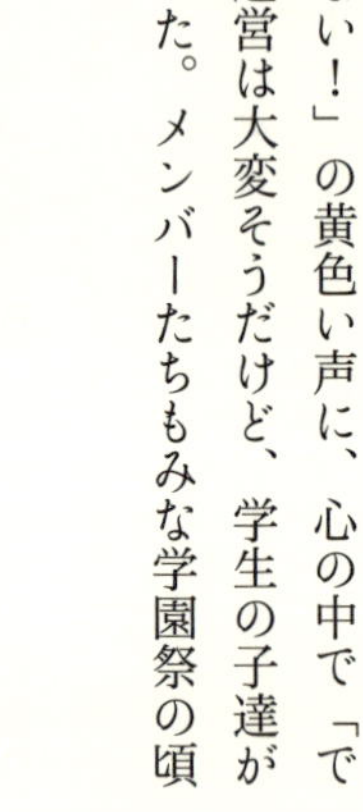

イベント・フライヤ

ユトレヒト
東京都渋谷区恵比寿西2-16-13
代官山パンション１０２
(03-3463-2345)
http://www.utrecht.jp/

で回した資料を基に、大枠のページ数を割り出していく。おおよそ百二十ページ前後になる予定。版形は、本としては珍しいが、スノーボードのカタログ等では良く使われるＡ４横向きで制作する予定。見開きをパノラマとして使える利点もある。今後、章ごとに編集責任者を分担し、進行していく。僕は「ビート・イン・ジャパン『部族』」の章を主に受け持つが、総在庫を把握しているので、全体にかかわることになるだろう。

十一月三日　大人になりきれない大人たち

最近はまっているのが、先日タワー・ブックスで買った「ジャッカス」のＤＶＤ二本組。映画「マルコヴィッチの穴」等で知られる映像監督スパイク・ジョーンズらが制作したＭＴＶのバラエティ番組で、大の大人たちが本気で体を張って、くだらない遊びやいたずらをしていく。サンフランシスコのアスファルトの急な坂でスノーボードをしたり、三メートル程の竹馬の上でボクシングをしたり（当然、倒れるとめちゃくちゃ痛い）、とても文章には出来ないようなネタも満載。よく思いつくなと感心してしまう程、くだらない発想と、痣だらけになりながら一生懸命やる姿がおもしろい。こっそり名スケートボーダーのトニー・ホークらが出演しているのも見逃せない。いつまでも子供みたいな大人にはつい親近感を感じてしまう。

十一月四日　一日スーパー・バイザー

古書会館のぐろりや会の設営現場に顔を出し、その足で彷徨舎に『南部写真帖』の原稿のコピーを取りに行く。すでに二十時くらいだったが、編集室には昼間とほぼ変わらない人数のスタッフがいた。出版社はどこも大変そうだ。月の輪さんの作った原稿を全

ＤＶＤ「ジャッカス　Ｖｏｌ．２＆３」

ページ分コピーし、本文で使用するフォントや余白の取り方を軽く打ち合わせる。

西秋書店の学さんと来週の『古書月報』の座談会用に、最近移転リニューアルした東京駅の丸善本店と復活した青山ブックセンター六本木店を一日スーパー・バイザーになったつもりで視察に行く。CCC時代を思い出し、懐かしくうきうきした気持ちだ。

まずは丸善本店前で集合。夜の東京駅周辺は閑散としたイメージがあるが、二十一時近くだと言うのに、仕事帰りのサラリーマンやOLらしき人を中心にお客さんはかなり入っている。通常、複層の書店の一階部分には雑誌や流行のベストセラー等がくるが、意外なことにビジネス書や自己啓発関係が大々的に展開されている。さすがは丸の内と言ったところ。天井はかなり高く、通常より一、二段分背の高い書棚はシンプルなデザインで、POPやコメントは少ないが、海外文学などは作家別の仕切り板の数が充実しており、ゴールデン・ゾーンの棚もきっちり面出しされている。在庫検索用の最新式タッチパネル端末の多さも目立ち、壁には各紙日曜版の書評欄がパネルで展示されている。新聞購読率が高い地域では欠かせない展開方法だ。

四フロアの圧倒的な床面積を誇るだけあって、品揃えは「セレクト」よりは「総合」と言えるが、小出版社の刊行物まで細かく手が届いているジャンルもある。商品知識がある人には圧倒的在庫数から自分の好みのものを探せる利点があるが、逆に店の「押したい本」が見えにくい分、ビギナーには厳しくもある。

ところどころで展開されるコーナーはどちらかというと出版社の営業主導の匂いがするものが多い。有効に展開できそうな、隙間的なスペースが豊富なので、それらを連動させ、活性化させていけばよりエンターテイメント性溢れる売場づくりが可能なはずだ。曲線を描いたレイアウトの窓際スペースにはイス等が置かれているが、背が高い什器と

西秋書店
国文学、児童文学他。
東京都千代田区西神田2-3-3
(03-3262-2765)
http://www1.ocn.ne.jp/~nishiaki/

スーパー・バイザー
店舗指導員

POP
顧客の購買促進の為の情報を提供する告知物、コメント等。
Point of Purchaseの略。

ゴールデン・ゾーン
陳列棚の目線の辺り（通常床上八〇〜一三〇センチくらい）の最も見やすく、買いやすいとされる位置。

狭い通路の圧迫感から、あまり利用したいと思えるものではなかった。エスカレーター脇にさびしく放置されたカートもこの通路幅では力を発揮しづらいだろう。反面、通常では不利なはずの狭いスペースを雑誌コーナーとして大胆に使用していたり、変則的な売場の使い方はよく工夫されている。また三階以上の専門的なジャンルのフロアの照明を暗めにし、落ち着いた雰囲気の演出もおもしろい。特に四階の万年筆コーナーや眼鏡売場は、きっちりと「時間を消費する売場」として機能しており、他店との差別化を図る上でも大きな役割を担っているようだ。

ある写真全集について尋ねたスタッフは、誠実にその場で本を探す努力はしてくれたが、明らかに商品知識不足だった。書店員は最低限、自分の担当ジャンルにおいて、店舗の外にも目を向けアンテナを張っていなければならない。より詳しい顧客の対応を迫られるのだから、店頭在庫や、出版社からの情報だけでは、明らかに情報不足だ。実際尋ねた本は一冊二万五千円で四冊揃いのもので、もし注文を取れると、それだけで十万円の売上となる。作家を招いたインストアのイベントも活発だし、店舗としてのポテンシャルは高いと感じた。あとはこれだけの大きな店舗でいかにサラリーマン化せずに、優秀な書店員を育てていくかにかかっているのではないだろうか。

場所を変えて六本木、青山ブックセンター。店頭の洋書バーゲン・コーナーが、この店のオーナーが「洋販」に変わったことを暗に主張している。レイアウトは、一時閉店前とほぼ変わっていない。全体的な印象として、在庫数は明らかに減っているが、アート・ブックを中心にトレンドをしっかり押さえた品揃えを展開している。特に、グラフィック・デザイナー系の絵本や、タイポグラフィ系の充実はさすがだ。文庫、大判等、版型を問わず、ジャンルのみで区切る展開も健在、探す人の視点をよくわかっている。

洋販
洋書、洋雑誌の取次

平積みの展開は本のタイトル数が限られるが、何を本当に売りたいのか明確に提示するには有効な方法だ。

元々草分け的なインストア・イベントも充実しており、コーナー展開も「杉浦康平の造本世界」の大きな展開や、「人形」の中規模な展開等、アクセントが効いている。ただ、在庫が減った分、トレンドを先取りしていたビジネス書コーナーはもはや形骸化し、生活関連で今一番押さえておくべきであろうヨガ関連なども貧弱だった。アート系以外のバラエティ・ジャンルでは、完全に近くの競合店に軍配が上がる。弱いジャンルはタイトルを厳選して高効率化を図るか、いっそ辞めて強いジャンルを拡充したほうがよい。

店員に質問をしたところ（柴田元幸さんおすすめのグラフィック・ノベル、『マウス』について聞いた）、コミックというジャンルだけではなく、ナチス関連という内容についても把握しており、ナチス・ユダヤ関連コーナー、およびコミック・コーナーを案内してくれた。さらに著者スピーゲルマンの新作洋書も含めて面出しできっちり展開している。これは予想以上のリアクションだった。帰りがけに覗いた洋書セールコーナーは、古書としてセドリが出来るほど、掘り出しものも多く、展開の仕方によっては新たな魅力になるだろう。

十一月五日　初めての総会

明治古典会。横尾忠則の装丁が素晴らしい、白石かずこの詩集『愛たち　けものたち　神たち』を落札。

イベントが重なり会員に就任以来二回連続で欠席してしまった明治古典会の総会に出席する。日本の古書業界を牽引している大御所の方たちを含め総勢三十人が出席するシ

『マウス―アウシュヴィッツを生きのびた父親の物語』アート・スピーゲルマン　小野耕世訳（晶文社　一九九一年）

『愛たち　けものたち　神たち』白石かずこ（天声出版　一九六八年）

リアスな会議に、久々に少し緊張した。市場の運営は決して目に見えている部分だけではなく、その影に多くの人の努力が隠されている。

一度帰宅し、今度のイベント用のビデオ、「ひとりカフェｃａｔｓ」をチェック。見終わるとさっそく出演のシネマ・スタイリストのｍｉｃに電話し、演出等の打ち合わせ。深夜、日付はすっかり変わっているが、明日からの名古屋出張前になんとかデザイナーに引き渡したい『南部写真帖』のデータを仕上げに店へ向かう。抜本的にページ構成を見直し、当初の予定の六章は四つに変わり、順番も入れ替わる。結果的に焦点が絞り込まれ、引き締まった構成になった。明るくなるまで、こちらでやれるだけのことはやり、デザイナーのカトヨにメールし、編集長の月の輪さんにＦＡＸを入れ、やっとの思いで帰路につく。

「ｍｉｃ　ひとりカフェｃａｔｓ」フライヤー（絵：寺門孝之）

十一月八日　日常の中にある季語

朝、上京中のｍｉｃとイベントの導線等の打ち合わせ。ひとり四役をこなす為、着替え等の導線が必要となるが、なんとか問題なくいけそうだ。

ビート詩人のゲーリー・スナイダーが正岡子規国際俳句大賞を受賞し、目白の椿山荘で催される記念講演会に足を運ぶ。会場を埋める、フォーマルな服装の日本俳句界約二百人の光景は圧巻で、詩人の中上哲夫さんや白石かずこさんの姿も見えた。ゲーリーのフォーマルな講演を聴くのは初めてだが、カリフォルニア州立大の先生というだけあってまったく違和感がない。俳句との関わりをこれまでの足跡と交えた話は、「ことばの神秘、詩の持つ想像力、憐れみの心、これらは全て概ね同一のものであり、おそらくこういったものが詩を媒介として、世界を時折、平和、感謝、そして喜びの瞬間へと導いてくれているのです」と閉められた。俳句の「縛り」ともなりかねない「季語」について、「歳時記などで調べるのではなく、『自分なりの季語』を日常のなかで『感じる』ことが大切」という話は、集まった人たちに少なからず衝撃を与えていたようだ。確かに、以前の正岡子規はそれを実践してきた俳人だと言える。

名残惜しいが、明日ゆっくり会えるので、交流会はパスし神田へ。古書会館で先日の丸善と青山ブックセンターについての座談会。司会の天誠書林さん、古書日月堂さん、西秋書店の西秋学さんと二時間ばかり話す。やはり他の人の意見を聞き、自分と違う視点を知ることはいい勉強になる。

十一月九日　火と酒と詩と

東村山の「ＭＡＲＵ」でゲーリーを囲む会。山と渓谷社の元編集長・三島さんの店。アメリカ文学者の原先生や、アイヌの人を取り続けているカメラマンの宇井さん、シンガーの内田ボブさんとトシさんらが既に集合している。椎名誠さんの「あやしい探検隊」の料理長でもある三島さんのおいしい料理を楽しんでいるうちに、編集の滝沢さんの車でゲーリーが到着。

ゲーリーが名前を覚えていてくれただけでなく、「先月のサンフランシスコ、シティ・ライツ書店で十数年ぶりのリーディングをしました。その際ファーリンゲティと名物編集者のナンシー・ピーターズとの夕食で、あなたの話が出ました。その後、バークレーのセレンディピティを訪ねた時も、店主のピーターとあなたのことを話しました」と言ってくれたのには、胸が熱くなった。ビート詩人同士の会話に登場できるなんて思ってもみなかった。身近な自然のことから戦争のことまで、おいしい料理やお酒と共に会

ＭＡＲＵ
カレーがお勧め。
東京都東村山市野口町1−11−3
(0423−95−4430)

話も弾む。日本に来てからここ数日、ずっとフォーマルな集まり続きで、疲れ気味だったゲーリーもやっとリラックスできたようだ。

しばらくして三島さん自宅敷地内に併設された、囲炉裏のある山小屋のような別邸「かっぱ亭」に場所を移して宴は続く。ナーガさんの娘のアミタさんらも合流して、みなで火を囲み、ボブさんが歌ったり、ゲーリーもギターを爪弾いたり、ゆるやかで、あたたかな時間を過ごす。夜も更け、ゲーリーを含め最後まで残った五人で雑魚寝。トシさん曰く「赤ガラスの頃を想い出す」という夜、いびきのハーモニーも心地よい子守唄だ。

十一月十日　ビート詩人とのランチ

朝、ごはんと味噌汁、サケと納豆とお新香の朝ごはん。ゲーリーは日本語で「こういう朝ごはんが食べたかった」だって。

午前中、北山公園を散歩する。新興住宅の開発をなんとかまぬがれた丘は、ほどよく色づき、絶好の散歩コースだ。三島さんの「かっぱの会」が十数年越しで、今年の春やっと漕ぎ着け、コンクリートの護岸を土に戻した北川は、昔のように子供たちが川の中で自由に遊べるようになり、次第に魚の種類や数が増えているそうだ。今後更に自然護岸化する地域が広がる予定で、水質も更に改善されていくらしい。初めは数百メートルの工事だが、ゲーリーの言う「Think Globally, Act Locally」（地球規模で考え、地域に根ざして活動せよ）を根気よく続け、ここまで実現している三島さんや「かっぱの会」のメンバーには感服した。このような地域運動が広がっていけば、詩人、故・山尾三省さんの有名な遺言「神田川の水をもう一度、飲める水に」も、時間はかかるが、実現も夢

赤ガラス
信州八ヶ岳にあった「部族」のコミューン「雷赤鳥族」。

かっぱの会
http://www6.ocn.ne.jp/~kapa/

送る。

ではなくなるだろう。ＭＡＲＵでコーヒーをご馳走になり、電車でゲーリーを品川まで

電車に集って、ビート詩人と二人で話をするのは不思議な気持ちだ。先日のアメリカ・ツアーの話や、エコロジーと経済の話などをする。途中、乗り換えの新宿で軽いランチを取ることになり、ゲーリーたちが六〇年代にたむろしていた伝説的カフェ「風月堂」跡地の向かいにある、新宿で唯一現存するクラシック喫茶「らんぶる」に案内する。懐かしい内装と、落ち着いた雰囲気はゲーリーも気に入ったようだ。キッシュとサラダの軽い食事の後、『ビート・カタログ』（仮称）用のインタビューもさせてもらう。テーマは「シティ・ライツ書店への想いと、友人ファーリンゲティについて」。詩や禅、ビート・ジェネレーションについてのインタビューは多いが、ムーブメントの中心となった一軒の書店についての考察は、知る限りこれまで発表されていない。

ゲーリーは自分の記憶を確認するようにゆっくり、そしてしっかりと具体的な年代や人物名などを交えて話をしてくれた。その中には今まで知らなかった事実も少なからずあり、とてもいいインタビューになったと思う。発表できる日が楽しみだ。その前に大変な翻訳作業が待っているのだけれど。

品川の駅で再会を約束し、合掌をして別れる。

五〇年代アメリカに興ったビート・ジェネレーションとの距離が一気に縮まった、まるでロード・ムービーか小説の中に入り込んだかのような二日間だった。

山と渓谷社の滝沢守生さんとの対談

風月堂
かつて有名無名の芸術家が集まるサロンとして海外にも紹介されたクラシック喫茶。一九七三年閉店。

「終りなき山河〜ゲーリー・スナイダーの声が伝えるもの」

（『スタジオボイス』 二〇〇四年二月号より）

――まずCDを出す経緯を教えていただけますか。

滝沢：きっかけは二〇〇二年七月の「東京の夏」音楽祭の公演の時のゲーリーさんのリーディングがとても良かったんです。その時、初めて詩は本で読むよりも朗読会に行くべきものなんだなというのを実感したんですよ。日本の詩集って日本語だけで展開されるじゃないですか。でもゲーリーの詩は実際に聞いてみないとなかなかわからない。彼の詩のなかにも「詩はこうして僕に向かってやってくる」という詩がある。詩人の言葉というのは、まさに野性なんだと。それは即興みたいなことなのかもしれないし、ついて出てくる言葉なのかもしれない。それを聞いて欲しいということはゲーリー自身も常々言っていました。実は二〇〇〇年に『Outdoor』という雑誌の企画で湯島聖堂でポエトリー・リーディングのイベントをやったんですよ。ゲーリーさん、一昨年亡くなられた山尾三省さん、ゲーリーの盟友でもあるナナオサカキさん、それとナーガ（長沢哲夫）さん。そこにミュージシャンを何人か絡めた。このメンバーが新宿・安田生命ホールでやった一九六八年の伝説的なポエトリー・リーディングから三十年。もう一度彼らが集まったんです。

山路：普段ポエトリー・リーディングには来たことがないだろうなという感じの若者がすごく多く見受けられましたね。湯島聖堂では月明かりの中でやったんです。その聖堂の回廊の中庭で、若者が千人近く車座になって、詩人の朗読の声を直接聞き入る姿っていうのはかなり衝撃的でした。

――「フライング・ブックス」ではポエトリー・リーディングもやられています。

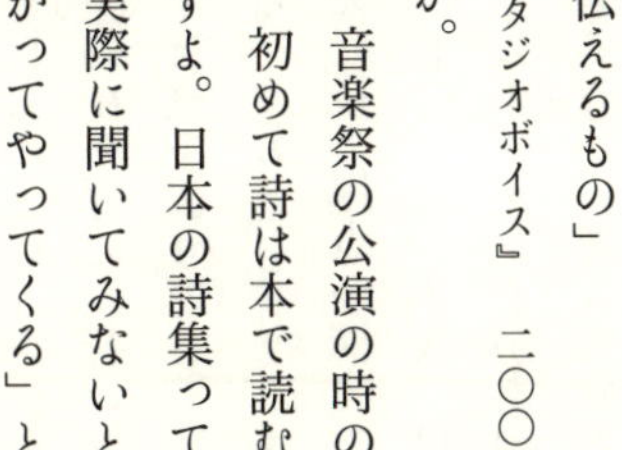

「グローバル・エコー 亀の島から弓の島へ」
（2000年10月湯島聖堂）

山路：イベントを月一回くらい行ってます。作詞家で詩人のさいとういんこさんと「スプラッシュ・ワーズ」というインディーズ出版をやっていて、長沢哲夫さんの詩集を作りました。発行記念イベントを昨年三月にやった時に、序文を書いてくれたゲーリーがちょうど来日していたので、お店にきてもらい一緒にリーディングをしていただきました。

滝沢：フライング・ブックスは、東京の「シティ・ライツ書店」といっていいかもしれないね。

――ビートに対する関心が、二、三年前ぐらい前から高まっているように感じられるんですが、その理由はどのあたりにあるのでしょうか。

滝沢：今まで、ビートに対するムーブメントは何回かあったと思うんです。五〇年代当時のアメリカ的な閉塞状況に日本があるとき、たまたま良い教科書として、ああビートっていうものがあったんだ、なんかそういう盛り上がりですね。でも最近のビートに関心を持ってる若い世代は、ゲーリー、三省、ナーガさんらが五〇年代から現在まで時代を経てきたその姿にどこか共感を抱いている、という点が違うんじゃないかと思うんです。ビートたちが旅を経てきたその先の在り方に、若い世代は興味を持ってるんじゃないかなって感じるんです。ゲーリーは旅を繰り返して今、はっきりと着地点が見えている。それが流域の思想、いわゆる「sense of place」＝場所の感覚であったり、再定住＝「Reinhabitation」、つまり旅を終えた後の拠点を構えて、そこで地域のために何が出来るかという考え方に行き着いた。七〇、八〇年代、日本でもバックパックを背負って海外の辺境に旅に行く、そういうムーブメントがあったと思うんですが、旅に出たのは良いんだけども戻る場所が分からない、そんな状況が九〇年代ぐ

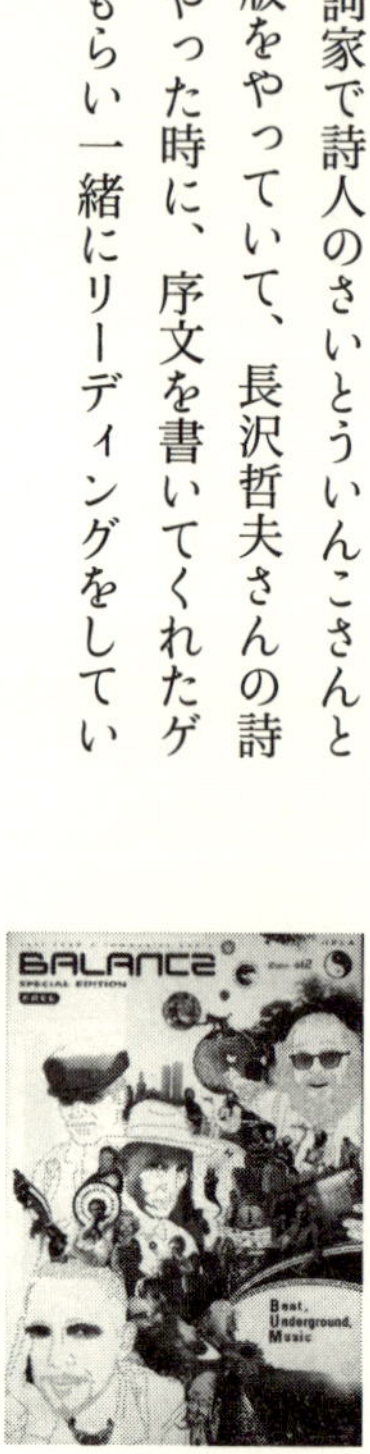

『バランス』十二号
ゲーリー・スナイダーの来日に併せて制作された臨時特別版。

らいまではあったように思います。日本に帰ってきたものの、まだバブルの中でやっぱりここじゃないなとわかったけれど、次の旅の先が見つからなかった。でもビート、特にゲーリーは、その旅の果てのその先を見せてくれている。でもビート、

山路：僕も……若い世代なんですが（笑）。今の学生達を見ていて、テレビのバラエティー番組の影響もあってか、旅というものに対してハードルがすごく下がったと思うんです。反面、作り上げられたイメージ先行のバーチャルな要素の強い旅も多かったりするのですが、ゲーリーや山尾さんらのリアルな部分、何十年も旅を続けてきて紡がれた言葉や生き方というのには非常にリアルな重みがあって、そういったものを知りたい、という部分が強いんだろうなと思います。旅に出て自己を外から見直して、さらにどう深めていくか、もっと先を知りたいという子達のアンテナにビートが引っかかっているんじゃないかな、という感覚があります。

――先ほど場所というゲーリー・スナイダーの非常に重要なキーワードが出ましたが、一方ではグローバリゼーション、何もかもが平坦化していくような世の中の流れの中で、今そのゲーリーの考えがどう世の中に機能していくか、どうカウンターとして存在できるか、という点についてはどう思われますか。

滝沢：まず思考の部分と行動の部分がある。Think Globally, Act Locally ――グローバリゼーションという流れの中で、だからこそ足元をまずは見ることから始めろと。お前の乗っている、それが地球だと。それが場所の感覚に繋がって、もしかしたら当時言われていた「世界を百万分の一インチ動かすことに繋がっていく」のかなっていうところがあると思うんです。それとたとえばインターネットに代表されるようなテクノロジーの問題。かつての「部族」の運動なんかはテクノロジーに対してすべてN

Oだった。最先端のものは全てNO。とにかく縄文に戻ろうと。でも、やっぱりなかなか機能しなかった。反対にゲーリーはこの現代の中で良いテクノロジーと悪いテクノロジーがあるといっている。彼はメールも使うしパソコンも使う。家を建てなきゃいけない時には木を切り倒すためにチェーンソーは必要だし、電気はパソコンを動かすために必要である、と。しかし電気をおこすために、じゃあ何が必要なのか？ それは原子力じゃなくて、やっぱり原初のエネルギーであるソーラーパワーだろうと。そういう風にテクノロジーに対してもゲーリーは、良いテクノロジーと悪いテクノロジーと、その差異をはっきりと見つめている。グローバリゼーションの流れの中でも決して、その物事の本質や自己を見失わない目や考え方をもっている。マクロ的な見方とミクロ的な見方をもちつつ、詩人としても自由にその中を行き来している。これは非常に重要な視点じゃないかなと僕は思うんです。

山路：「Think Globally, Act Locally」というのは、全ての人に当てはめることの出来る発想だと思うんです。たとえばシェラネバダのゲーリーと東京で生活している僕なんかとでは、圧倒的に環境って違うわけなんですけど、地球全体を考えて今自分にできる手もとのことからやるっていうのはそれほど難しいことではないはずです。ゲーリーが以前来日した時に、泊まっていた都心のホテルの近くの川にいた鳥の話をしてくれました。同じシチュエーションで毎日東京で生活している自分がその鳥に気がつくことがあったかな、と自問したんです。詩人として、自然の声を聞く力があるんでしょうね。まずは自分の周りの自然の環境変化に気づくこと、それを感じることってというのが非常に重要だと思いました。そういったことが、act local ということにも繋がってくるのかもしれないですね。

——詩人の声という肉体性がまた今の時代に受け入れられていると思います。声の魅力についてはどうお考えですか？

山路：ポエトリー・リーディングのイベントを製作するようになって四年ぐらいになるんですが、読む詩と聞く詩とではだいぶ違う鑑賞の仕方になっています。やはり作者自身による朗読は、字を読むだけではわかりにくい部分も伝わりやすいと思いますし、音としての詩の良さもあります。特にゲーリーや長沢さんは独特の声の深さやテンポがあり、是非一度、生の朗読を聞いて欲しいですね。長沢さんはしばらく朗読されてなかったみたいなんですけども、最近はお会いする度に深みが増している。また、他者の書いた詩の朗読にも新しい魅力があると思います。今回の「スプートニク・パッド」でのイベントでは実験的な試みもしていて、女性も含めた各詩人がゲーリーの詩のカバーやオマージュを披露しました。それぞれの解釈による朗読により、また新たな発見もあったのではないでしょうか。

——このCD『終わりなき山河』を聞かれてどういう感想をお持ちになりました？

山路：テキストだけで読むより詩の中の情景が浮かぶ朗読だなと思いました。旅しているゲーリーの旅の途上の声というか。ゲーリーの声はイマジネーションをかきたてる声なんですよね。だから言葉以上のものを引き出してくれる。ぜひシェラネバダの森の中で聞きたいなという気持ちが強くわいてきました。

滝沢：初め聞いた時は、ディズニー映画にでもナレーションで出れば良いのにって思ったくらい（笑）。すごいあったかい包容力があるんです。辛辣なことも結構スレスレのことも言ってるんだけども、非常に包容力がありますよね。今回のCDにはブックレットが入っていて、英語の詩と日本語の詩、そして音で聞くことができる。こ

『終わりなき山河』（ポエトリー・リーディングCD二枚組）ゲーリー・スナイダー（山と溪谷社　二〇〇三年）

の三位一体で、詩を聞く楽しみがすごい立体的になったと思います。ゲーリーの声には、本当に包みこむようなヴァイブレーションがあり、いつの間にかひきこまれている自分に気が付きました。

十一月十一日　仕入れ

久々に大量の宅買い仕入。国語、古典関連。とても店に持ち込める量ではないので、澤口書店さんにも手伝ってもらい、五反田の市場に運び、出品用に仕分ける。友人の会社に立ち寄り、不要になった本を引き取り、店に戻る。仕入れづくしの一日だった。

十一月十二日　バックヤードでいただくコーヒーの味

駒場東大前の河野書店さんに頼んでいたアレン・ギンズバーグの本を取りに行く。昨年十二月に移転改装した新しいお店は、段差のある二層構造で、実際に教会で使用されていたイスや、アンティークのライティングデスクが置かれ、まるでアメリカ東海岸の老舗古書店さながらのすてきな内装になっている。また、店舗部分の三分の二ほどの広いバックヤードもあり、そこで引き立てのおいしいオーガニック・コーヒーをいただきながら、洋書のエキスパートでもある河野さんのお話をうかがった。

店にもどって、久々にさいとういんこさんと詩集出版の打ち合わせ&雑談。

十一月十三日　市場撮影

五反田、南部支部の入札会。七〇年代の海外ソフト・ヌード写真集、黒人文学、海外

河野書店
東京都目黒区駒場1−31−6
(03-3467-3071)　http://www.kosho.ne.jp/kono/
ネット上のみで見られる「ふたつの世界の書店　ＣＯＢＡ」も必見。

文学の単行本を中心に入札。しかし、今日の本当の目的は本ではなく、写真撮影。もう追い込みの時期となっている『南部写真帖』用に、現在の市場風景を撮る。市場外観も、先日撮ったのが市会のない休日だったため、より活気のある風景をということで撮り直す。しかし、あいにく今日はゴミの日らしく、写真の隅にゴミ袋の山が……。ラスト・チャンス、月曜に取り直すことにする。

十一月十四日　エコロジーの祭典

代々木公園の野外イベント「アース・ガーデン」でＳＵＩＫＡのライブ。七月の時は好評をはくし、ＣＤが売り切れた。

　このイベントは主催団体のアース・ガーデンの南兵衛さんが毎年四月のアース・デーのイベントをより日常的にするために一昨年からスタートさせた。お祭りで刺激されたり、芽生えたりするエコロジー的意識を、年一回では日常の中で忘れがちになるので、もっと定期的につないでいこうという試み。オーガニック＆エスニックの屋台や、フリー・マーケットの出店のみならず、ＮＰＯが活動を発表したり、環境問題や社会問題に関する情報発信もしている社会的意識の高いイベントだ。以前、南兵衛さんを手伝っていた頃と比べるとボランティアのスタッフの数も増え、もはや大半が知らない顔になっていたが、みな意識が高く頼もしく見える。確かに年に何回かのエコロジーでは効果も乏しい。忙しさに流されがちな日常に喝を入れるためにもこういうイベントは大切だと思う。

　人でごった返すスクランブル交差点から、公園通りを上るにつれて人が少なくなってくるので不安になってきたが、今にも雨が降りそうな暗い空模様にもかかわらず、会場

アースガーデン
野外フェス、レイヴ・パーティーやフリー・マーケットなどの制作を行っている。
http://www.earth-garden.jp/

アース・デー
四月二二日。一九七〇年にデニス・ヘイズによって制定された地球のために行動する日。二〇〇四年現在、世界一八四ヵ国、約五千か所でイベントが行われている、世界最大の環境フェスティバル。
http://www.earthday-tokyo.org/

の代々木公園は大勢の若者や家族連れで賑わっていた。ＳＵＩＫＡのステージにも大勢が集まっている。けっして万全と言える音響設備ではないうえに、ホームレスのおじさんが乱入したり、雨がパラついたりというハプニングの中での堂々としたパフォーマンスに、この夏以降数々のステージを経てきたメンバーの成長が感じられた。アウトドア派のｔｏｔｏとＡＴＯＭは特にここぞとばかりに気持ちよさそうにやっていた。初めて観た人がほとんどという中、評判もよく、今回も外国人のお客さんがＣＤを買ってくれたり、手ごたえを掴んだライブだった。

十一月十六日　おぼろげながら

『ビート・カタログ』（仮称）編集会議。第四章「ビート・イン・ジャパン」について具体的に打ち合わせ。具体的なコンテンツと大体のページ数が決定する。あとは既に採り終わったインタビューの編集と、これから必要なインタビューの手配を中心に作業を進めていく。このジャンルについては海外でも資料があまりないので、初の本格的資料となるだろう。

他では、第一章の柱となる、ゲーリーの「シティ・ライツ書店について」のインタビューがとれたのが大きい。海外でもこの視点でのインタビューはないようだ。まだこれから情報を広げるべきところと、現状の資料でまとめに入るところとを見極め、効率的にやって行きたい。だいぶ完成図が見えてきたのは確かだ。

十一月二十日　着物を着たラッパー

来客の多い土曜日。以前、就職活動のアドバイスをした学生の内定の報告があり、気になっていたのでひと安心。相変わらず就職事情は厳しいようだ。

ＳＡＳＡがチベットで書いてきた新曲披露を含めたライブをするというので、円山町のクラブ「ブエノス」に顔を出す。ステージでのパフォーマンスを想像していたら、ＳＡＳＡはそれまで踊っていたフロアのまま、ＤＪのビートに合わせライムを始める。着物で着飾ったちっこい女性ラッパーは、たくさんのオーディエンスに囲まれながらも、それに負けないほどの熱いパフォーマンスをみせた。まだ少々荒削りだが、これからの成長が楽しみなアーティストだ。

数日前にアメリカ買い付けの最後の荷物が届き、全ての在庫が揃ったので『ビート・カタログ』（仮称）の第二章「リトル・マガジン」の素材撮りの為に、担当のカトヨが来店。五〇年代から九〇年代まで、アメリカはもちろん、ヨーロッパやモロッコで出されていたものも含めて、「対抗文化（カウンター・カルチャー）」の息遣いが聞こえてくるような、おもしろいものが揃った。

十一月二十一日　いろいろ整理

『南部写真帖』の宿題、写真のキャプション作りと、アメリカから届いた本の整理。キャプションはそれぞれ事実関係に間違いがないか大御所の先輩古書店の方々に電話で確認しながら作成していく。現在見て懐かしく思える要素と、何十年後かに見て懐かしく思える要素をバランス良く作るよう心掛ける。

アメリカで今回買い付けた合計約三百五十冊の本をジャンルや用途、重要度によって分類していく。撮影用にはベスト・コンディションの一冊を選択し、後はダブり在庫の箱へ。カウンター上に全て並べると、さすがに圧巻の光景だった。その後の仕分けも大変だったが。

十一月二十三日

中学・高校の同級生の牧野が、今年、僕と同じ誕生日に生まれたばかりの誉君と奥さんを連れて、引っ越しで整理したデザイン系の雑誌を持ってきてくれる。

夜は『ビート・カタログ』（仮称）の編集ミーティング。先日素材撮りをしたリトル・マガジンの章と、シティ・ライツの章を中心に具体的な編集の方向性を詰める。調べていくにつれて、知らなかった相関関係がわかったり、新たなキーワードが出てきたり、範囲が広がっていくばかり。うまく切り口を見つけ、そこから絞り込みを掛けて、編集していくことが重要になるだろう。

十一月二十五日

閉店間際、小林大吾が来店。『杉浦非水・創作図案集』をお買い上げ。木版のカットは、大正期に刷られたのに、いまだ少しも色あせていない。念願の一冊を手に入れ、大喜びしてくれている姿を見ていると、本屋冥利につきる。

十一月二十六日

明治古典会、月末の特選市。ずっと欲しかったコクトーの限定版『雄鶏とアルルカン』を落札。彷徨舎へ『南部写真帖』の第二校のゲラを取りに行き、一時間打ち合わせ。古書会館へ戻り、月の輪さんと各自で分担する校正方法の確認。もうひと息で完成だ。

『杉浦非水創作図案集』より

十一月二十七日　豪華プライベート・ライブ

タカツキと、元ＣＣＣ同期の友人、道下のウェディング・パーティーに出席。西麻布のソウル・バーを借り切ってのパーティーは、道下らが創設したクリエイター集団「グラフ・ラボ」周辺バンドのライブが盛りだくさん。司会は明日うちでイベントをするシネマ・スタイリストのｍｉｃと、タカツキ・バンドのドラムス、ピーチ岩崎さん。

ライブ一番手は九人の大所帯「オーサカ＝モノレール」。ボーカルの中田は元同期（道下、中田らは「ＶＩＶＯ」というユニット名で、ネイチャー・フォトの大家「エリオット・ポーター」のポスター制作もしており、うちにもに卸している）。お色直しで、派手に決めた新郎新婦を中心にみんなで踊り狂う。二番手はピーチ岩崎さんがドラムを叩くラテン・ファンク・バンド「コパ・サルーヴォ」。こちらもアゲアゲのアッパー・ライブで会場を熱気に包んだ。数年ぶりに会った元同僚も居て、華やかな同窓会的楽しいパーティーだった。爆音ライブのなか大声で話していたので、帰るころには咽喉はガラガラ、ウェディング・パーティーというより、クラブで遊び明かした明け方のような満足感。先日の功太といい、ＣＣＣの一筋縄ではいかない奴等は、ウェディング・パーティーも一筋縄ではいかないようだ。

深夜、ＳＵＩＫＡのカズタケが作曲とプロデュースを務める、メジャー契約が決まったハウス・ユニット「ア・ハンドレッド・バーズ」のレコーディング。恵比寿のスタジオに顔を出す。最終日の今日、ちょうどゲストのダ・パンプのＩＳＳＡとＫＥＮがコーラスを入れている最中だった。見たこともないような広いミキシング・ルームの中、交互に声を重ね、みるみる美しいハーモニーが出来ていく過程は、さながら魔法のようでおもしろかった。まだ一部分しか聴いてないが、世界的に活躍するミュージシャンが集

グラフ・ラボ
映像、音楽、イラストなど様々なジャンルのクリエイターが集まった有機的集団。
http://www.graphlabo.com

http://www.osakamonaurail.com

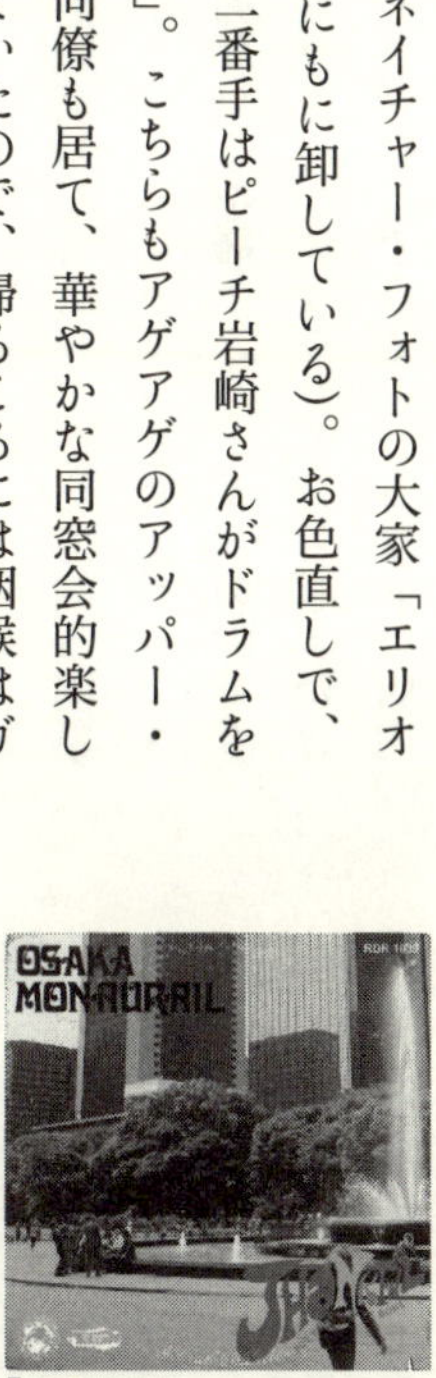

「THANKFUL
(For What You've Done)」
オーサカ＝モノレール（RD レコード）

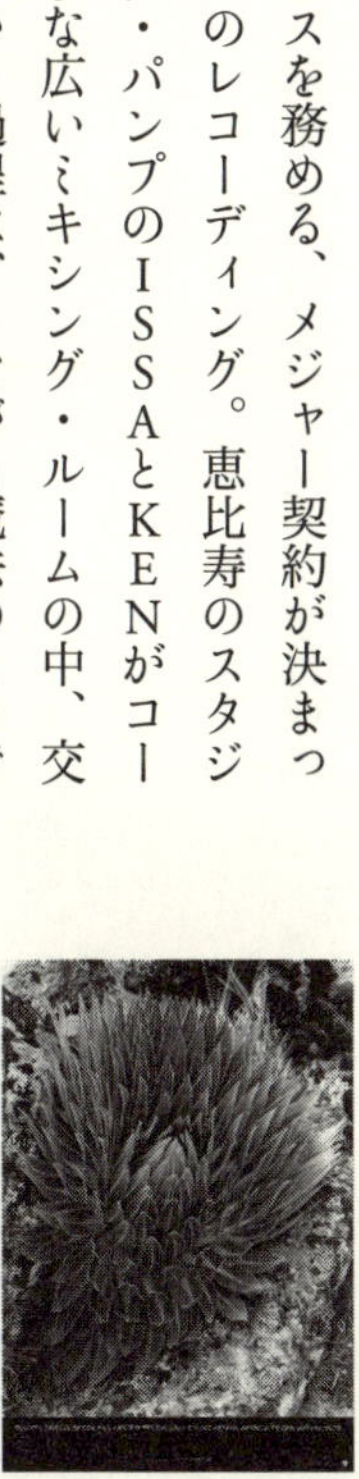

ポスター「ジャイアント・ロベリア」
エリオット・ポーター
（VIVO：http://www.ep4.jp）

まったストリングスのアレンジも冴えていた。個人的にはこの豪華なストリングスの部分が好きだ。年明けにリリースされるフル・アルバムが楽しみ。プロの真剣勝負の現場を見学するのはとてもいい刺激になる。

十一月二十九日　追悼　ODB

午後、彷徨舎で『南部写真帖』第二稿の校正戻し。週末に各自で目を通してきた原稿を付き合わせる。さすが、月の輪さんのチェックは細かい。意外とチェックしているところが被らないので、やはり二人がかりでやって良かった。統一した原稿を皆川さんに提出し、スケジュールの確認をして終了。店に戻って、カトヨに修正してもらうページのデータをチェックし、メールで依頼を出す。

タワー・レコードのフリーペーパー『バウンス』の最新号をもらう。そこで知る衝撃的事実。ウータン・クランのODBことオール・ダーティ・バスタード急死のニュース。ショックが大きすぎて実感が湧かない。九人の個性的なMCを擁するウータンの中でも、もっとも独創的かつ、魅力的なラッパーで、そもそもウータン・クランを知るきっかけとなった男だ。学生時代、当時まだルミネの上にあった新宿のタワー・レコードの店内BGMで耳にし、その場で即買ったのが、オール・ダーティのファースト・ソロCDだった。当時の財布で衝動買いはほとんどありえないことだった。ウータン・クラン本体のCDを聴いたのはその後の話。一九九七年の来日公演では、ステージに登場した時、両手には酒のボトル、マイクも持たず出てきて、途中ステージで大の字になって本当に寝てしまったかと思うと、自分のパートや曲になると、圧倒的な存在感を見せつけ、最後のフリー・スタイルでは客席に飛び込み、観客に囲まれながら強烈なフロウを生み出

http://www.copasalvo.com

「Love Letter From Far East」
コパ・サルーヴォ（RDレコード）

DJ YOKU率いる生ハウス・ユニットの待望のファースト・アルバム。
http://www.forlife.co.jp/ahb

「Fly From The Tree」
ア・ハンドレッド・バーズ
（フォーライフ）

していた。何十万枚とＣＤは売れているのに、当初は生活保護を受けていたり、万引きと間違えられ誤射されたり、インタビューはいつも意味不明、私生活もキワモノが多いヒップ・ホップ界でも群を抜き破天荒なやつで、最近は麻薬不法所持でやっと刑務所から出て来たばかりだった。そのくせマイクを持たせると唯一無二の禍々しいラップを繰り出し、絶頂期のマライア・キャリーのＣＤや、ハリウッド映画のサウンド・トラックにも参加するなど、みんなに愛されるキャラだった。今月、数年ぶりにフル・メンバーが揃ったウータン・クランのライブ模様を収めたＣＤが出たばかり、復帰を喜んでいただけにショックはでかい。最近、それぞれのソロ・ワーク等を経て、みなうまくなったが、オール・ダーティのいなくなったウータンには、伝説的なファーストＣＤの頃のような、予測不可能で、聴く者をわくわく高揚させたヴァイブはもはや期待できないだろう。

十一月三十日　アウェーでのライブ

夜、カトヨと合流し、彷徨舎で『南部写真帖』の最終データ確認と調整。もう、何も問題が無い事を祈るばかり。

　ロサンゼルスで世話になったマサキが来日し、店に顔を出す。以前は毎週、代官山のオープン・カフェでバックギャモンをしながら、くだらない話に花を咲かせていたので、こっそりギャモン・ボードを用意しておいた。お互い久々なので、たどたどしいゲーム運びだったが、懐かしく楽しい時間を過ごした。タイミングよく、深夜池袋でＳＵＩＫＡのライブがあるので一緒に顔を出す。ラッパー「マッケンジー」のリリース・パーティー。ヒップ・ホップ・ファッションの若者でごった返すクラブで、初のＤＪセット仕様

「The Osirus Mixtape」
Ol' Dirty Bastard（2004）
遺作となってしまったラスト・アルバム。

ライブ。生楽器は一切なし。十五分と短いパフォーマンスだが、普段と違うリミックスのトラックを使ったり、パッドで効果音を叩くけっちゃんや、ウッドベースがない分、自由に動き回るタカツキなど、ビジュアル的にも新鮮なライブだった。ごついＢボーイたちがＳＵＩＫＡの音に首を縦に振ってノッてるのも、おもしろい光景だ。ＳＵＩＫＡのいろいろな可能性を感じさせる実験的なセットとなった。

『ミュージック・マガジン』の特集「最先端をいくアルバム八十」でＳＵＩＫＡとサムライトループスが選ばれた。正直予想外だったのでとてもうれしい。

十二月二日　ジャム・バンドのマスター・ピース

彷徨舎で『南部写真帖』の青焼きのチェック。想像していたより写真がきれいに印刷されてよかった。きっちり組まれた原稿をみているとようやく完成が近づいている実感が湧いてきた。月の輪さんと二人で念入りにチェックした原稿を引き渡し、最終調整を皆川さんにお願いし、こちらでやれる作業はすべて終了。あとは九日に完成品が届くのを待つばかり。装丁の仕上がりが不安でもあり楽しみでもある。

フリー・ペーパー『バランス』を編集している菊池さんの単行本、『「自由」って何だ？』が届く。今年急遽解散してしまったグレイトフル・デッド以降、最大のジャム・バンド「ＰＨＩＳＨ」を追ったドキュメンタリー。様々な雑誌で活躍するジャム・バンド・ライター第一人者のバンドと音楽への愛情に溢れた一冊は、六〇年代に始まったムーブメントの現在進行形を知る上でも重要な本と言える。

十二月四日　豪華版ＳＵＩＫＡ夜話

『ミュージック・マガジン』二〇〇四年十二月号

ジャム・バンド
即興演奏を主体としたライブバンド。先の読めないスリリングな展開、バンドと観客が生み出す一体感のファンは多い。また演奏とシンクロするライト・ショウが会場を盛り上げることも。

ＰＨＩＳＨ
グレイトフル・デッドの後を継ぐ全米最高のライブバンド。九九年のフジ・ロックでの3日間連続公演が伝説に。二〇〇四年解散。

『「自由」って何だ？』菊地崇（マーブルトロン　二〇〇四年）

今年最後のＳＵＩＫＡのライブ「ＳＵＩＫＡ夜話第四話」、渋谷「ガボウル」にて。今回はゲストがロマンクルー、タカツキ・バンド、小林大吾の豪華版。相乗効果は抜群、超満員のお客さんで地下のカフェに熱気が溢れる。タカツキ・バンドでスタートし、二番手ロマンクルーへ。途中タカツキ・バンドが入り、タカツキがゲスト参加した曲を始め数曲セッション。予想外のサービスにフロアも盛り上がる。

三番手小林大吾も現在レコーディング中のアルバムの曲を中心に、ＳＵＩＫＡとのセッションを披露。珍しいポエトリー・リーディングとヒップ・ホップ・ユニットのコラボレーションとなった。ジャンルをクロス・オーバーしたセッションもＳＵＩＫＡ夜話ならではの魅力だ。ラストはＳＵＩＫＡが締め、ごった返した観客を最後まで飽きさせずにもてなせたと思う。この会場では三回目、回を追うごとにファンも増え、着実にステップを上がっている実感が持てるイベントとなった。

十二月六日　都市生活者の精神の旅

最近読んでいる本が、駒沢敏器さんの『地球を抱いて眠る』。ＷＥＢマガジン『ホット・ワイアード』に連載された九つのエッセイをまとめたもの。都市で生活している者にとって、あまりに深い自然の中での話は時として現実味に乏しく、フィクション的にしか捉えられないところがあるが、この本は都会でのセラピー体験談や、サンフランシスコで白人主体の禅寺が経営するベジタリアン・レストランの話など、身近な視点で書かれているので入りやすい。いつか駒沢さんにお会いして、直接話を聞いてみたいものだ。

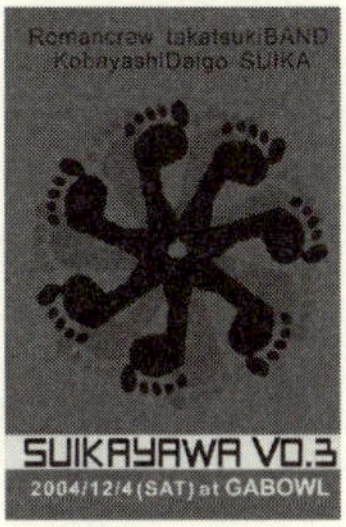

「ＳＵＩＫＡ夜話３」フライヤー

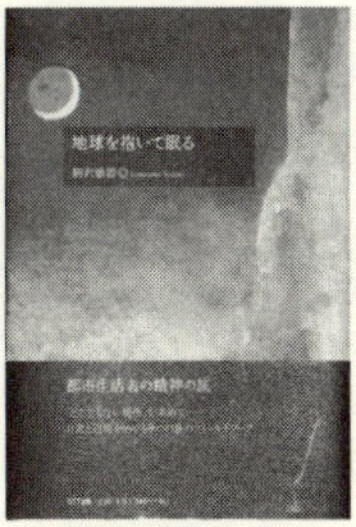

『地球を抱いて眠る』
駒沢敏器（ＮＴＴ出版　二〇〇〇年）

十二月九日　小劇場の魅力

南部古書会館にて明日の記念式典で展示する写真のパネル貼り作業。会館に着くと、写真帖が既に届いていた。仕上がりを確認しないことには何も手につかないので、明日までは誰にも見られないように厳重に地下倉庫に保管されている写真帖の束から一冊抜き出してもらう。表紙に掛けた特殊加工の結果が心配だったが、予想以上にきれいな仕上がりになっていたのでひと安心。本文もじっくりチェックしたいが、今さら直せない校正ミスが見つかるのがいやなので後回し。

夕方、友人の劇団「ペテカン」の公演『やわらかな君の髪をなでる』下北沢駅前劇場の初日。今回はホワイトマンのオリジナル・メンバーで、普段は関西の劇団「そとばこまち」で活躍する「カマン」こと福山さんがフューチャリングされている。もともと演劇はほとんど観たことがなく、ましてや小劇場は今回が初めてなので、とても楽しみだった。四、五十人のキャパだろうか。小劇場は俳優の息遣いや鼓動まで聴こえてきそうな距離感がいい。出演者の半分くらいは知っている人だったが、それぞれの素のキャラが生きている役作りで、入り込みやすいストーリーだった。

今回の公演のおもしろい所はまったく同じ設定のストーリーを男性だけのキャスト・バージョンと女性だけのバージョンと別々に公演しているところ。それぞれ男性向け出張ヘルス・クラブというところは変わらないがゲイ・バージョンとノーマル・バージョンになっている。観る前はどちらか一つ観ればいいやと思っていたが、観終わった後はもう一方も観ずにはいられない気にさせられた。今まで小劇場の魅力を知らなかったことが悔やまれる。これからはちょくちょく足を運びたいものだ。

ペテカン
個性豊かな五人の男優と三人の女優で構成される劇団。二〇〇五年に十周年を迎えた。
http://petekan.com

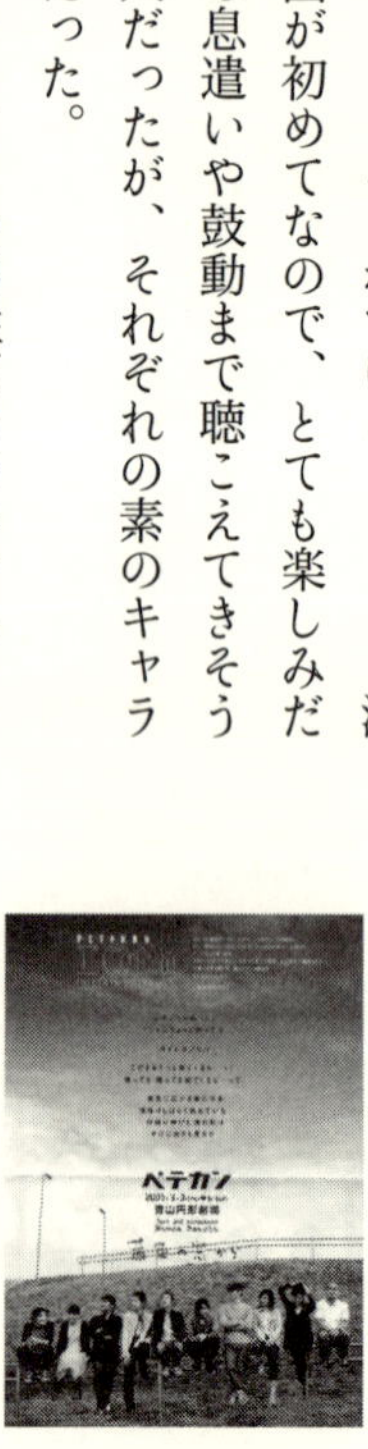

ペテカン十周年公演チラシ
（二〇〇五年三月）

十二月十日　三十五周年記念式典、世代間の交流

秋以降の仕事の集大成とも言える東京古書組合南部支部三十五周年記念式典当日。好き放題やらせてもらった南部写真帖こと『Ｒｅｗｉｎｄ』が、会場に集まる歴代の古本屋さんたちにどう受け止められるかが気になる。急遽出席することになった八十三歳になる祖母を車に乗せて、会場の五反田ゆうぽうとへ向かう。結局この日唯一、家族三代に渡っての式典出席となった。

　会場準備のために早めに到着している先輩古本屋さんたちに合流し、昨日作成したパネルの最終調整をし、展示する。スケジュールはかなりタイトだったが、開場時間までにすべての飾りつけが無事終了。写真帖は帰りのお土産になるので、それまで封印とのこと。

　すでに引退された方も含めて、二百人近くの古本屋さんが集まった式典は大迫力。組合理事長の挨拶や、南部支部長の挨拶を経て、各種表彰が行われた。その場になるまで表彰されることを知らなかった、この日最年長の祖母に舞台へ出てもらうのに一苦労したが、現役当時の婦人部仲間の飯島さんとともに微笑ましく賞状を受け取っていた。

　高校生とは思えない迫力の和太鼓等の余興を経て、飯島書店の啓明さんの挨拶で終宴。出口で『Ｒｅｗｉｎｄ』を配布する。評判も良さそうだ。一冊ずつ配布し、追加が欲しい人には販売としたが、ほろ酔いの古本屋さんたちは勢いで追加分を買ってくれる。うれしい反面、二次会の会場等に忘れられないかという心配がよぎる。まあ心配しても仕方ないのだけれど。

『Ｒｅｗｉｎｄ　東京古書組合南部支部三十五周年記念写真帖』

十二月十七日　失われていく原風景

市場をそうそうに引き上げ、老舗喫茶店「さぼうる」で一服。そういえば、神保町で一番好きだった「茶房李白」がいつの間にか閉店してしまった。かなりショック。コーヒーの味はもちろん、こだわり陶器、季節ごとに替わる一枚の葉を添えた手作りのお菓子は心からくつろぎのひと時を与えてくれた。そして、後にも先にも友人と話していて「もう少しお静かに」と注意されたのはこの店だけ。それも特に大声で話していたわけではなく、他にお客さんもいなかったのに。でも、その頑固なこだわりでさらにこの店が好きになった。また一つ、心の原風景を失ってしまった。

南アルプス・大鹿村の画家、ジャン中村さんの個展。青山の「ラスチカス」に顔を出す。イベントでお世話になっている内田ボブさんの村だ。ジャンさんもナナオやナーガさんたちのコミューンのメンバーだった。大きなキャンバスはもちろん、石ころまでサイケデリックに塗り上げ、立派な作品にしてしまう鬼才なのに、話をすると少年のようなジャンさん。もう何十年もの付き合いの友人に対しても「俺、ナーガと二人でいると、なんだか照れくさくってしゃべれねんだよなぁ」だって。ご無沙汰しているコーヒー屋のアキさんとも再会し、南米原産の根菜、ヤー根のフレッシュジュースをご馳走になる。芋系なのに、りんごのような食感でほんのり甘くておいしい。村で作ったヤー根をお土産にいただく。以前、ゲーリーにくっついて村を訪ねた時、アキさんの畑脇のティピに泊めてもらったのが懐かしい。大鹿の人たちはいつでも気さくで暖かい。

十二月二十日　ラップの語り部

ロバート・ハリスさんと赤坂の日本朗読協会の事務所に顔を出す。来年五月に銀座で一週間行われる瀬戸内寂聴さん現代語訳『源氏物語』の一公演をラップでやれないかという打診。ＳＵＩＫＡの『竹取物語』をモチーフにした曲が評価されたようだ。難易度は高そうだが、古典を古いものとしてではなく、若い人にも広く知って欲しいという趣旨には賛同できるし、元宝塚など、有名な女優さんに混じってラッパーが名を連ねるのもおもしろそうなので、検討の余地はありそうだ。

二〇〇五年一月十日　『ビート・カタログ』

秋に再会したゲーリーと、正月明けからメールでやりとりをしている。今度見せてくれると約束したケルアックやギンズバーグから贈られたという本の存在が忘れられない。二月にサンフランシスコで開かれるブック・フェアを訪ね、その足でゲーリーの住むシエラネバダを訪ねられたらベストなのだが。とりあえず、毎週編集ミーティングをしている『ビート・カタログ』（仮称）の大まかな企画内容と僕の想いを送った。

ゲーリー・スナイダーへのメールより
ビブリオグラフィー『ビート・カタログ（ビート・イン・ジャパン&アメリカ）』（仮称）について

「ここにはすべてがある。ただ一つ、『希望』を除いて」。これは日本の人気作家の言葉ですが、小説の中だけではなく、多くの若者が社会に対して希望を失い、自分の進むべき道を見失っているのが現状です。おそらくアメリカも同じことでしょう。
「一九六〇年代は夢のような時代だった。そしてもうそれは戻ってこない」。　アメリカ

『Danger on peaks』
Gary Snyder（2004）
ゲーリー・スナイダーの最新詩集。後書きには大鹿村や日本の旧友たちの名前も。

やヨーロッパで出会った年配の人達からそう言われました。でも僕はすべての若者が「僕たちの世代が歴史上で一番エキサイティングだよね」と言える世の中で生きていきたい。

今の職業は書店主なので、かつて、ステレオタイプな価値観から抜け出し、自分たちの生き方を見つけたビート・ジェネレーションのことを、まず、すばらしい本・著作を通して特に若い世代に伝えていきたい。本はただのインフォメーション・ツールではなく、人々を感動させ、興奮させ、幸せにしてくれるものだと思います。

そして「部族」のことも広く紹介していきたい。日本国内ですら、ナナオやナーガというすばらしい詩人のことを知っている人はそう多くないのです。

これが、僕がこの本を書く個人的な目的です。

本は四つの章からなり、すべてバイリンガルで作成する予定です。

第一章　「ビート誕生の地、シティ・ライツ：（書店主の目を通して見た）シティ・ライツ書店&出版の物語」

第二章　「リトルマガジン〜シティ・ライツ・ジャーナル、エヴァーグリーン・レビュー、ブラック・マウンテン・レビュー……」

（本と比べてより時代の息吹が生々しく伝わってくる、独立系出版によるビート周辺の文学雑誌たちを、モロッコやヨーロッパでの刊行物まで含めて紹介する。一種のメディア紹介でもある。）

第三章　「本から見たビート：雑誌『シティ・ライツ』から各作家の著作紹介まで」

（ビジュアルを主体とした書誌）

第四章　「ジャパニーズ・ビート・シーン：ナナオ、ナーガ、サンセイ……『部族』」

この本は東村山でお渡しした冊子『ｉｍｐａｃｔ』を発行している二人の若い友人と書いてます。僕たちはこれをただの書誌ではなく、写真をふんだんに使い、レポート、インタビューを加え、今まで誰も見た事がない本となるように編集をしたいと思ってます。もちろん、ここには昨秋の新宿のクラシック喫茶でのあなたのインタビューも含まれてます。百二十ページ以上になる予定で、二〇〇六年にアメリカと日本で発行したいと考えてます。

一月十三日　プレジデント・オブ・アメリカ古書店協会

世田谷の某ロック評論家宅へ仕入に。『サンフランシスコ・オラクル』等、日本でなかなかお目にかかれない逸品を譲ってもらう。

夕方は古書会館でアメリカ古書店協会（ＡＢＡＡ）会長のジョン・クライトンさんの講演。月末に六本木ヒルズで開かれる日本の協会（ＡＢＡＪ）主催のブック・フェアを記念しての来日講演。クライトンさんは偶然にも昨秋訪れたサンフランシスコの「ブリック・ロウ書店」の店主でもある。その時はほとんど話をしなかったがここを訪ねていなければ、同じビルのウィンドルさんのところの『路上』の初版にもお目にかかれなかったので、何か縁のようなものすら感じる。ちょうどサンフランシスコで二月に大きなブック・フェアが開かれるので、そのことも聞いてみたかった。

二時間弱の講演は、今のアメリカの古書業界が抱える問題、主にインターネットの台頭と、ネット時代の古書店の生き残り方という内容で、厳しい現実を再確認する結果と

二〇〇五年サンフランシスコ・ブックフェアの案内

なった。多くの出席者はあまり明るい気持ちで会場を後にしなかったかもしれない。帰り際に、挨拶をし、質問をさせてもらった。今日のシビアな話を聞いて、二月のフェアにはなんとしても足を運び、自分の目で見てくるべきだと確信する。

一月十五日　お墨付き！

残念。ゲーリーは二月中、「野性と文学」についてのシンポジウムに出席するためにアメリカ中西部に行ってしまうとのことだった。

しかし、ゲーリーから『ビート・カタログ』（仮称）への激励の言葉をもらい、ゲーリーが二年前まで教鞭をとり、その蔵書の多くを寄贈したカリフォルニア州立大学デービス校図書館のディレクターを紹介してくれた。荒唐無稽すぎるかと心配でもあった編集に自信と大きな展望を得ることができそうだ。「部族」関係の資料や、手紙の多くがデービスに保管されている。ゲーリー自身の許可の下、それら全ての閲覧が許されたのだ。まだ行ったことの無い街で、行き方すら知らないが、この二月には必ず足を踏み入れよう。

ゲーリーはまた、シティ・ライツ書店のファーリンゲティにメールをすることを薦めてくれ、他のサンフランシスコ周辺の重要なアーカイヴを紹介してくれた。僕たちの手探り作業が、急に当事者たちのお墨付きを得られたのだ。なんとしてもすばらしいものを作り上げたい。

*

全イベント&ブック・レビュー

六十人でいっぱい。時には見えにくいのを承知で廊下や階段でパフォーマンスに耳を傾ける人も出て、八十人以上になることもある。フライング・ブックスはイベントのハコとしては狭いけれど、出演者と観客の距離が近い空間でしか伝えられない「何か」がある。大抵、僕は初めと終わりに挨拶をするが、その間に会場の空気が変化したことを感じる。毎回とは言わないが、出演者、観客、会場が完全に一体となり、確実に「何か」が生まれた感触を掴むことができる時がある。たった一、二時間の間に宿る、お客さんの目のキラキラはとても眩しく、それを見る度にこの空間を作り、イベントを企画した満足感が得られ、次なる仕掛けを考える好奇心がうずき始める。

　オープンから二〇〇四年末までのイベントを簡単に紹介したい。

二〇〇三年

二月十六日「レセプション・パーティー」

十六時から二十時の予定が、十五時から夜中二時まで十一時間続き、約二百人が集まった。中には岐阜県や名古屋から日帰りで来てくれた人も。『ザガット・サーベイ』で新宿地区二年連続一位の人気スペイン料理店「カサベリア」から丸ごと一本わけてもらった生ハムは存在感たっぷり、味は最高、切るのに一苦労。

二月十七日

「too much caffeine makes us poets vol.1」

【ポエトリー・リーディング】

出演：さいとういんこ（詩人、作詞家）、カワグチタケシ（詩人）、ハギー・イルファーン（詩人）

　インディーズ出版スプラッシュ・ワーズの新作、さいとういんこ『too much caffeine makes her a poet』の出版記念イベント。詩集を出している二人の詩人に加え、一連の装丁を手がけたデザイナーで詩人のハギーさんも出演。入場無料のチャリティー・イベントとし、カンパはモンゴルの孤児たちへの募金とした。

二月十八日
「ホワイトマンショー～古本ラジオ vol.1～」
【トーク＋パフォーマンス＋?・?】
出演：ホワイトマン（クリエイター集団）
「人に人生があるように、本にも『本生』があっていいじゃないか」ということで企画された実験的イベント。謎の白いクリエイター集団「ホワイトマン」から元雑誌編集長のリーダー（イシコ）と、カリスマ編集者（バランスマン）の二人が、計四十冊の古本にまつわるストーリーを語り、それが入場時に配られたナンバー入りチケットと引き換えに一冊ずつプレゼントされていく。人にあげても、誰かと交換してもOK、それを公式サイトに登録すると、本がどのような「本生」を辿っていくか追っていくことができるという仕掛け。ホワイトマン・ミュージシャンによるDJ（ブランドン）やラップ（アトムン）やピアノ（ヒーマン）のライブも入った。後に古書会館の落成式で行われたイベントの原型。

二月十九日
「コージズキンS' ジプシー・ナイト」
【トーク＋パフォーマンス＋絵本原画展】
出演：スズキコージ（イラストレーター、絵本作家）
店内が一晩限りのジプシー・サーカス小屋に変身。コージさんのイラストを配した賑やかなバッティックや切り絵の装飾が施され、コージズキンのトークとソングが炸裂。何と一人で一時間半をしゃべり、歌い倒した。ジプシー・ナイトにちなんで、コージさんも大好きなメキシコやギリシャのお酒も提供された。

二月二十日　「Beat Goes On vol.1」
【ポエトリー・リーディング】
出演：ナナオサカキ（詩人）、ATOM（ラッパー）
八十歳を迎えた日本を代表するビート詩人によるリーディング。一月に開かれた誕生日ライブに続き、二十代のラッパーATOMとの共演。張りのある声は健在、最後は手笛のワークショップになり、みなで鳥の鳴き声を鳴らした。

二月二十一日　「EXILES BOOKS NIGHT vol.1」
【リーディング&トーク】
出演：ロバート・ハリス（作家、DJ）、ムロケン（室矢憲治：詩人、作家、評論家）、ドクター・セブン（詩人、ミュージシャン）、KOKO（詩人）、ATOM
J-WAVE等で知られる人気DJロバート・ハリスさん

が二十年前にオーストラリアで営んでいた伝説的ブックショップ「EXILES」を一晩だけ復活させようというイベント。人気ラジオ番組だった「ポエトリー・カフェ」の再現ともなり、当時の常連メンバーが集結した。ハリスさんのリーディングで始まり、アップ・ビートで母親らしい「ラブ・パワー」に溢れたリーディングを聞かせたKOKOさん、サイケデリックの伝道師らしくパワフルでエネルギーに満ちたパフォーマンスのセブンさん、BGMと渋い声の絶妙なハーモニーで最後に会場を感動で包み込んだムロケンさん、五日間続いたイベントの最後を飾るにふさわしい夜となり、一週間で最も多い観客が集まった。オーストラリアからハリスさんの息子のシャー君が駆けつけたり、飲み過ぎた出演者が店に泊まるエピソードも。

二月二十二日　「オープニング・パーティー」

ケータリング・ユニット「南風食堂」による、味はもちろんビジュアルもすてきなフィンガー・フードと、若林音響のDJ WAKA&みっちぃのアップテンポ・ビートで盛り上がったオープニング・ウィーク最後の夜。
（南風食堂：http://www.nanpushokudo.com）

三月九日　「Beat Goes On vol.2『つまづく地球』出版記念〜春風めぐる」

【ポエトリー・リーディング】
出演：長沢哲夫（詩人）、内田ボブ（シンガー）、ゲーリー・スナイダー（詩人）、ナナオサカキ、山田PON塊也（画家、詩人）

スプラッシュ・ワーズの新作出版記念リーディング。鹿児島・諏訪之瀬島からナーガこと長沢哲夫さん、信州大鹿村から内田ボブさん、南伊豆からナナオ、秩父からPONさんとジャパニーズ・ビートニクたちが集結、サプライズ・ゲストとして序文を書いてくれたピューリッツァー賞詩人・ゲーリー・スナイダーもカリフォルニアから参加。

超満員の中、メイン・アクトのナーガさんのリーディングとボブさんの歌を中心に、ナナオやPONさんが友情出演し、ゲーリーも今回の詩集に寄せた序文「NAGA」と、自身の詩をリーディングした。ナーガさんやゲーリーらビート・ジェネレーションのオリジネーターが、自分の作った空間で、自分の手がけた本を朗読する光景を見るのは感慨深いひと時だった。

イベント前、出演者に加えゲーリーの本を手がけた元・山と溪谷社編集長の三島さん、オメガ・ジャパン社長のベイリーさん、チェコのイエルカさんらを交え、「911」「禅」「カミング・レヴォリューション」などをテーマにトーク・

セッションが行われた。

四月六日「Beat Goes On vol.3　トワイライト・フリーク・ＰＯＮ！」
【ポエトリー・リーディング】
出演：山田ＰＯＮ塊也、ドクター・セブン、シャーナンとし（ギター）、ＡＴＯＭ

前月にもリーディングを披露した『アイ・アム・ヒッピー』『トワイライト・フリークス』等の著作で知られるＰＯＮさんをメインに迎えた、サイケデリック色の濃いイベント。インドでヨガの修行を経験したＡＴＯＭのラップで始まり、途中としさんのギターを交え、ＰＯＮさんが六〇年代から今年の作品まで、集大成とも言えるリーディングを披露。セブンさんもオープニング・イベントの時より更にアシッド色の濃いリーディングと、ＰＯＮさんとのサイケデリック・トークで会場を盛り上げた。

五月十八日「SPOKEN WORDS SICK session 1」
【ラップ、スポークン・ワーズ】
出演：小林大吾（詩人）、タカツキ（ラップ&ウッド・ベース）、ＡＴＯＭ

四月に新宿ＭＡＲＺで行われたShinjuku Spoken Words Slam（ＳＳＷＳ）第一次チャンピオン・トーナメント優勝の小林大吾と、準優勝のタカツキ、同イベント司会のＡＴＯＭによるイベント。トーナメントを観た際、緊張の張り詰めた勝負の中のパフォーマンスだけではなく、パフォーマー、オーディエンスともにリラックスした空気の中で観たいと思い企画したイベント。タイプの違う出演者のそれぞれの持ち味が色濃く出て、また別の一面を堪能できた。若手アーティストのイベントではこの年最大の集客を記録。

七月二十七日「Unplugged Groove vol. 1　～タカツキ『東京・京都・ＮＹ』発売記念ライブ～」
【ラップ、スポークン・ワーズ】
出演：タカツキ、ＴＯ―ＦＵ（ＡＴＯＭ、メテオ、ＺＯＥ）（ラッパー）

前回のパフォーマンスも好評だったタカツキの新作ＣＤ発売記念イベント。ウッド・ベースの弾き語りラップという斬新なスタイルで紡がれるオリジナリティ溢れる言葉の世界と、本に囲まれた空間の相性は抜群。ニューアルバムの全曲をＣＤの順番通りにウッド・ベース一本で再現。一曲ごとにアーティスト自らによる丁寧な解説も入り、ヒップ・ホップのライブというよりはリサイタルといった趣のイベントとなった。前座でタカツキがリーダーを務めるサムライトループスのメテオとZOEがフリースタイル（即興）を披露し、ATOMを含めた幻のユニットTO—FUの曲も上演された。世界的に見ても古本屋で催された初のヒップ・ホップのCD発売記念イベントではないだろうか。

九月七日　「SPOKEN WORDS SICK session 2」
【スポークン・ワーズ、ポエトリー・リーディング】
出演：小林大吾、toto（詩人、作詞家）、ゲスト：ATOM

若手詩人による久々に純粋なポエトリー・リーディングのイベント。ゲストにATOMを迎え、それぞれの解釈による詩とラップのコラボレートを試み、男女の詩人がそれぞれ書いてきたパートを交換しお互い読み合わせるなど、実験的な要素も加えたポエトリー・リーディングの次世代を意識したイベント。後にSUIKAのCDにも収録される「AWA」の原型がここで披露された。

十月二十六日　「Unplugged Groove vol. 2 〜Words on the ELEPIAN〜」
【ライブ、スポークン・ワーズ】
出演：SUIKA、タケウチカズタケ（エレピアン）、高橋結子（パーカッション）、タカツキ、ATOM、toto、ゲスト、ZOM（コーラス）

もともとはキーボーディストのタケウチカズタケをホストに、ゲストの詩人やラッパーが言葉を乗せていく予定だったが、セッションやレコーディングを繰り返すうちに「SUIKA」というユニットが結成された。全曲書き下ろしの新曲で構成され、そのうち「バードランドはおうまがとき」はサムライトループスのZOMがコーラスでゲスト参加。

十一月二十三日　「Beat Goes On vol. 4 〜火と竹の島から〜」
【ポエトリー・リーディング、対談】
出演：長沢哲夫、宮内勝典（小説家）、内田ボブ

春のツアーでお馴染みになりつつある長沢さんと内田ボブさんに、ゲストとして旧友の小説家・宮内さんを迎えての朗読会。朗読は過去に一度だけという宮内さんも、ご自身の小説をリーディング。二十歳のころ与論島で一カ月間を共に過ごしたという長沢さんと宮内さんの三十年来を振り返る対談も行われ、宮内さんの「海亀塾」の学生さんを中心に大勢の若者で賑わった。イベント前に別途、数時間のロング対談を収録。

十二月二十八日　「Des mots

〜デ・モ、言葉たちとの夜〜」

【ライブ&トーク】

出演：猫沢エミ（歌、パーカッション）、円山天使（ギター）、田ノ岡三郎（キーボード、アコーディオン）、沼田元氣（作家、写真家）、クボタユキ（パティシエ）

九月の古書買い付け旅で知り合った、パリ在住のシンガー・ソングライター、猫沢エミさん。現地で食事に行った際に盛り上がった「言葉」をテーマに、話の続きをしましょうということで決まったイベント。

風邪を押しての大熱演をしてくれた猫沢さん、アコースティック・ギターとアコーディオンとのトリオ編成で、キッチュでキュートな中に力強さが備わったパフォーマンスは、CDとはまたひと味違ったライブならではの魅力に溢れていた。いつもより距離が近い客席をリラックスさせるMCも最高！

急遽、PAをやってくれたATOMがラップで参加するかなりレアなセッションも。自ら選曲のBGMや田ノ岡さんのキーボード即興に乗せ、懐かしい渋谷風景を折り込んだ沼田元氣さんのノスタルジックで心温まるリーディングは、僕の知らない「澁谷」を走馬灯のように見せてくれ、クボタユキさんのサクサク生地と濃厚クリームのコンビネーションが絶品のリーフパイはカウンターに彩りを添え、会場はいつもより華やかな空気に包まれた。これまで唯一僕自身が出演した猫沢さんとのトーク、パリの会話の続きを楽しませてもらった。

（「OuestmonChat?」：http://necozawa.com）

二〇〇四年
二月八日　「EXILES BOOKS NIGHT vol.2
〜Living Your Color〜」
【ポエトリー・リーディング&トーク】
制作協力：J-WAVE
出演：ロバート・ハリス、ムロケン、ドクター・セブン、toto、越智ブラザーズ（パーカッション）
J-WAVEの番組収録も兼ねて催された。制作の永尾さんの念入りなサウンド・チェックの下、各自が持ってきたCDのバック・トラックは、越智ブラザーズのパーカッションが加わることによって更にゴージャスに変身。一見ずらっと並んだただの鉄や木にも見える、見たこともないようなパーカッションから兄弟ならではの息の合ったハーモニーが生み出されていく。ハリスさんの番組の常連だったメンバーも久々の顔合わせで、手探り状態で始まったセッションが、リハーサルを数回繰り返していくうちにだんだんと噛み合っていき、しまいにその詩のために作られた曲なのではないかと疑ってしまうくらいピッタリとはまっていく過程はまるで魔法のよう。たった数回のリハーサルのみで本番を迎えることによって、即興性が高くなり、心地よい緊張感漂うパフォーマンスとなった。

廊下や階段まで溢れる超満員の中、ハリスさんの挨拶とリーディングで幕を開け、一番手、急遽参加が決まったｔｏｔｏは初セッションにもかかわらず堂々のリーディングを見せた。ＡＴＯＭをゲストに迎えての「ＡＷＡ」のスペシャル・バージョンも。セブンさんはバレンタイン企画ということもあって、いつものサイケデリック色を抑えた甘めのトーンで始まり、ラストは感動的ですらある壮大なリーディングを見せ、オン・エア用のロング枠を見事獲得。心地よいアタックとハーモニーの洪水を引き起こす越智ブラザーズのソロ・タイムを経て、ムロケンさんが登場。相変わらず突出したバック・トラック選びの巧さで、なんと今回はラップまで披露した。

詩人とミュージシャンたちの即興的なパフォーマンスは、店に入りきれないほどの観客の期待と興奮の眼差しを浴びて、更に高いテンションとハーモニーを生み出し、会場を巻き込んだ一夜限りの熱いセッションとなった。

このセッションが徐々に組み立てられていくリハーサルを見られたのは、おいしい役得だ。

二月二十二日「一周年記念パーティー」

出演：ＳＵＩＫＡ、ＡＴＯＭ、レイ、タカツキ、小林大吾

オープン一周年のパーティー。二年目に予定しているプロジェクトの制作発表も行った。新たに始める音楽レーベル「FLY N' SPIN RECORDS（フライ・ン・スピン・レコーズ）」の設立発表では、リリースが決まっているＳＵＩＫＡ、ＡＴＯＭ（一曲は女性ラッパーのレイをフューチャー）がパフォーマンスを披露。

レイのソロ・パフォーマンスを挟んだ第二部はスプラッシュ・ワーズから詩集を刊行予定の小林大吾と、ラップ絵本『黒猫は眠らない』の制作が決まっているタカツキのリーディング。タカツキの弾くウッド・ベースをバックに大吾が詠んだ「フライング・ブックス／that's flying books. you know (1st anniversary edition)」は、最後で「黒猫は眠らない」の歌詞と融合、そのままタカツキの演奏に繋がり、ポエトリーとラップの見事なリレーとなった。

ＳＵＩＫＡのパフォーマンスでは、予定曲数を終えても演奏が終わるそぶりを見せないのでどうしたのかなと思っていたら、「宙飛古書店～ Flying Books」という新曲をプレゼントしてくれた。明るいピアノとベースとカホーンのループに、みんなの愛情あふれる暖かいラップとリーディングが乗っていく最高の曲。リハでも聞いてなかったし、まったく知らな

かったので、完全にサプライズさせられた。
後日、感涙に咽ぶ姿を期待していたメンバーから「リアクションが乏しい」と非難を受けているが、この場を借りてもう一度お礼を言いたい。本当にうれしかったです。ありがとう。
すべての演奏が終ったあとも、みんなで楽器を叩き、踊り、宴は深夜まで続いたことは、言うまでもない。

三月二十八日「SPOKEN WORDS SICK session 3 長沢哲夫『ふりつづく砂の夜に』出版記念」
【ポエトリー・リーディング】
出演：長沢哲夫、さいとういんこ、小林大吾　ゲスト：宮内勝典
ナーガさんのスプラッシュ・ワーズ二作目の出版記念。前年秋にスプートニク・パッドで共演した小林大吾、スプラッシュ・ワーズのさいとういんことの共演。今作に熱い友情のこもった序文を書いてくれた宮内さんもリーディングをしてくれた。

四月十八日「立体文学セッション vol.1 紙芝居『ここだけ雨が降っている』第一話＆第二話」
【紙芝居、対談】
出演：新元良一（作家・翻訳家）、山崎杉夫（イラストレーター）
ＮＹ在住の作家・新元さんの書き下ろしストーリーに、『サントリー・クォータリー』等で活躍中のイラストレーター・山崎杉夫さんがイラストを添えたオリジナル紙芝居。第一話は一月に青山こどもの城・円形劇場で行われたホワイトマン・プレゼンラジオで演じられた。通常、作家自身のみで完成されることが多い「文学」の制作過程に、さまざまな外部の要素を加え、立体的に組み立てていこうという実験イベント。ゲストとの対談や、観客とのトーク・セッションも創作の要素となっていき、観客はその創作の過程を体験できる。第一回の対談は新元さんと、山崎さんにより、創作の舞台裏が主なテーマとなった。初回記念として、全員に練りアメを配布。大人たちが紙芝居を見ながら、無心にアメを練る姿は、意外にその人の性格が出ていておもしろかった。

五月二十三日「Beat Goes On vol.5　～ナナオサカキ『犬も歩けば』復刊記念リーディング～」
【ポエトリー・リーディング】野草社／新泉社共催
出演：ナナオサカキ、ロバート・ハリス、さいとういんこ＆川村むつみ、ｔｏｔｏ、稀月真皓詩人
初の他出版社の出版記念イベント。長年絶版となっていた

ナナオの日本での第一詩集『犬も歩けば』が二十一年ぶりに復刊された。イベント前半は、自身CD&詩集『SURVIVE ANOTHER SILLY DAY』をリリースしたばかりの稀月真皓、三年前の湯島聖堂でのナナオのリーディングにも来ていたというtoto、揃いのナナオのコスプレで登場したさいとういんこ&川村むつみら若手女性詩人たちによる、ナナオの詩のカバーを含むパフォーマンスで、華やかに盛り上がった。

後半はかつてオーストラリアを旅していたナナオのリーディングをシドニーで開いたこともあるハリスさんとの二十年ぶりの対談でスタート。詩、旅、女性！　などの話題で盛り上がり、ラストのナナオ自身のリーディングも復刊された詩集からの作品を中心に、予定時間をオーバーする大熱演となった。やはり女性が周りにいるとサービスがいいようだ……。

六月二十七日　SUIKA『HARVEST FOR THE STRIPES』リリース・パーティー

【スポークン・ワーズ、ライブ】

出演：SUIKA、タケウチカズタケ、タカツキ、ATOM、toto、高橋結子

フライ・ン・スピン・レコーズの記念すべき第一弾、SUIKAのリリース・パーティー。アルバムのほぼ全曲、作曲のタケウチカズタケやメンバーによる解説を交えてのアット・ホームなパフォーマンスとなった。CD&ドリンク付のお得なイベント。

七月四日「立体文学セッション vol.2 紙芝居『ここだけ雨が降っている』第二話&第三話」

【紙芝居、対談、他】

出演：新元良一、山崎杉夫

新元さんと山崎さんによる紙芝居の続編。

八月一日「3K8 Flying Books edition featuring ねじめ正一」

【ポエトリー・リーディング】

出演：カワグチタケシ、究極Q太郎、小森岳史（詩人）ゲスト：ねじめ正一（作家、詩人）

スプラッシュ・ワーズから詩集を出しているカワグチタケシさんらが五年間続けているロングセラー・イベント「3K」（イベント・タイトルは三人の出演者の頭文字から）。僕の出身高校の大先輩でもある、直木賞作家で詩人のねじめ正一さんをゲストに迎えての特別エディション。久々のリーディングだと言うねじめさんも大熱演。

十月三日「立体文学セッション vol.3

紙芝居『ここだけ雨が降っている』第三話&第四話」
【紙芝居、対談、他】
出演：新元良一、山崎杉夫、ゲスト：若木信吾（フォトグラファー）

セッション三回目のゲストは、自身の雑誌『ヤングトゥリー・プレス』を創刊したばかりの、フォトグラファーの若木信吾さん。対談では、ストーリーに大きな要素として登場するカメラや写真などをテーマにお話を聞き、普段なかなか触れることのない写真の裏側を知ることができた。この回からこれまでのシーンの中から特に人気の一シーンをポストカードにし、来場者全員にプレゼント。

十一月二十八日「ｍｉｃひとりカフェCATS　vol.0　〜人間になってしまったメス猫のつぶやき〜」
【一人芝居＋生演奏】
出演：ｍｉｃ（シネマ・スタイリスト、一人芝居）、高橋ピエール（ギター）

テレビやラジオで活躍する神戸在住のシネマ・スタイリスト、ｍｉｃを迎えたイベント。フライング・ブックスでは初の芝居。一人で四四＋一人役をこなすので、衣装替えなど慣れない試みもあったが、無事に進行し、涙ぐむお客さんが出るほど感動の終演を迎えることができた。昨年末出演の沼田元氣さんのお友達でもあるピエールさんのしっとりしたギターも、本に囲まれた猫たちにぴったりで、普段とまたひと味違ったサロンを演出してくれた。

以上が二〇〇四年末までにフライング・ブックスで催されたイベントのすべて。

今後の予定としては、より文学的な要素を取り入れた「アウトサイダー文学トーク・セッション」や、ずっと以前から企画されつつも、まだ実現されていない「ドラァグ・クィーン・ポエトリー・リーディング」などがある。他にもどんどんオリジナルな試みをして行きたい。それが次世代のパフォーマーやクリエイターの創作に繋がっていくことを願って。

詩集出版から音楽レーベル作りまで

一　SPLASHWORDS（スプラッシュ・ワーズ）

二〇〇一年の夏、イベントを通じて知り合った作詞家のさいとういんこさんとインディーズ詩集出版を手がけることになった。明るくさわやかなイメージを目指しスプラッシュ・ワーズ（正式には英語表記）と名づけた。

自費出版は発行部数が少ないため、値段が高くなりがちで、友人の詩集を付き合いで買う以外は、なかなか手にすることもない。内容も知らない無名の詩人の作品に千円、千五百円というお金はなかなか出せないし、値段が高いからと言って必ずしも内容がいいわけでもない。高いから売れない、売れないから高いという悪循環を打破し、手軽で良質な詩集を身近に、気軽に手に取ってもらいたいと思い、制作したのがスプラッシュ・ワーズの詩集たち。せいぜいお茶一杯くらいの値段、ワンコインで買うことができ（定価各四八〇円）、気軽にポケットに突っ込んで散歩に持って行けるような詩集。この値段だったら、気軽にプレゼントできるし、ボロボロになったらもう一冊買ってもいい。本来詩というものは、重たいハードカバーで堅苦しく読むのではなく、もっとカジュアルに読まれるべきだと思う。販売は大手書店には置かず、独立系の書店、雑貨店、カフェなどの独自のネットワーク、ネット通販で行っている。大量生産はせず各五百部とし、独自の流通方法でこの数を売り切るような詩人の作品は、より広い流通網を持つ大手出版社からリリースしてもらえればと考えている。

制作に関しても安いからと言って決して手を抜かず、厳選なる選考・編集作業をする。一つのブランドのもと、廉価で良質な作品を提供し続けることによって、ポエトリーがストリートの文化として根付いていって欲しいという願いもある。そうして出来た詩集の中から一篇でも気に入った「言葉」を見つけてもらえれば幸いだ。それはその人にとってお金には変えられないものとなるだろう。

かつて五〇年代にサンフランシスコの「シティ・ライツ書店」から発売され、一世を風靡したアレン・ギンズバーグの『吠える』は当時七十五セントだった。この詩集が何十万人もの世界の若者に支持されたのは、その時代性、怒れる若者の心理を的確に表現した過激な内容もさることながら、時代が必要とするメッセージを、若者が手にしやすい仕組みを作ったシティ・ライツとオーナーで詩人のファーリンゲティの功績によるところも大きいだろう。スプラッシュ・ワーズもそんな存在を目指している。

ほぼ一年に一冊のゆっくりしたペースで出版し、これまで五冊のワンコイン詩集を出し、現在六冊目を制作中。最近では一部図書館にも所蔵されるまでになった。

ブック・レビュー（敬称略）

『希望について』さいとういんこ（二〇〇一年八月刊）

二〇〇一年夏に手探りで作った、初めての詩集。一九九八年頃から自身のレーベル「リトル・エルニーニョ・レコード」からリーディングCDを発表していたシンガー兼作詞家、そして詩人のさいとういんこの第一詩集にして、それまでのキャリアの集大成ともなるアンソロジー的作品となった。同年夏に上野水上音楽堂で開かれ、出演者八十人、約千人の集客が伝説となったイベント「ウエノ・ポエトリカン・ジャム」で正式にリリースされる。

『カワグチタケシ詩集』カワグチタケシ
（二〇〇二年三月刊）

高田馬場ベンズ・カフェ等のリーディングで早くから活躍し、既に詩人・佐藤わことの「プリシラ・レーベル」から自主制作詩集『1996〜1997』『International Klein Blue』『世界の渚』（内容も装丁も抜群のセンス！）をリリースしていたカワグチタケシのこれまでの三作からセレクトした作品、初期の未発表作品、書き下ろし新作を加えて構成されたアンソロジー。フライング・ブックス改装前の店内で撮られた写真も掲載されている。これまでで唯一縦書きの作品。

『too much caffeine makes her a poet』
さいとういんこ（二〇〇三年二月刊）

自由が丘や下北沢から沖縄、インドまで。スターバックスを初めとするカフェをこよなく愛する詩人が、お気に入りのカフェで紡いだ言葉たち。二十ページに渡ってキーワードをつないで行く実験的な作品「TraP」も収録。肩の力を抜いた、微笑ましい作品が多い今作は、昼下がりのカフェで気の向くままにページをめくってもらいたい。

『つまづく地球』長沢哲夫（二〇〇三年三月）

一九六〇年代には『現代詩手帖』や『白夜評論』に澁澤龍彦らと名を連ね、新宿のランボーと呼ばれていた長沢哲夫。カウンター・カルチャーのムーブメントの中で、九州・諏訪之瀬島のコミューン運動に参加し、解散後も島に残り、現在も漁師であり詩人であるという生活を続けている。一九九一年刊の『あおうぃえ』（冥工房）に六篇の未刊詩篇を加えた作品。海や山の美しさも凶暴さも知り尽くした詩人ならではの、自然の言葉たちにはリアリティが満ちている。序文は旧友、ゲーリー・スナイダーの書き下ろしで、訳は英米文学者の原成吉、表紙はネイチャー・フォトグラファー、高野建三による撮り下ろし。

『ふりつづく砂の夜に』長沢哲夫（二〇〇四年三月）

二十三篇の新作に、一九八五年刊『手のひらに　虹の長い尾羽根が　まわっている』（プラサード書店）からの十五篇を足した作品。近年、毎春恒例となっている本州でのリーディング・ツアーを経て、これまでの美しく力強い自然の言葉に加え、現代都市社会の病巣を抉るような作品も。序文は旧友の作家・宮内勝典、表紙は岸井千による切り絵が飾った。

『2/8,000,000』(仮)小林大吾(二〇〇五年五月)

初代 Shinjyuku Spoken Words Slam 年間準グランプリに輝き、WEB日記が『現代詩手帖』でも取り上げられた小林大吾。満を持して出版される第一詩集は、短編・長編などこれまでの作品から幅広く取り上げ、一種「雑誌」的な要素を取り入れる予定。フライ・ン・スピン・レコーズからのリーディングCDと同時発売の予定。

二 FLYN' SPINRECORDS
(フライ・ン・スピン・レコーズ)

「隠れた逸材を発掘したり、まだあまり知られてない、かっこいい音楽を広めて行きたいね」友人のラッパー、ATOMと話していた。そしてその時とはやや方向性が違うが、二〇〇四年の夏から始めたのが音楽レーベル、フライ・ン・スピン・レコーズ(正式には英語表記)だ(ちなみに回転という意味の「スピン」はレコードとCDを表す)。日本の古本屋としては初めての音楽レーベルになる(アメリカでは既にあった!)。この組み合わせは意外に思われるかもしれないが、もともとCDのバイヤーとして、好き嫌いにかかわらず、どんな音楽が売れるのかを見てきたこともあり、むしろ本よりもCDの方が詳しいメディアでもあったくらいなのだ。

フライング・ブックスのイベントはスペースの都合上、五、六十人ほどの限られた人にしか見てもらえない。そんな中で、より多くの人に伝えていきたい文化情報は、パッケージ化し、より広く発信していきたいと思うのは必然的なこと。また、音楽レーベルという要素に書店&出版という要素をブレンドすれば、今までになかった独自のジャンルを築いていくことも可能だ。

それまでも一部レコード・ショップに本を卸していたし、独自の詩集流通網も持っていたので、今後それをより強化し、既存の慣行に捉われない新しい流通モデルの構築もして行きたい。

そんな中誕生した第一弾が、CDとも詩集とも言えるSUIKAの『HARVEST FOR THE STRIPES』だ。全四十ページのブックレット型パッケージには、店舗勤務経験や、海外の古本などから学んだ様々なエッセンスを綴じ込めてある。

ディスク・レビュー

SUIKA『HARVEST FOR THE STRIPES』(二〇〇四年七月)

ヒップ・ホップやノリノリのダンス・チューンからお伽話までバラエティに富んだ全十八曲を収録。ラップ&ポエトリー・リーディングとピアノ&ウッド・ベース&パーカッションの柔らかいサウンドが絶妙にブレンドされた何にも似つかないＳＵＩＫＡの音楽が、野外コンサートやクラブからカフェ、本屋まで、どこでも溶け込むことは、これまでのライブ実績でも証明されている。

一人一人がユニークな言葉の世界を持っているので、読み辛いライナー・ノーツに言葉を詰め込んでしまうのは忍びなく、ディレクションを務めたパッケージは、詩集としても楽しめる四十ページのブックレット仕様。ＳＵＩＫＡの良き理解者でもある小林大吾に表紙を、イラストレーターのゾネに各曲ごとにイメージしたイラストを書き下ろしてもらい、文字組みにもこだわったので膨大な作業量となり、時間のない中、文字通り睡眠時間を削ってようやく完成した。最後はメンバー&制作スタッフ全員で自ら封入作業も行った。

ＣＲＪ（カレッジ）チャート複数曲同時ランク・イン、そのうちフライング・ブックスをモチーフにした「宙飛古書店」は二週連続の一位を獲得。『ミュージック・マガジン』二〇〇四年十二月号の「日本音楽の現在　最先端をいくアルバム八十」、タワー・レコード機関誌『バウンス』二〇〇五年一月号の「二〇〇四年の名盤・定盤」に選出された。

小林大吾『1/8,000,000』（二〇〇五年五月）

ヒップ・ホップのコアなファンでもある小林大吾が自らバック・トラックも作成したこれまでにないスポークン・ワーズＣＤ。全十三曲、言葉を音楽に「載せる」ということを研究しつくしたリーディングは、心地よいトラックとともに違和感なく耳に、そして心に染み込んで来る。深夜のラジオからフッと流れてきそうな音。

二〇〇五年はその他、ＳＵＩＫＡが『HARVEST FOR THE STRIPES』を元に、すべて人間の手によって演奏、構成し直し、新曲を加えたセカンド・アルバム『RIPE STRIPES』を七月に、新たに書き下ろした曲のみで構成されるサード・アルバム『コインサイド』を秋頃にリリース予定。これまで「スピリチュアル・ジュース」のＭＣとしてジャパニーズ・ヒップ・ホップ・ファンの心を掴んできたＡＴＯＭの待望のファースト・ソロ『PLANET A』も世に出ることだろう。

現在フライ・ン・スピン・レコーズは、サムライトループス関連作を中心にリリースしているタカツキが主宰の「ｎレコーズ」と流通面で提携しており、二〇〇四年は両レーベルで発売された四タイトルのステッカーを集めると未発表音源がもれなくもらえる「グッド・ミュージック・フェスティバル」を展開し、当初の予想を遥かに上回る応募を獲得した。二〇〇五年も、既にタカツキのソロやサムライトループスの新作のリリースが決まっており、更に拡大した「グッド・ミュージック・フェスティバル二〇〇五」の実施も予定している。

またフランスのヒップ・ホップ・シーンの良作をセレクトし、日本国内で流通させるプロジェクトもスタートしており、これは二〇〇三年秋のパリへの古書買い付け旅が思わぬ方向でカタチになったもの。二〇〇五年四月現在、CD、アナログ合わせて七タイトルを取り扱っている。

規模としてはまだまだ零細レーベルだが、逆にそれを活かし、形式に捉われずに自分たちにしか出来ないことをどんどん仕掛けていきたい。

*

あとがき

二月アメリカ再訪は充実したものとなった。欧米から二百三十以上の古書店が集まったブック・フェアは、以前、店を始める前に訪れたシアトルの町外れにある古本屋の老店主との再会や、同世代の友人たちとの新しい出会い、思いもしなかった署名本の発見など、大きな収穫があった。ゲーリーのアーカイヴでは、親切なディレクター、モリソンさんの手助けの下、四十年以上前に若かりし長沢哲夫さんが作っていたガリ版刷りの詩集や、コミューンの手書きの見取り図など予想もしなかった資料に出会えた。

瀬戸内寂聴さん現代語訳の『源氏物語』をＳＵＩＫＡのメンバーたちがラップで演じるイベントは、ロック・ミュージシャンのローリーさんを迎え、五月末には銀座博品館劇場で上演される予定。うまくいけば古典文学、ポピュラーミュージック双方にとってエポックメイキングな出来事になるだろう。

四月からは中学生の頃から憧れだった音楽専門チャンネル「ＭＴＶ」にＳＵＩＫＡが出演しており、先日フライング・ブックスと僕自身も出演を果たした。そして、この本が書店に並ぶ頃、小林大吾君の初の詩集とリーディング・アルバムを同時に、夏にはセカンドとサード・アルバムを同時進行で制作しているＳＵＩＫＡの新作をリリースの予定。秋には今年六〇周年を迎える「マガジンハウス」のイベントも控え、今後もますますメディアをミックスした企画をしていくつもりだ。

晶文社の中川六平さんに「山路君、本書かない？」とお話をいただいてから、実感もわかないまま、二十代最後の日々をひたすら書いた。振り返ってみると店作り、イベント制作から詩集、ＣＤ、写真帖などモノ作りのドキュメンタリーのようになった。

一冊の本を作るということは想像以上に大変な作業で思った以上に時間がかかり、気が付くと僕も三十代の仲間入り。徹夜を続けても校正を終えることができず、晶文社のオフィスで新旧の出版物に囲まれて作業をしたのはいい想い出だ（おもしろそうな品切れ本たちに目移りして困ったけれど）。

「フライング・ブックス」という店を誰よりも楽しませてもらっているのは間違いなく僕自身だと思う。それは店でも僕のせいでもなく、ここに集まってくれる友人たちやお客さん（ここに未来の友人もいると思う）のおかげだ。忙しい中、帯文を書いて下さったロバート・ハリスさん、帰国間もないのに撮影をしてくれた、たかはしじゅんいちさんをはじめ、愛すべき仲間たち、フライング・ブックスの日々にかかわってくれているすべての人に感謝を捧げたい。

二〇〇五年五月

山路和広

著者について

山路和広（やまじ・かずひろ）

一九七五年東京都生まれ。日本大学法学部卒。古書店の三代目。二〇〇三年、東京・渋谷にカフェ&イベント・スペースを兼ね備えたFlying Books（フライング・ブックス）をオープン。音楽レーベルFLY N' SPIN RECORDS、出版SPLASH WORDSを主宰。古書のコーディネート、イベント制作を軸に新刊書店、レコード店、インテリア・ショップ、アパレル、出版社等と既存の枠に捉われないコラボレートを続けている。

http://www.flying-books.com

フライング・ブックス

本とことばと音楽の交差点

二〇〇五年六月一〇日初版

著者　山路和広

発行者　株式会社晶文社

東京都千代田区外神田二―一―一二

電話　東京三二五五局四五〇一（代表）・四五〇三（編集）

URL http://www.shobunsha.co.jp

堀内印刷・美行製本